天津市教育科学规划"十三五"重点资助课题"小学主动教育课程体系建构的实践研究"（课题批准号:BE1094）成果

主动教育的
理论构建与实践探索

刘冰　赵丽　郑学艳　著

中国社会科学出版社

图书在版编目(CIP)数据

主动教育的理论构建与实践探索 / 刘冰, 赵丽, 郑学艳著. —北京: 中国社会科学出版社, 2019.3
ISBN 978-7-5203-4066-3

Ⅰ.①主⋯ Ⅱ.①刘⋯ ②赵⋯ ③郑⋯ Ⅲ.①小学教育—教学研究 Ⅳ.①G622.0

中国版本图书馆 CIP 数据核字(2019)第 030394 号

出 版 人	赵剑英
责任编辑	周晓慧
责任校对	无 介
责任印制	戴 宽

出　　版	中国社会科学出版社
社　　址	北京鼓楼西大街甲 158 号
邮　　编	100720
网　　址	http://www.csspw.cn
发 行 部	010-84083685
门 市 部	010-84029450
经　　销	新华书店及其他书店
印　　刷	北京明恒达印务有限公司
装　　订	廊坊市广阳区广增装订厂
版　　次	2019 年 3 月第 1 版
印　　次	2019 年 3 月第 1 次印刷
开　　本	710×1000　1/16
印　　张	23.25
插　　页	2
字　　数	324 千字
定　　价	99.00 元

凡购买中国社会科学出版社图书,如有质量问题请与本社营销中心联系调换
电话:010-84083683
版权所有　侵权必究

目　　录

序言 ……………………………………………………………… (1)

第一章　主动教育的形成与发展 ……………………………… (1)
　　一　主动教育形成与发展的背景 …………………………… (2)
　　二　主动教育的理论发展和实践探索过程 ………………… (10)
　　三　主动教育的理论基础 …………………………………… (21)
　　四　主动教育的内涵与特征 ………………………………… (28)

第二章　主动教育的学校发展 ………………………………… (43)
　　一　主动教育学校文化的内涵与特征 ……………………… (43)
　　二　主动教育学校文化的体系构成 ………………………… (46)
　　三　主动教育学校文化发展中的校长角色 ………………… (79)

第三章　主动教育的学生发展 ………………………………… (86)
　　一　主动教育的学生发展理念 ……………………………… (86)
　　二　主动教育的学生发展特征 ……………………………… (89)
　　三　主动教育的学生发展条件 ……………………………… (94)
　　四　主动教育的学生发展策略 ……………………………… (99)

第四章　主动教育的教师发展 (118)
  一　主动研究型教师的内涵与特征 (118)
  二　主动研究型教师的素养结构 (125)
  三　主动研究型教师的成长 (131)
  四　主动研究型教师的校本培养途径与策略 (140)

第五章　主动教育的课程体系 (150)
  一　主动教育课程体系建设是主动教育发展的必然要求 (150)
  二　主动教育课程体系建设的基本理念 (155)
  三　主动教育课程体系的内涵及特征 (160)
  四　主动教育课程体系的构建途径与策略 (167)

第六章　主动教育的教学 (186)
  一　主动教育的教学理念 (186)
  二　主动教育的学校整体教学模式探索与建构 (191)
  三　主动教育的学科教学模式探索与建构 (196)
  四　主动教育的教学风格 (217)

第七章　主动教育的德育：主动德育 (225)
  一　主动德育的基本理念 (226)
  二　主动德育的内涵与特征 (230)
  三　主动德育的基本模式 (236)
  四　主动德育的实施方法与途径 (246)

第八章　主动教育的管理 (261)
  一　主动教育管理的基本理念 (261)
  二　主动教育管理的内容 (265)
  三　主动教育管理模式的构建 (278)
  四　主动教育管理模式的实施途径 (282)

第九章　主动教育的科研 …………………………………… (293)
  一　教育科研对于主动教育的价值和意义 ……………… (294)
  二　学校推动教育科研的主要途径和方法 ……………… (298)
  三　引导教师从事教育科研的主要措施 ………………… (311)

第十章　主动教育的评价体系 ……………………………… (323)
  一　主动教育评价的基本理念 …………………………… (323)
  二　主动教育评价的内涵与原则 ………………………… (329)
  三　主动教育评价的主要依据和内容 …………………… (335)
  四　主动教育评价的基本方法 …………………………… (348)

后记 …………………………………………………………… (360)

序　言

　　天津市红桥区实验小学在多年的办学中，坚持走科研兴校之路，逐步形成了以主动教育为主题的素质教育学校发展模式。最近刘冰校长带领团队对学校多年来的改革实践进行了全面梳理、总结和提升，形成了《主动教育的理论构建与实践探索》一书。刘校长邀请我为其作序，实不敢当。这里只是谈谈自己的学习体会和感受。

　　红桥区实验小学的学校改革实践抓准了学校教育的核心。学校教育是培养学生的，但关于把学生培养成什么样的人，如何培养，不同的学校有不同的回答和探索。红桥区实验小学对此有着自己的理解和实践，这就是突出强调对学生主动性的培养。马克思主义认为，人本质上是主动的，"自由自觉的活动是人的类的特性"。学校教育培养和塑造人就应该紧紧抓住学生主动性这个人的本质特性。有了主动性的学生，就会成为自己发展的主人，就会把握自己发展的方向和目标，就会选择自己发展的路径和策略。培养了学生的主动性，就为学生的终身发展奠定了良好的基础。把培养学生的主动性作为教育的核心，抓住了学校教育的本质要素。党的十八大以来，我国突出强调社会主义核心价值观教育，强调"立德树人"，强调学生发展的核心素养，其中对学生自主发展、社会参与、学会学习等方面素养的要求实质上就是对学生主动性发展的反映。红桥区实验小学的认识和探索方向是合乎时代要求的，既是先进的，也是精准的。

红桥区实验小学的主动教育形成了完整的理论与实践体系。30多年来，他们始终坚持以"主动教育"的主题开展持续性的研究，先后以"主动教育整体改革实验研究""主动教育课堂教学模式研究""主体性道德教育模式实验研究""主动教育的教学风格研究""主动研究型教师校本培养实践研究""主动教育的课程体系探索"为主导课题，历经"八五""九五""十五""十一五""十二五""十三五"多年的理论研究与实践探索，形成了日趋完善、内涵丰富的主动教育体系。本书对主动教育的形成与发展进行了回顾与梳理，对主动教育的学校发展、学生发展、教师发展、课程体系、教学、德育、管理、科研、评价体系进行了全方位的研究与总结，形成了比较完整的主动教育体系。同时，本书对主动教育的理论进行了系统构建，在学校发展、学生发展、教师发展、教学、课程等每一部分都以基本理念为支撑，在阐明基本理念的基础上对具体的主动教育途径与方法进行了深入研究，这种理论建构既是对学校多年的主动教育实验的理论总结提升，又有效地指导了学校改革实践。本书结合学校生动活泼的主动教育实践进行理论提升，每一个案例、每一个故事都是学校和教师、学生的生动实践。每一个专题、每一部分都有学校实践的具体途径、方法和策略，是对学校主动教育实践的总结提升。这也是本书的一个突出特色。既是对其研究与实践的总结和提升，也为其他学校的学习和探索提供了范例。

红桥区实验小学之所以在主动教育的学校改革与实践中取得这样突出的成果，我认为主要得益于三个方面。第一个方面是长期坚持，做到了很好的继承。自20世纪90年代以来，我国很多中小学都在进行教育改革实验，力图摆脱千校一面的现状，努力办出品牌、办出特色。然而，很多学校是今天这个特色，明天那个特色，改革主题经常变换；或者这届校长是这种特色，换个校长就是那种特色，改弦更张，甚至推倒重来，学校始终不能形成稳定的特色。学校办学特色和品牌的形成，不是一朝一夕的事情，需要几届领导和师生员工长期坚持，不忘初心，方得始终，在这方面刘冰校长做出了典范。刘校长自2006年8月任校长以来，带领学校班子认真分析研究多年来的办学之路，坚持主动教育的主题，继承了学校的优良传统，并将之发扬光大。第二个方面是坚持创新与发展。一种学校文化形成之后只有做到与时俱进才能促进学校发展，否则就有可能不能适应时代和学校的发展变化而阻碍学校的发展。刘校长充分认识到了主动教育改革实验中的责任，坚持"传承、发展、创新"的思路，在继承中不断进行发展创新，根据时代的发展赋予主动教育新鲜血液，先后进行了主动教育的教学风格和主动研究型教师的课题研究，目前正在对学校主动教育课程体系开展深入研究，使得主动教育的研究随着时代的发展而不断发展。第三个方面是借助于专家指导。多年来，红桥区实验小学的主动教育改革得到了天津市教育科学研究院、天津师范大学、市区教研室等机构专家的指导和支持，在课题谋划、改革方案设计、具体路径和方法等方面都主动寻求智力支持，使得学校的改革实践始终在专业理论指导下进行。这也是红桥区实验小学在同类学校中始终走在前列的重要原因。

作为红桥区实验小学主动教育改革探索的曾经参与者，我一直关心着红桥区实验小学的发展，不时从多个渠道获得学校的信息，关注着学校的进步。看到这本书稿，我感到十分亲切，真心为红桥区实验小学所取得的成果和巨大成绩而由衷地高兴。希望学校继续沿着主动教育的道路不断深化和拓展，更好地促进学生、教师和学校的发展，办人民满意的教育，办好公平而有质量的教育，为实现教育强国的伟大目标贡献智慧和力量。

和学新
天津师范大学教育科学学院教授、博士生导师
2018年3月

第一章

主动教育的形成与发展

天津市红桥区实验小学始建于1960年，历经数次整合与变革①，于1996年更为现名。学校现有两个校区，占地面积18553平方米，建筑面积11038.16平方米；到2017年底，有教职工273人，其中专任教师188人；在校生2663余人，教学班64个。

学校50余年的发展历程，积淀了深厚的文化底蕴，铸就了学校教育品牌之魂；打造出主动教育的文化标签，演绎着学校的文化之韵。学校在"竞必先行，毅有大成"的学校精神引领下，确立了"把发展的主动权还给学生"的办学理念，以创造适合儿童的教育，促进师生主动发展为办学宗旨，以"真爱润泽心灵，自主点亮人生"为校训，树立"人文与科学交融、自主与开放辉映的国际知名小学"这一学校发展愿景。学校努力培养全面发展的，能创造和享受现代文明的幸福公民，形成特色鲜明的学校文化识别系统。学校坚持以科研为先导，管理出质量，以整体办学水平的提高，赢得社会的认同，学校获得各级各类荣誉称号300多个，成为天津市首批"三A"学校、素质教育示范校、义务教育示范校。

主动教育是红桥区实验小学近20年来的教育改革实验探索唯

---

① 红桥区实验小学始建于1960年，原名新村第四小学。1965年更名为红桥区二号路小学，郭沫若先生亲笔题写校名。1996年更名为红桥区实验小学。同年创办民办公助学校求真小学，该校于2006年6月依法改制为民办校。2000年和2010年酒厂前小学、红星小学先后并入红桥区实验小学。

一不变的主题。围绕主动教育的不懈努力探索，使教师队伍整体素质明显提高，让一届又一届的学生快乐成长，使学校面貌发生了翻天覆地的变化，红桥区实验小学由原来一所极其普通的小学发展成为一所办学规模大、办学水平高、社会声誉好、办学特色彰显、文化底蕴深厚、在天津市内外较有影响的义务教育现代化学校。

从1986年开始，红桥区实验小学自觉地走科研兴校之路，探索素质教育的实践模式，逐步形成"主动教育"的理念，并做出长远规划，边研究边实践。学校以"主动教育整体改革实验研究""主动教育课堂教学模式研究""主体性道德教育模式实验研究""主动教育教学风格研究""主动研究型教师校本培养实践研究"为龙头课题，历经"八五""九五""十五""十一五""十二五"，在20多年主动教育的理论研究与实践探索中，形成了日趋完善、内涵丰富的主动教育理论，促进了学校、教师、学生的主动发展，学校面貌发生了翻天覆地的变化，学校声誉得以提升，社会影响力辐射全国，教师教育教学水平不断提升，教学质量连创佳绩，学生主体性得以弘扬，学生个性得到健康发展。[1] 主动教育"已经成为适应并符合学校发展的原生态文化土壤，成为学校鲜明的办学特色"[2]，成为学校全面发展的文化基因和宝贵财富。

一　主动教育形成与发展的背景

（一）改变应试教育所带来的学生主动性普遍缺失的需要

20世纪八九十年代，我国中小学普遍卷入应试教育漩涡，高考成为基础教育的"指挥棒"，"唯分数论"甚嚣尘上，对学校的质量考核片面追求升学率，对师生的教与学的评价唯成绩分数为重，师生成为分数竞争的机器和考试的奴隶。长期受应试教育的影

---

[1] 刘冰、徐娅蓉、赵丽：《主动研究型教师的校本培养研究》，天津教育出版社2015年版，第14—15页。

[2] 刘冰：《耀内涵之辉　蕴发展之力》，《天津教育》2015年第10期。

响，造成师生的主动性严重缺失，教师被动地教，学生被动地学，教学过程成了不折不扣的被动教育。

在应试教育的环境中，学生主要表现为求知欲的缺失、创造力的缺失、行动感的缺失和自信心的缺失。① 教育教学以教师为中心，教师主导教与学的全过程。学生课业负担超重，造成普遍厌学、辍学现象，缺乏主动学习的求知欲望。被动和强迫教育不考虑学生的主动性、学习兴趣、性格爱好等因素，学生为考试升学而学习，扼杀了学生主动思考问题的积极性，也就很难养成主动思维的习惯，从而缺乏创造力。被动的应试教育造成学生行动感的缺失和动手操作能力的低下，"两耳不闻窗外事，一心只读圣贤书。"劳动技术教育得不到重视，实验课可有可无，学生的时间用于记忆书本知识，机械重复练习海量习题，动手能力和实践技能很难得到发展。由于被动教育强调结果而忽视过程，忽视学生的不同个性，以考试分数高低作为评价学生的标准，使一些学困生的自尊心和自信心受到伤害，甚至导致学生的自信心缺失，主动性的发挥更是空谈。

在教育实践中，被动教育在忽视学生主动发展的同时，也导致教师和教育管理者的主动性缺失②，其主要表现，一是面向全体学生的主动性缺失，教学中不能做到"有教无类"，能考出好成绩的"尖子生"得到老师过多的青睐，那些不能考高分的学生成了"被遗忘的角落"或被视为拖班级后腿的累赘；二是主动进行德育的积极性缺失，以达成考试和升学成绩为核心的评价标准成为工作目标，德育的重要性被大打折扣，特别是任课教师缺乏通过学科教学进行德育的主动积极性；三是实施创造性教学的主动性缺失，教学与考试内容教条化，顺从标准答案、教材和教参的权威，教师在教学实践中创造性发挥少，不敢提出对教学内容的独特理解和合理想象；四是教育教学研究主动性缺失，教师在教学时按照教参和标准

---

① 王秀兰、庞学光等：《主动教育理论构建》，天津人民出版社 2000 年版，第 11 页；刘冰、陈志科：《主动教育的教学风格》，天津教育出版社 2011 年版，第 2 页。
② 刘冰、徐娅蓉、赵丽：《主动研究型教师的校本培养研究》，天津教育出版社 2015 年版，第 12 页。

答案照本宣科，不进行教学研究，缺乏教学创新意识，教学水平难以提高；五是把升学率作为唯一的追求目标，教育管理者把考试分数作为衡量教师工作业绩的标准，并与教师的工资、奖金、职称评定挂钩，学校领导找教师要分，教师找学生要分，用"填鸭式"教学方法灌输学科知识内容，进行被动和强迫教育来提高升学成绩。

（二）积极回应实施素质教育改革的时代要求

自1978年开始，我国教育事业发展迎来了新的春天。同时一场持续十多年的关于"教育是什么"的论争也悄然启幕，学界通常称之为"关于教育本质问题的大讨论"。在大讨论中，百家争鸣，百花齐放。学者们从不同的视角进行剖析和解读，产生了许多有指导意义的思想观点，虽没有从根本上解决教育本质问题，但是对我国教育发展的战略地位产生了深刻影响。在宏观上，影响了国家教育方针政策的制定，从微观上，影响了学校教育制度、教育目的、教学方法、课程内容等方面的改革与发展。1986年通过的义务教育法规定要使学生"在品德、智力、体质等方面全面发展"，1993年《中国教育改革和发展纲要》提出："教育必须为社会主义现代化建设服务，必须与生产劳动相结合，培养德、智、体全面发展的建设者和接班人"，"培养有理想、有道德、有文化、有纪律的社会主义新人"。"三个面向""德智体全面发展""四有新人"成为人才培养的核心理念。

面对到来的崭新的21世纪，面对我国的跨越和强国理想，抢抓发展机遇，深化教育改革，全面实施素质教育，正是国家人才战略的基础保障。1999年，中共中央、国务院《关于深化教育改革全面推进素质教育的决定》指出："我们的教育观念、教育体制、教育结构、人才培养模式、教育内容和教学方法相对滞后，影响了青少年的全面发展，不能适应提高国民素质的需要。"同时提出"全面推进素质教育，培养适应二十一世纪现代化建设需要的社会主义新人"，"实施素质教育，就是全面贯彻党的教育方针，以提高国民素质为根本宗旨，以培养学生的创新精神和实践能力为重点，造就'有理想、有道德、有文化、有纪律'的、德智体美等全面发展的社会主义事业建设者和接班人"。"全面推进素质教育，要坚持面向全体学生，为学生的全面发展创造相应的条件，尊重学生身心发展特点和教育规律，使学生生动活泼、积极主动地得到发展"。这里明确提出实施素质教育要"使学生生动活泼、积极主动地得到发展"的基本要求，强调了学生的主动发展，而且把学生的主动发展与创新精神和实践能力的培养联系起来。[①] 创造性是主体自觉能动性的最高表现。尊重学生就是要尊重学生的主体地位，满足学生自我实现的创造性需要[②]，这就把时代的要求与人的成长发展规律结合了起来。

（三）实施新课程改革　深入推进素质教育

为实施科教兴国和人才强国战略，党中央做出了深化教育改革，全面推进素质教育的决定。2001年教育部颁布了《基础教育课程改革纲要（试行）》，决定大力推进基础教育课程改革，构建符合素质教育要求的新的基础教育课程体系。

我国新一轮基础教育课程改革强调要形成学生积极主动的学习态度，关注学生的学习兴趣，倡导学生主动参与，培养学生的创新精神与实践能力。[③] 创新精神是学生内在的精神力量，是学生主观能动性的表现，实践能力是学生在参与和实践活动中培养出来的。唯有摒弃被动教育，实施主动教育，遵循教育规律，充分认识学生主动性的作用，"把发展的主动权还给学生"，让学生主动发展才会成为可能，素质教育的目标才会实现。

教师是推进课程改革的主要力量，教师的思想、信念、意识和

---

① 和学新：《促进学生主动发展：课程目标的转型——我国新一轮基础教育课程改革的课程目标解读》，《学科教育》2002年第1期。
② 王秀兰、庞学光等：《主动教育理论构建》，天津人民出版社2000年版，第22页。
③ 和学新：《促进学生主动发展：课程目标的转型——我国新一轮基础教育课程改革的课程目标解读》，《学科教育》2002年第1期。

教学方法、教学行为直接影响着新课程的改革。当前，素质教育的推进非常困难，课程改革也遇到诸多阻力，教师没有成为课改自觉主动的推动者是其中的主要原因之一。① 只有教师积极主动地投入改革过程，认同改革理念，自觉进行课改实践，在改革中学习成长，担负起重要的职责，做改革的行动者，架起自下而上的联系桥梁，改革的目标才能实现。

2016年9月，《中国学生发展核心素养》总体框架正式发布。学生发展核心素养主要指学生应具备的、能够适应终身发展和社会发展需要的必备品格和关键能力。研究制定学生发展核心素养是深入推进素质教育，落实立德树人根本任务的一项重要举措，也是适应世界教育改革发展趋势，提升我国教育国际竞争力的迫切需要。中国学生发展核心素养，以培养"全面发展的人"为核心，包括文化基础、自主发展、社会参与三个方面，有效整合了个人、社会和国家不同层面对学生发展的要求，是对素质教育内涵的丰富与深化。"自主发展"又概括地包含学会学习和健康生活两个方面，重在强调能有效管理自己的学习和生活，认识和发现自我价值，发掘自身潜力，有效应对复杂多变的环境，成就出彩人生，发展成为有明确人生方向、有生活品质的人。核心素养中强调"自主发展"是基于对"自主性是人作为主体的根本属性"的科学认识，红桥区实验小学持续开展的"主动教育"强调学生的主体性。主动教育的学生发展总目标是"使学生成为主动学会做人、主动学会生活、主动学会学习、主动学会创造，成为全面发展的有健康个性的人"，与中国学生发展核心素养具有内涵上的高度一致性。由此，在红桥区实验小学主动教育理论的研究实践中有了新的研究领域和更为直接的结合点，为主动教育理论的发展提供了新的机遇。

教育事业的发展和教育改革的深入，使教师专业化成长的问题受到学术界和广大教师的重视。教师专业化成长的完整内涵包括观

---

① 刘冰、徐娅蓉、赵丽：《主动研究型教师的校本培养研究》，天津教育出版社2015年版，第10—11页。

念系统、知识系统和伦理与心理人格系统。① 红桥区实验小学的主动教育研究虽然取得了一些理论成果，在实践中取得了学校、教师、学生的较好发展，但面对新的改革需要，教师的专业化成长还有欠缺和不足，对教学策略和方法的研究还需要深入，主动教育的教学艺术还需要提高，主动研究的能力还需要提升。我们深知，改革中所遇到的问题必须通过改革来解决，只有深入推动主动教育理论研究的实践探索才能解决新形势下的新问题，学校和师生才能获得新的成功和发展。

（四）贯彻落实"立德树人"德育总目标的要求

国务院 2004 年颁发的《关于进一步加强和改进未成年人思想道德建设的若干意见》明确指出：进一步加强和改进未成年人思想道德建设已成为我国公民生活当前和今后相当长一段时期内的重要工作，是一项重大而紧迫的战略任务。《国家中长期教育改革和发展规划纲要（2010—2020 年）》把"坚持德育为先"作为我国教育的战略主题之一。2014 年 3 月，教育部印发的《关于全面深化课程改革 落实立德树人根本任务的意见》指出，立德树人是发展中国特色社会主义教育事业的核心所在，是培养德、智、体、美全面发展的社会主义建设者和接班人的本质要求。如何引导学生形成正确的世界观、人生观、价值观，如何把学生培养成为具有良好品德的高素质人才成为我国基础教育所面临的一项重要任务。

党的十七大报告提出"坚持育人为本、德育为先，实施素质教育，提高教育现代化水平，培养德智体美全面发展的社会主义建设者和接班人"。党的十八大报告又进一步指出"把立德树人作为教育的根本任务"。党的十八届三中全会通过的《中共中央关于全面深化改革若干重大问题的决议》明确指出，深化教育领域综合改革，"坚持立德树人，加强社会主义核心价值体系教育，完善中华

---

① 朱小蔓：《谈谈"教师专业化成长"》，《南通师范学院学报》（哲学社会科学版）2001 年第 3 期。

优秀传统文化教育,形成爱学习、爱劳动、爱祖国活动的有效形式和长效机制,增强学生社会责任感、创新精神、实践能力"。这既是对党的十七大提出的"育人为本,德育为先"教育理念的深化,也指明了今后教育改革发展的方向。实施素质教育的核心是解决好"培养什么人,怎样培养人"这样的重大问题,立德树人对这一教育的根本问题给出了明确的答案。立德树人,即教育事业不仅要传授知识,培养能力,还要把社会主义核心价值体系融入国民教育体系之中,引导学生树立正确的世界观、人生观、价值观、荣辱观。

学校是进行系统道德教育的重要基地。苏联教育家苏霍姆林斯基曾经说:"道德教育是从儿童有意识的生活刚刚一开始就进行的。"小学阶段是儿童人生观和价值观形成的重要时期,同时也是儿童道德成长最重要、最敏感的时期。在德育工作中,坚持将每一个学生作为教育的出发点和落脚点。这里的每一个学生都是活生生的、具体的生命个体,而不是抽象意义上的"学生"。苏霍姆林斯基还说过:"请你记住,你不仅是自己学科的教员,而且是学生的教育者,生活的导师和道德的引路人。"[1] 可见,教师不仅肩负着为人师表、教书育人的重任,同时也是小学生成长的引路人。教师如何引领学生道德成长,对学生进行管理,将直接影响学生的道德养成与未来发展。贯彻"把发展的主动权还给学生"的办学理念,深入研究和探索主动教育理论在德育领域的运用,坚持在德育与学生管理方面进行长期的主动探究成为红桥区实验小学教师的基本职责。

(五)实现"科研兴教,科研兴校"愿景的需要

1986年,红桥区实验小学为了改变"应试教育"的弊端,提升学校办学质量,促进学生全面发展,自觉而坚决地走上了科研兴校之路。"科研兴校,其实质就是遵循科学规律办学校、发展学校,

---

[1] 张烁:《立德树人是根本》,《人民日报》2012年11月30日。

达到既出一流工作成果又出一流理论成果的目标。"① 李玉存校长带领全校教职员工，从学校的实际出发，在充分分析了国内外中小学教育改革与发展趋势的基础上，根据时代发展的要求，明确提出了弘扬学生主体精神，发挥学生主体作用，充分开发学生的智慧潜能的办学思想。

在这一新思想的指导下，学校确定了以"主动教育"为主题的改革实验课题，该课题的总目标是使学生生动活泼、积极主动地发展，成为身心素质全面发展的有健康个性的人，其具体目标是"主动学会做人，主动学会生活，主动学会学习，主动学会创造"②。经过五年的实践，到1991年形成了学校、家庭、社会相结合的教育网络，探索出学校教育功能整体优化，促进学生全面发展的初步经验。

在这一基础之上，我们把深化改革的着眼点放在研究教育的主体——学生上，站在时代发展的高度，以马克思关于人的全面发展理论为指导，以培养学生创新性和实践能力为重点，遵循育人规律，1992年，学校确定了"主动教育整体改革"实验课题，进行"整体优化，全面育人"整体改革实验研究。是时，国内基础教育整体改革研究刚刚兴起，成立于1988年的中小学整体改革专业委员会是中国教育学会的分支机构中专门在全国范围内进行整体改革的理论研究和实践指导的组织，红桥区实验小学积极融入教育整体改革的时代潮流之中，在1993年成为全国首批中小学整体改革实验基地学校，为我们改革实验研究提供了有力支持。与此同时，天津市红桥区教育系统探索素质教育路径，推行激励教育改革，红桥区实验小学基于整体改革实验研究而探索出的"主动教育模式"成为区域内的典型模式之一，这一经验得到示范推广。

实践表明，红桥区实验小学主动教育整体改革试验遵循人自身

---

① 李玉存：《坚定走科研兴校之路》，《教育改革》1996年第5期。
② 王秀兰、庞学光等：《主动教育理论构建》，天津人民出版社2000年版，第43页。

的发展规律，符合时代发展的要求，顺应社会发展与改革的方向，有效地贯彻了素质教育的理念，提高了学生的综合素质和教学质量，也证明了学生主动发展是素质教育的基本要求。一所普通的小学，一群普通的教师，以"科研兴教，科研兴校"为愿景，为探索素质教育而不懈努力，正是基于让学生全面发展这一教育理想的初心和情怀。

二　主动教育的理论发展和实践探索过程

红桥区实验小学坚持主动教育的理论研究和实践探索，边实践边探索，边研究边总结，边学习边提高，不断丰富和发展其实践内涵，形成了日趋完善、内涵丰富的主动教育理论，在基础教育理论研究领域独树一帜，成为学校的文化标签；同时也促进了学校、教师、学生的主动发展，学校面貌发生了翻天覆地的变化，学校声誉得以提升，社会影响力辐射全国，教师教育教学水平不断提升，教学质量连创佳绩，学生主体性得以弘扬，学生个性得到健康发展。

回顾20多年的科研兴校之路，在主动教育理论的发展进程中充满了披荆斩棘的艰辛，更充满了攻克难关，获得硕果的喜悦，参与研究和实践的一批批领导干部和教师为主动教育理论的研究和实践付出了他们的无限真情和心血，这一历程是红桥区实验小学不断开拓主动教育新研究的重要背景。它形成的科研文化已深植于红桥区实验小学全体员工的教育理念之中，无时无刻不渗透在学校的教育教学、管理、科研等工作之中。

通过梳理主动教育研究与实践中各个阶段的重点工作和重要成果，主动教育在红桥区实验小学的理论研究与实践发展进程可以追溯至30余年前，可归纳为四个阶段：萌发阶段（1986—1991年）、发展阶段（1992—1998年）、形成阶段（1999—2005年）、深化阶段（2006年至今）。

(一) 萌发阶段（1986—1991年）——自觉而坚定地走科研兴校之路

20世纪80年代中后期，中小学教育普遍受高考"指挥棒"的影响，陷入片面追求升学率的应试教育泥淖，应试教育给中小学教育所带来的弊端日益显现，教师、学生、学校的主动性严重缺失。当时，红桥区实验小学的教育教学也深陷应试教育旋涡，学校发展面临着诸多困难。为了革除应试教育的弊端，改变被动教育的面貌，红桥区实验小学自觉而坚决地走上了科研兴校之路。在充分分析了中小学教育发展与发展趋势的基础上，根据时代发展的要求，明确提出了"弘扬学生主体精神，发挥学生主体作用，充分开发学生的智慧潜能"的办学思想。在这一思想指导下，学校进行了为期五年的"整体优化，全面育人"改革实验。这次改革实验的总目标是"使学生生动活泼，积极主动地发展，学会做人，学会生活，学会学习，学会创造，成为身心素质全面发展的有健康个性的人"[①]。经过五年实践，到1991年形成了学校、家庭、社会相结合的教育网络，探索出学校教育功能整体优化，促进学校全面发展的初步经验。

在这一时期，红桥区实验小学对应试教育、被动教育进行了全方位的审视，迎头赶上了20世纪90年代刚刚兴起的素质教育探索和改革的潮流。最为可贵的是，红桥区实验小学自觉地走科研兴校之路，就是要研究教育的本质、教育的规律，并以马克思主义关于人的全面发展理论为指导，找准了深化改革的着眼点：研究教育的主体——学生。在学校确定的办学思想里，"主体精神""主体作用"这两个关键词充分体现了学校改革所遵循的育人规律。为探索高效育人之路，经反复研讨，形成了"师生主动发展"的初步设想，确定了变"要学生发展"为"学生要发展"，即变"要我学"为"我要学"的教育理念，这也正是红桥区实验小学"主动教育"理论思想的萌芽。

---

① 刘冰、陈志科：《主动教育的教学风格》，天津教育出版社2011年版，第4页。

（二）发展阶段（1992—1998 年）——第一轮主动教育整体改革实验

1992 年，红桥区实验小学确定了"主动教育整体改革实验研究"课题，进行素质教育探索研究，这是首次明确以"主动教育"为核心概念开展教育研究。该研究当年作为天津市教育科学"八五"规划课题立项，李玉存校长亲自主持，开启了红桥区实验小学第一轮主动教育整体改革实验。1993 年 10 月，红桥区实验小学被中国教育学会中小学整体改革专业委员会遴选为全国首批 9 所中小学整体改革实验基地学校之一。1998 年 6 月底，第一轮主动教育整体改革实验完成。1999 年 4 月 25 日，该项目通过专家鉴定，正式结题。该研究构建了主动教育理论的基础框架，公开发表了有关理论成果，根据学术期刊数据库检索结果，这也是全国最早进行的明确以"主动教育"为主题的基础教育整体改革研究和实践成果。

在本轮改革实验中，主动教育是针对被动教育而提出的一种整体性的革新。[①] 在这一阶段，我们在对"被动教育"进行深入批判分析的基础上，引导出实施"主动教育"的五大改革内容：主动的教育理念、主动的教学目标、主动的教育内容、主动的教学方法、主动的评价观念和方法。这五大改革内容也构成了主动教育理论框架的雏形，随着对这五大改革内容的深入研究和实践，主动教育理论进入发展阶段。

通过对古今中外教育理论的梳理，我们清晰地界定了主动教育的本质、基本内涵、基本要素、基本特点、主要目标、实践原则，形成了主动教育理论的基本架构。同时还在实践中提出了"一法五程"教学模式和"一法五步"教育模式。这一阶段的主要理论成果在《主动教育的实践与理论探索》（李玉存、马国琴、张武升，1994），《主动教育的本质特点与实践原则》（李玉存、马国琴，1995），《教师与主动教育》（李玉存、马国琴，1996），《主动教

---

① 李玉存、马国琴：《主动教育的本质特点与实践原则》，《教育研究》1995 年第 10 期。

育——素质教育模式的探索》（李玉存，1996）等论文和著作中有详细的论述和分析。

在第一轮主动教育整体改革实验期间，学校坚持以科研为先导，深入探索素质教育模式，厘清了推行素质教育应该具有的教育理念、教育（教学）目标、教育内容、教学方法、评价观念与方法等核心问题，在工作推进中努力做到"全员参与"和"全方位投入"[1]，学校各项工作都自觉地与科研相结合，坚定不移地走科研兴校之路。通过第一轮主动教育整体改革实验使红桥区实验小学加快了教育改革的步伐，提高了教师队伍素质和学校管理水平、教育教学质量，提高了学校综合办学水平。

（三）形成阶段（1999—2005年）——第二轮主动教育整体改革实验

1998年7月，王秀兰同志接任校长，学校坚持以科研工作为先导，走科研兴校之路，学校启动第二轮主体教育整体改革实验，完善主动教育理论体系。在第一轮主动教育整体改革实验的基础上，红桥区实验小学坚持有效做法，引入新的自变量，针对主动教育课堂教学模式和主体性道德教育模式两个主要内容单独设立研究课题，深入研究以便完善主动教育的理论体系。期间，学校承担两项全国教育科学规划课题，这两项课题的主题分别是主动教育课堂教学模式研究和主体性小学道德教育模式研究。1999—2001年，"主动教育课堂教学模式研究"作为全国教育科学规划"九五"重点课题"素质教育的运行机制与实践模式研究"的子课题立项，本研究由冯俊智副校长和马洪筠主任主持。2002—2005年，"主体性道德教育模式研究"作为全国教育科学"十五"规划课题立项，由王秀兰校长主持。第二轮改革实验继承了第一轮改革实验在五大改革内容方面的有效做法，从教育理念的辨析、教育途径的选择转向教育行为和教学过程的深化，特别是在课堂教育模式和德育模式方

---

[1] 李玉存：《坚定走科研兴校之路》，《教育改革》1996年第5期。

面丰富、完善了主动教育理论体系。

第二轮主动教育整体改革实验的总目的是探索并建构一种独具特色、卓有成效的小学素质教育模式——主动教育模式，形成比较完整的主动教育理论体系。改革实验的具体目标是：完善主动教育教学模式，构建主动教育道德教育模式，构建符合新课程理念的主动教育课程体系，构建主动发展目标体系和评价体系。

主动教育的课堂教学模式是以主动教育理论为指导，在教学实践中创造出的众多教学模式的集合体，主要是由学校各学科教师构建本学科教学的各种模式所共同构成的。在分析研究各学科众多的具体主动教学模式的基础上，抽象出主动教学的一般模式：设立教学目标，激发主体动机；情趣助燃思维，学生主动学习；引导自主活动，发展自主能力；强化反馈评价，锻炼自我调控。[①] 我们将此基本教学模式称为"主动导引"课堂教学模式。为了便于指导教学实践，我们将主动教育课堂教学模式一般操作程序中的师生教与学的路径绘制成操作程序图，各学科根据此模式创新其教学模式及其变式，最终形成涵盖数学、语文、英语、音乐、体育、美术、自主十分钟活动等学科课程的主动教育教学模式体系，学校组织编写了《主动教育教学模式汇集》，收录、整理教师主动教育教学模式研究与实践成果。

"主体性道德教育模式研究"构建了"参与、互动、体验、内化"的主体性道德教育基本模式，模式中的四个要素具有内在的逻辑关系，其中参与是前提，互动是主要方式，体验是关键，内化是归宿。在主体性道德教育实践中，总结并提出了主体性道德教育应该遵循的七个主要原则和四个操作策略，以正确处理个人与自然、个人与社会、个人与自身三大关系的基本道德准则为框架，形成符合红桥区实验小学办学理念的"道德哲学"，并据此编写了《儿童道德教育》道德哲学校本教材，拓展德育培养目标，创新德育教材

---

① 王秀兰：《探索"主动教育"课堂教学模式 促进学生主动发展》，《教育改革》1998年第3期。

形式，构建了道德教育课程体系。

在构建主动教育课程体系方面，学校为了加强对学生的个性培养，在完成国家规定的课程计划前提下，进行了课程改革。开设以自主十分钟活动为特色的综合活动课和以培养爱好特长为主的选修课，增加英语口语课、信息技术课、说话课、综合实践活动课，编写德育、艺术、礼仪、英语、阅读等校本教材，开展校园"三节"（体育节、艺术节、读书节）和"三周"（科技周、数学周、英语周）活动。

在第二轮主动教育整体改革实验中还分别确立了学生培养目标、教师培养目标和学校发展目标。学生培养目标是：在使学生主动学会做人，主动学会生活，主动学会学习，主动学会健体，主动学会审美，主动学会创造的基础上，突出对学生主动学会参与、合作、选择和创新的意识与能力的培养，使他们成为有理想、有特长、身心健康、主动发展的新世纪小主人，成为能够创造和享受现代文明的幸福的人。教师培养目标是：在科研方面，科研型干部要达到一半以上，科研专家型教师要达到三成左右，科研骨干教师要达到一半左右。届时，将建成一支品德高尚、责任心强、学识渊博、业务精良、技能全面、学历达标、能教学、能科研、具有团队精神的自主发展型教师队伍。学校发展目标是：实现学校"以生为本，努力创造适合儿童的教育"的办学思想，带动学校成为市内一流、国内有影响的以主动教育为特色，具有实验性、示范性的一所现代化学校。

2006年4月，第二轮主动教育整体改革实验通过了专家的结题鉴定。第二轮主动教育整体改革实验具有主题更鲜明地体现新教育理念，目标更具个性化，措施更注重教师教育行为层面的研究和探索的新特点，通过研究与实践，初步构建了主体性小学道德教育模式的理论框架，进一步完善了小学主动教育课堂教学的基本模式、学科教学模式和教学策略，建构了一种符合新课程改革要求的适合本校学生发展的课程体系，初步构建了具有较强的科学性与操作性的主动教育目标体系与评价体系。研究成果汇总于《探索"主动教育"课堂教学模式 促进学生主动发展》（王秀兰，1998），《主动教育理论构建》（王秀兰，2000），《主动教育实践探索》（王秀兰，2000），《主体性小学道德教育初探》（王秀兰，2004）等论著之中。其中《主动教育理论构建》一书较为系统、全面地建立了主动教育的理论体系，其中包括主动教育的本质与特点，主动教育的目标构建，主动教育的基本原则，主动教育的方法，学习管理方法，主动教育的教学模式，主动教育评价原则与方法。《主动教育实践探索》一书从主动教育课堂教学模式研究、自主管理班集体运行模式研究、心理健康教育研究、运用现代教育技术实施素质教育研究四个方面反映了老师们实践探索的轨迹。

至此，红桥区实验小学主动教育整体改革实验完成了涵盖主动教育理论基本内涵与定义、基本要素、本质与特点、主要目标、评价观念等方面的本体理论构建，涵盖课堂教育模式、道德教育模式、操作原则与策略、学习管理方法、评价方法等方面的方法论提炼总结，并进行了有效的主动教育教学实践，形成了比较完备的主动教育理论体系。[①]

（四）深化阶段（2006年至今）——教育教学实践中的传承、发展、创新

经过两轮的主动教育整体改革实验，红桥区实验小学构建了比较完善的主动教育理论体系，在主动教育实践中取得了令人满意的成绩，主动教育成为学校办学的特色品牌和旗帜。2006年8月，新任校长刘冰同志按照"传承、发展、创新"的思路，坚持主动教育品牌，坚持走科研兴校之路。在征询多方意见后，刘冰校长决定以促进教师专业发展为抓手，提高教师队伍素质，继续开展主动教育研究，深化主动教育理论实践。刘冰校长于2006年和2011年，分别申请并主持了天津市教育科学"十一五"规划课题"主动教

---

① 刘冰、徐娅蓉、赵丽：《主动研究型教师的校本培养研究》，天津教育出版社2015年版，第25页。

育的教学风格研究"和天津市教育科学"十二五"规划课题"主动研究型教师校本培养实践研究"两项教师专业化发展相关课题。

主动教育教学风格研究是在主动教育理念框架指导下提高教师素质，促进教师专业化成长的实践研究与探索，以培养教师创新能力，打造创造型教师，贯彻新课程理论，推进素质教育为目的，是对主动教育整体改革的深化。该研究旨在贯彻新课程理念，推进素质教育，其出发点是解决教育实践中的两个主要问题：一是教师在教学策略和方法上的研究还不够深入，二是多数教师的教学方法和教学艺术还有待于提高和改进。通过促进教师专业成长，提升素质教育质量，提升学生发展的水平。

主动教育教学风格研究在主动教育理论指导下所进行的主动教育教学风格的理论探讨和实践，一是分析了主动教育教学风格的内涵和本质特征；二是解析出了主动教育教学风格的构成因素；三是分析了主动教育教学风格的形成因素与形成机制；四是提出主动教育教学风格分类方法，并提炼概括出不同学科中11位骨干教师的主动教育教学风格类型。

我们认为，主动教育教学风格就是教师在主动教育理念的影响和指导下，经过长期的教育教学实践逐步形成的，在推进素质教育培养学生主动发展上成效显著的一贯的教学观念、教学方法、教学技巧和教学作风的独特结合和表现，是教师教学艺术个性化稳定状态的标志。[1] 教师只有主动形成符合素质教育和新课程改革理念的教学风格，才可能将他"所倡导的理论"内化为其"所采用的理论"，素质教育和新课程改革才会收到预期效果。[2] 同时，教师具有良好的教学作风是其伦理与心理人格系统的体现，是教师专业化发展的重要方面。

主动教育的本质内涵强调"学生在教育系统中主体的、能动的

---

[1] 刘冰、陈志科：《主动教育的教学风格》，天津教育出版社2011年版，第35页。
[2] 同上书，第33页。

地位"①，主动教育就是以调动和发挥学生的主体性为手段实现培养全面发展的有健康个性的人的教育。主动教育教学风格的本质特征也是着眼于学生的主体性，即调动和发挥学生的主体性，从而实现学生主动全面的发展。

主动教育教学风格的研究概括出了主动教育教学风格的五个主要构成因素，即教育信念、教学方法、教学设计、教学语言和教学作风，分析其内部结构，厘清其形成因素与形成机制，总结了主动教育教学风格的分类方法。结合学校主动教育活动实践，学校概括、提炼出了涉及语文、数学、英语、美术、体育等学科的11位骨干教师的主动教育教学风格，通过"魅力课堂""名师献课""名师专场"活动促进对课题的深化研究和主动教育教学风格的推广，打造出红桥区实验小学名师主动教育教学风格品牌，深化主动教育研究和实践，提高教师素质，对塑造更加丰富多样的主动教育教学风格，推进素质教育，实现学生主动全面发展，具有积极的示范意义。

主动研究型教师校本培养实践研究旨在落实国家倡导的教育家办学，培养教育教学骨干，造就学科名师和学科领军人的改革与发展内容，探索提高教师自我反思意识和能力，自觉走向专业化发展，向研究型教师、专家型教师转型的基本途径。刘冰校长认为，教师的发展是学校发展的核心动力。② 教师的专业化发展水平决定着学校的教育质量，决定着学生的发展水平。面对新的教育发展需要，学校以发展为主题，凝练出"把发展的主动权还给学生"的办学理念，以"主动发展奏响幸福成长乐章"为核心理念塑造学校文化识别系统，健全校本教研活动制度、教师研究制度、教研指导制度，搭建教师校本培养与研究平台，开展行动研究，深化教学改革，推进课程改革，完善师生评价标准。在教育研究实践中总结主

---

① 李玉存、马国琴：《主动教育的本质特点与实践原则》，《教育研究》1995年第10期。

② 韩大勇、刘冰：《教师的发展是学校发展的核心动力——访天津市红桥区实验小学校长刘冰》，《天津教育》2011年第12期。

动研究型教师的内涵及特征、成长与发展规律、教学与科研、德育与班级管理、校本培养策略、评价原则与指标体系，构建主动研究型教师校本培养体系。

通过开展行动研究，让教师在专业发展上寻求突破并努力使他们成为研究者。学校以"主动研究，智慧工作"的科研理念引领教师主动开展校本研究，让教师不断反思他们的教育教学实践，发现、提出并解决教育教学中所遇到的实际问题，不断完善和提高他们的专业意识和专业技能，促进其自身的专业发展。"教师要成为研究者"的理念得到广大教师的普遍认同，并成为其自我专业发展的重要目标。学校实施分层目标"三期培训"，架构"三维空间"和铺设"三环道路"等措施[1]，为教师开展行动研究创设了广阔的空间，搭建了良好的成长平台。[2] 开展"三期培训"，按新教师、中青年教师、骨干教师三个培训层次，分别进行"教学技能，拜师听课""教学艺术，教学创新""教育科研，问题研究"三个阶段的专题培训，激发教师的内在动力。架构"三维空间"，即菜单式选学空间，周期性"移植创新循环课""磨课"空间、"理论学习推介""一课一得""课例分析"展示空间，引导教师"内省"。铺设"三环道路"，即夯实"外环"——教师基本功，锤炼"中环"——课题研究，提炼"内环"——教学风格，促进教师专业发展。学校还实施了教师自培阶梯工程，基本框架包括"一个重点、两种模式、三级网络、四项内容、五层阶梯、六种方式"，形成健全的教师队伍建设保障机制。

此外，在小学生道德教育方面，红桥区实验小学贯彻"立德树人"理念，把社会主义核心价值体系融入教育教学之中，引导学生树立正确的世界观、人生观、价值观、荣辱观，把德育的目标定位在把学生培养成为主动学会做爱人之人，成为心中有他人、有祖

---

[1] 刘冰：《开展行动研究 引领教师的专业发展》，《环渤海经济瞭望》2011年第9期。

[2] 刘冰：《行动研究引领教师专业发展》，《天津教育》2014年第5期。

国、有集体的人;主动学做文明之人,成为讲文明,懂礼貌有道德行为的人;主动学做负责之人,成为敢于克服困难,有进取心和责任心,敢于创造,乐于进取,勇于担当责任的人。[①] 红桥区实验小学以养成教育为重点,以活动为载体,注重体验教育。在各项德育活动中,学生主动参与、自主选择、合作体验、勇于创新,充分彰显了红桥区实验小学主动教育的办学特色。在德育实践中,全体教师着眼于学生个性特长、创造能力和自主精神的培养,主动更新德育理念,主动构建德育课程体系,积极探究德育工作新模式,创新符合学生实际的德育教学方式,并主动提炼特色德育方法。在"主体性道德教育"研究经验的基础上,进一步提出"三维度,四环节"道德教育基本模式,即"良好习惯养成,健全人格形成,多元思维方式构成"三个工作维度和"点启、激趣—引疏、悟理—实践、体验—评价、内化"四个环节。"三维度"是红桥区实验小学德育工作的终极目标和努力方向,是德育工作模式设计与发展的指导方针。"四环节"是模式操作程序,在具体模式操作中,注意激发学生思维,加强学生"主体性";注意理论联系实际,加强德育活动设计的"多元性";注意学生道德实践的"实效性";在评价环节上将公正与激励相结合,注重"发展性"。这一德育模式,通过以"辨、思"为核心,以"导思、明理、践行、评价"为主要教育策略,激发学生探究兴趣,引导学生在"明理"基础上,加以实践验证,获得真实的情感体验,并通过总结比较,提炼出实践经验,将其内化为学生道德的主动行为,从而使德育活动帮助学生形成健全人格,使德育工作的影响效能实现最大化,形成学生主动将健康道德行为行于日常的一种德育活动新模式。

2016年,在科研兴校之路上探索行进30年的时刻,红桥区实验小学组织研究团队,从主动教育理论内涵与特征、理论基础依据、发展历程,到主动教育的学校发展、学生发展、教师发

---

① 刘冰、徐娅蓉、赵丽:《主动研究型教师的校本培养研究》,天津教育出版社2015年版,第192页。

展，再到主动教育的课程体系、教学、德育、管理、科研及评价体系，对主动教育的理论体系进行整体集中梳理，对主动教育研究的全过程进行深度总结，与时俱进，吐故纳新，对理论层面的认识、实践层面的经验进行观点整合，形成阶段性的固化成果，在"实践—认识—再实践—再认识"中探求教育的本质和素质教育的真谛。

在主动教育理论的深化阶段，主动教育教学风格研究以促进教师专业化成长，提高教师素质，激发教师成长的内驱力为目标，主动研究型教师校本培养实践研究以培养教师主动研究能力，探索主动研究型教师成长规律，构建校本培养外部保障体系为目标，形成了一个较为完整的主动教育理论指导下的教师专业化成长校本培养体系。这一阶段的主要研究成果有《主动教育的教学风格》（刘冰、陈志科，2011），《主动研究型教师的校本培养研究》（刘冰、徐娅蓉、赵丽，2015）等著作及其他多篇公开发表的论文。当前的主动教育理论研究和教育教学实践，"传承、发展、创新"了主动教育理论体系及其内容，深化了主动教育理论中关于"教师主体精神"[①]"教师主体性"[②]"教师发展目标"[③]、小学生道德教育模式等基本观点和基本方法的实践研究，响应了时代发展的需求，深化了素质教育的实施，使主动教育这一有效的素质教育模式永葆青春活力。

三 主动教育的理论基础

主动教育理论的提出是基于红桥区实验小学教育实践活动而来的，在特定的时代背景和社会需要下，围绕"如何培养人，培养什么样的人"这一根本问题展开。我们坚定素质教育的方向，选择

[①] 李玉存、马国琴：《教师与主动教育》，《教育改革》1996年第5期。
[②] 李玉存、马国琴：《主动教育的本质特点与实践原则》，《教育研究》1995年第10期。
[③] 刘冰、陈志科：《主动教育的教学风格》，天津教育出版社2011年版，第17页。

"主动全面发展"作为核心思想，是以对古今中外教育思想的辨析和多种成熟理论的综合选择为基础的。概括红桥区实验小学理论探索的追寻过程，主要涉及哲学、社会学、教育学、心理学等学科理论。

（一）马克思主义哲学基础

哲学是理论化、系统化的世界观，又是认识世界和改造世界的方法论。哲学为具体科学提供世界观和方法论的指导，离开了哲学的指导，会影响对具体科学的研究。红桥区实验小学主动教育理论研究和实践以马克思主义哲学为基本指导思想，遵循马克思主义哲学的世界观和方法论。

马克思主义哲学认为，人的本质是劳动，是一切社会关系的总和，突出了人的主观能动作用，人的生命本质具有绝对的主动性，人的本质所具有的主动性是在人与自然的关系及人与自我的关系大背景下发生的，主动发展成为社会发展的根本要求。在自然、人、社会三者关系的协调发展过程中，人的全面自由发展成为人类发展的终极目标，主动发展成为人的全面发展的基本内涵。以人为本，全面、协调、可持续的科学发展观，是对经济社会和人的全面发展的新认识，人的积极主动发展是时代发展的客观要求。

1. 人的生命本质具有绝对的主动性

马克思主义哲学理论认为，运动是对物质状态的描述。在人的运动属性中，受动性和主动性是两种有着明确区分的属性描述。人的受动与主动性和运动状态的主导性有直接联系，运动体的运动状态受外部力量主导时为受动状态，由自身内部力量主导时为主动状态。由此可知，物体的运动状态主要有两种：一种是受动运动、受动状态；一种是主动运动、主动状态。[1] 主动性的本质只有生命体才具有。"从宏观的、普遍的、外在的、超越的自然思维方式看，

---

[1] 刘冰、徐娅蓉、赵丽：《主动研究型教师的校本培养研究》，天津教育出版社2015年版，第35页。

自然是绝对主体，人的本质是绝对的宿命性和相对的主动性；从微观的、特殊的、内在的、自我的生命思维方式看，人的生命是与外在存在对立的绝对主体，具有独立性、本位性、内在性，因而具有绝对的主动性，绝对主动性是生命本位思维方式的必然结果。"①可见，在马克思主义哲学看来，人的生命本质是主动的而不是被动的。

2. 人的个性发展受社会性制约

马克思主义认为，"自由自觉的活动是人的类特性"，劳动是人的类本质。马克思关于"人的本质并不是单个人所固有的抽象物。在其现实性上，它是一切社会关系的总和"的论述界定了人的群体本质。而人与人之间总是相互区别，具有个性的，也就是人的个体本质。每个人都具有其特有的个性，有属于个人特殊品质的思想、感情、行为和自我意识的方式，人的个性化过程只有在社会生活、社会关系之中才能进行。人的个体本质就是由社会物质条件决定的人的个性，这里的社会物质条件就是人的社会关系，即人的社会性。

3. 人的"主动发展"是社会发展的根本要求

马克思主义关于人的本质理论既突出了人的主观能动作用，又强调了社会关系对人的制约作用，从而达到了主观性与客观性、能动性与受动性的统一。唯物史观认为，人既是社会存在和发展的前提，又是社会发展的目的。从社会发展的观念来看，我们应从活生生的、具体的个人出发，关注个体的生存状态，关注他们的物质需要和精神需要，营造一个有利于每个个体健康而全面发展的社会环境。从人的本质理论出发，在一定的社会关系中以人自身的实践活动实现人对自然的超越。人的本质具有主动性所表现出的"主动发展"，让人成为人，让人与动物相区别，人群与人群相区别，人与人相区别，也让主动发展成为社会发展的

---

① 张进峰：《论人的主动性范畴》，《山西大学学报》（哲学社会科学版）2013年第6期。

根本要求。

4. 人的全面发展是人的发展的基本规律和发展方向

马克思主义关于人的全面发展理论第一次科学、准确地把握了人的发展规律和发展方向。人的全面发展的基本内涵包含完整发展、和谐发展、多方面发展和自由发展四个层面。人的全面发展的动力来自两个方面，即主观的内在动力和客观的外在动力。主观的内在动力来自人的本能性需求，客观的外在动力来自社会发展的要求。人的全面发展既符合人的本性，也符合社会发展的要求。人自身发展的内在要求与社会发展的外在要求存在本质上的一致性。人的发展的程度和水平是相对的，是同生产力发展状况一致的，在生产力水平低下，人类严重受自然力和社会关系束缚的情况下，人的全面发展几乎是谈不上的。只有到了近代，随着生产力的迅速发展，人向着比较全面的方向发展才有了可能。

5. 人的全面发展与个性发展是内在统一的

人类生活的世界是由自然、人、社会三个部分构成的，人是人类世界的中心，人与其外部世界的关系包括人与社会和人与自然两个方面。人的全面发展不但要处理好人与社会的关系，而且要处理好人与自然的关系。① 从主观和本能的角度来看，人是愿意和乐于全面发展的。人类总是在不懈地追求社会发展的全面和完善，这就必然要求人类自身要不断地丰富和完善自己，否则不仅个人难以生存和发展，更谈不上促进社会发展。② 从人自身发展完善的角度来看，当今社会已进入了一个以人为中心的发展时代。"将人民置于发展的中心并指导我们的经济去更有效地满足人类的需要。"③ 人既是发展的第一主角，又是发展的终极目标。在这个时代，人的发

---

① 袁贵仁：《人的全面发展学说的新境界》，《教育与研究》2001年第10期。
② 扈中平：《"人的全面发展"内涵新析》，《教育研究》2005年第5期。
③ 赵中建：《教育的使命——面向二十一世纪的教育宣言和行动纲领》，教育科学出版社1996年版，第212页。

展是社会发展的手段,是社会对人提出的要求,是人自身完善的需要。[①] 人的全面发展的过程,也是个性化发展的过程,二者的发展过程是基本一致的。即全面发展就是个性的全面发展,个性发展就是全面发展的个性。因此,全面发展的个人,同时也应该是有个性的人,有个性的人也正是个人主动发展的必然结果。

(二) 社会学基础

"主动教育"既是一个历史的又是一个现实的问题。一方面,主动教育的理论构建与实践探索离不开社会的发展,受到社会发展条件的制约;另一方面,主动教育通过培养主动发展的学生为社会发展服务,我们在强调主动发展的学生所既有的全面性、个性的同时,又必须重视主动教育和主动发展的学生的社会性。从一定意义上来说,与素质教育的其他模式一样,主动教育就是按照社会的要求,将学生培养成为社会人的过程。从主动教育提出和发展的背景来看,主动教育的提出也是基于当时应试教育的弊端和实施素质教育的社会要求,反映的是社会的基本要求,这是主动教育的社会基础。从西方社会学来看,功能理论、冲突理论和解释理论三大社会学主要流派均对主动教育的发展有着深刻的影响,构成其社会学基础。

无论是迪尔凯姆的功能理论还是帕森斯的结构功能理论,都强调社会的内在统一性和稳定性,认为教育的功能是促进个体社会化,强调教育与社会的联系,教育要有利于儿童的社会化。主动教育要把我国社会主义政治经济文化的基本要求通过教育实践内化为学生的认识和行动,实现促进学生社会化的目的。冲突理论认为,教育具有人为性和强制性,并不是价值中立的,受到特定团体的支配,个人与社会的要求之间往往会产生冲突,它强调文化之间的差异和社会公平,既是社会关系的复制者,也是社会流动的促进者,

---

[①] 王秀兰、庞学光等:《主动教育理论构建》,天津人民出版社 2000 年版,第 45 页。

主动教育要在教育过程中降低学生个性和社会性之间的冲突，使学生在个性发展的同时接受和遵守社会的基本规范和要求，寻求个性和社会性的统一与平衡。解释理论特别是符号互动论强调"意义""情境""符号"构成了社会生活的基础，人们通过符号与他人交往，并在交往过程中产生关于自我和社会的意识。学校也是一个符号环境，要注重个体的主观感受、生活世界和他人的互动，尊重人的主动性和能动性。由此可见，这些都是与主动教育的要求相一致的，构成了主动教育的理论发展和实践探索的社会学基础。

从社会发展来看，一切发展的核心还是人的发展，人要学会发展，要有科学的发展观念、发展方式和发展手段。如果人没有学会发展，自己不能很好地发展，社会的发展就不可能实现，社会的科学发展、可持续发展就是空话。[1] 一个人有了主动发展的动力和主动发展的能力，无论在人生的哪一个阶段，都能够根据社会变化，主动接受教育，发展自己，适应社会的需要，实现人生价值。[2] 马克思主义认为，教育"不仅是提高社会生产力的一种方法，而且是造就全面发展的人的唯一方法"[3]。教育必须与社会发展相适应，从这个意义上讲，主动发展也是教育科学发展的基本要求。

（三）心理学基础

"主动"在心理学中主要体现在对主动性行为的研究上。主动性行为在组织行为学里有相对系统成熟的研究。在组织行为学里，对"主动"的多数定义，主要包括自发性、前瞻性和变革性三种因素。[4]

自发性是前瞻性和变革性的基础，是个体在正式的职位描述之

---

[1] 和学新：《促进学生主动发展：课程目标的转型——我国新一轮基础教育课程改革的课程目标解读》，《学科教育》2002年第1期。
[2] 曹建伟：《主动发展教育初探》，《机械工业高教探究》1999年第2期。
[3] 《马克思恩格斯全集》（第23卷），人民出版社1972年版，第530页。
[4] 刘冰、徐娅蓉、赵丽：《主动研究型教师的校本培养研究》，天津教育出版社2015年版，第35页。

外自愿进行的，或者是在缺乏清晰说明的情况下自发做出的一些超出本职工作的事情，完成自我设置的价值实现目标，而不是完成职位内的分配目标。前瞻性具有主观能动性，它是根据目前的情况分析出可能出现的问题、需求和变化，并对其做出提前反应。变革性主要是反作用于事物，主动引导事情发生的事态走势及变化，而不是任由其发展后被动应对。

主动性行为就是旨在改变或者改善情境或个体自身的一种自发的有预见性的行为。主动性行为是组织中的一种个体导向和未来导向的行为，这种行为旨在实现改变，强调未来导向和变革导向。主动性行为包括五个维度：形式、目标、频率、时机和策略。主动性行为包括多种类型和方式。个体进行主动性行为的影响目标有三个：自己、他人和组织。这些目标并非相互排斥，个体的主动性行为可能有多重目标。[1] 这在一定程度上整合了目前关于主动性行为的界定。

1. 人本主义理论

人本主义重视对学习者的需要、动机和潜能的研究，肯定人的意义、尊严与价值，宣扬人的自由与自主，提倡个性解放，要求人对自己的发展负责，关注个性与潜能，强调自我观念和自我实现，认为任何人都具有充分发展自我的权利和能力，每个人都有强烈的自我意识和自我实现的需求，社会的责任就是帮助人准确认识自我，充分开发自我的潜能。

人本主义的学习观强调以学生为中心，并非常注重学生的亲身体验，认为学生的学习应是"有意义"的学习，即一种自主、自觉的学习。它强调人的自主性、整体性和独特性，主张以学习者为中心，由学习者自我选择、自我发现。让学习者在一定范围内，自行选择学习科目和学习内容，自己安排适合自己的情境进行学习，最终由学习者做出自我评价。

---

[1] 胡青、王胜男、张兴伟等：《工作中的主动性行为的回顾与展望》，《心理科学进展》2011年第10期。

人本主义教育家杜威认为，教育的目的是促进人的成长与发展。[①] 他提出的"学生中心"主张社会要充分尊重每个人的兴趣和爱好，在社会实践中每个人都要发挥其个性和创造性。这意味着教育必须充分重视学生的个性和兴趣，在发展学生自由个性的同时还要发展他们的合作精神、进取心、创造力、主动适应环境的能力，让学生（儿童）成为教育的中心或主体。

2. 建构主义理论

建构主义理论提倡在教师指导下以学习者为中心的学习，也就是说，既强调学习者的认知主体作用，又不忽视教师的指导作用，教师是意义建构的帮助者、促进者，而不是知识的传授者与灌输者。学生是信息加工的主体，是意义的主动建构者，而不是外部刺激的被动接受者和被灌输的对象。

学习不是由教师把知识简单地传递给学生，而是学生自我建构知识的过程。学生不是简单被动地接受信息，而是主动地建构知识的意义，这种建构是无法由他人来代替的。

学习不是被动地接受信息刺激，而是主动地建构意义，是根据自己的经验背景，对外部信息进行主动选择、加工和处理，从而获得其意义。外部信息本身没有什么意义，意义是学习者通过新旧知识经验间反复的、双向的相互作用过程而建构的。

建构主义强调自我学习意愿，在学习的过程中，积极参与讨论，建构新知，但这个建构并不是随心所欲的，建构是在一定的情景下，根据既定目标，为获得某一知识技能而进行的。

四 主动教育的内涵与特征

主动教育理论的发展是在不断实践中螺旋式推进的，对其本质内涵和基本特征的认识是在研究学习和实践探索中不断丰富起来

---

① 杨凤：《论杜威的人本主义教育思想》，《惠州学院学报》（社会科学版）2012年第10期。

的。首先是从古今中外的教育思想、教育理论、教育经验中汲取精华；其次是借鉴广大教育一线同行的研究成果，既有碰撞融合，也有异曲同工；最后是在教育实践过程中与时代同步，面对新需求解决新问题，探索新途径，总结新经验。

（一）主动教育的基本内涵

"主动"在现代汉语中是跟"被动"相对的词语，《现代汉语词典》中的解释主要有两个义项：一是"不待外力推动而行动"；二是"能够造成有利局面，使事情按照自己的意图进行"。红桥区实验小学主动教育理论体系语境中的"主动"，就是指学生或教师在学与教以及管理的过程中自身的主动行为，每个人自身都是发展主体，自己根据内外在发展的规律和条件，自觉地监控自己发展的状态、目的和策略，把发展作为自己的主动行为。通俗地说，就是"自愿地、自动地"，不用别人告诉你，你就去做你认为需要做的事情。

对"主动教育"基本内涵的阐释，红桥区实验小学在研究与探索过程中，依据研究的中心主题，有多个视角的不同叙述。对主动教育基本内涵的最早界定是在红桥区实验小学第一轮主动教育整体改革实验期间提出的。

主动教育的基本内涵是：优化教育教学条件和过程，鼓励和帮助学生积极主动地参与教育教学活动，增强主体意识，提高自我教育的能力，主动有效地发展，使学生成为全面发展的有健康个性的人。[1]

这一表述是研究团队基于对历史和现实的考察与认识做出的，研究团队对中外历史上的教育思想源流和主动教育思想的萌芽进行了归纳分析，包括孔子、孟子、张载、朱熹、程颢、程颐、王守仁、王夫之、蔡元培、陶行知等，还包括苏格拉底、夸美纽斯、昆

---

[1] 李玉存、马国琴、张武升：《主动教育的实践与理论探索》，《教育研究》1994年第6期。

体良、卢梭、裴斯泰洛齐、第斯多惠、福禄贝尔、赫尔巴特、乌申斯基、斯宾塞、蒙台梭利、杜威、马克思、赞科夫等,涉及马克思主义的哲学理论、现代系统科学、教育学、心理学、社会学等,林林总总的教育思想对主动教育的提出或有启迪引导作用,或有比较选择作用。同时也是对现实中的教育发展困局——被动应试教育必须进行改革的回应。"整个教育改革的根本问题就是变被动教育为主动教育,使教师愿教、乐教、敬业乐道;使学生好学、乐学、会学,主动地学,发挥主观能动性。"① 第一轮主动教育整体改革,就是要"努力为实现从被动教育向主动教育的转变,全面提高教育质量,探索出一条新路子"②。

在红桥区实验小学第一轮主动教育整体改革实验期间,研究团队还以现代系统科学的视角,从教育系统内部和外部两个方面分析主动教育的本质内涵。

> 主动教育的本质内涵是全面的、综合的,概括地说主要包括两个基本的、相互关联的方面,即教育外部关系中的主动教育与教育内部关系中的主动教育。前者旨在确立教育在整个社会系统中的独立的、主动性的地位;后者旨在确立教师与学生,尤其是学生在教育系统中的主体的、能动的地位。③

这一叙述反映了在研究实验中的思考过程,把主动教育看作一个系统工程,看作教育者和被教育者、管理者与被管理者之间良性互动的过程,而不是看作对立的或孤立的关系。

"主动教育"的基本内涵是:优化教育教学条件和过程,鼓励、引导学生积极主动有效地参与到教育过程中去,增强学

---

① 李玉存、马国琴:《主动教育的本质特点与实践原则》,《教育研究》1995年第1期。
② 同上。
③ 同上。

生主体意识和自我意识，充分相信学生，尊重学生，教会学生主动地教育自己，发展自己，使学生成为全面发展的有健康个性的人。①

这是对1994年表述的进一步深化，其变化有六处：一是将"鼓励和帮助学生"变更为"鼓励、引导学生"，突出了主动教育中尊重教师和学生各自主体性的观念。二是将"教育教学活动"变更为"教育过程"，体现出实施素质教育中的整体育人观念。三是将"积极主动地参与"补充为"积极主动有效地参与"，强化了参与过程和参与结果的有效性。四是在"增强主体意识"后补充"自我意识"，强化了自我个性的表达。五是将"提高自我教育的能力，主动有效地发展"变更为"充分相信学生，尊重学生，教会学生主动地教育自己，发展自己"。其中，"充分相信学生，尊重学生"体现了主动教育的平等民主原则，"教会学生主动地教育自己，发展自己"则比"提高自我教育的能力，主动有效地发展"更有针对性，揭示了以运用方法和策略"教会"学生为目标。六是在"成为……的人"前面添加"使学生"，不但句式语法更加严谨，也把主动教育的落脚点和目的表述得更加明了。

此外，为了简单、明了地表明主动教育的价值倾向，也有多个简化的描述，比如，所谓"主动教育"，就是运用教育影响，充分发挥学生主体作用的一种教育。再如，一言以蔽之，主动教育就是以调动和发挥学生的主体性为手段实现培养全面发展的有健康个性的人的教育。又如，什么是主动教育？概括地说，主动教育就是以学生主动发展为本的教育。

我们认为，主动教育应该包含以下几方面的具体内涵阐释。

1. 主动教育是弘扬学生主体性的教育

教育实践的主体是教育者，被教育者是教育实践的客体，就二者的改造与被改造、塑造与被塑造的关系来说，其主、客体地位是

---

① 李玉存、马国琴：《教师与主动教育》，《教育改革》1996年第5期。

对应的、确定的。然而，学生作为教育实践的对象，又不同于一般的实践活动对象。因为学生是人，是有自我意识和自我追求的人，是一种具有主体性的客体，不是一种被动地、机械地接受外界影响并做出相应反应的物质客体。在教育实践活动中尊重和弘扬学生的主体性，实际上就是把学生视为教育活动的能动性和创造性的源泉，重视学生在学习和自我发展、自我教育过程中的自觉性和自主性。

2. 主动教育是尊重和培养学生个性的教育

个性是个人的心理面貌，即个人的一些意识倾向与各种稳定而独特的心理特性的总和。独特性是个性的基本内核，使一个人与其他人区别开来。人的个性是其主体性形成和发展的基础，教育实践活动中学生的个性与其主体性形成和发展的关系也是如此。同样的教育影响对于不同个性的学生可以引起不同的态度和行为，学生的各种活动总会不同程度地打上个性的印记。因此，在教育活动中，要弘扬学生的主体性，就必须尊重学生的个性。要尊重学生的个性，就要依据学生的个性特点施与教育的力量，使他们的个性得到充分的发展，特别注意从学生的兴趣、爱好、愿望、特长出发，培养出具有丰富的精神世界、高尚的审美情趣、鲜明的个性特征、身心健康、能充分创造和享受现代文明的幸福的人。

3. 主动教育是素质教育的有效模式之一

主动教育的直接目的就是贯彻实施素质教育，探索素质教育的有效途径，其育人目标就是使学生的德、智、体、美等素质得到全面发展。主动教育作为一种教育思想、教育意识贯穿和渗透于学校教育的各个方面、各个环节之中。也就是说，主动教育就是以引导和激励学生主动学习、主动发展为手段实现学生素质的全面提高和个性充分发展的教育，就是以激发学生的主体性为指导思想去优化教育教学过程，改善管理方式，变革课程设置，更新教育方法，提高教师素质的一种素质教育新模式的系统构建。主动教育的实践在所取得的高效率和高效益足以证明这是一种行之有效的素质教育模式。

（二）主动教育的基本特征

主动教育有着它不同于被动教育的鲜明的个性特点。这些特点既表现在教育与社会的关系方面，也表现在学校内部的师生关系及教育活动具体展开的过程方面。[①]

1. 适应性与超越性的统一

从教育与社会相互关系的角度分析，主动教育具有"适应性与超越性统一"的特征。

单纯的适应性教育实质上就是被动教育，其具体表现是，现实社会对教育提出了某些需要，教育就是培养适应某些需要的人；某些社会需要被强调，就会唤起人们对教育的某些或某种社会价值或功能的格外重视，其他价值或功能就会受到忽视甚至被完全遗忘。单纯的适应性教育是被动地受社会决定和制约的，或者是被动地适应、服务于社会的教育。仅仅立足于特定的、现实的社会需要的教育是有限的、有欠缺的，也只能造就有限的、有欠缺的人，这样的人是很难甚至不可能使人类社会和人类文明获得不断进步的可能性和无限光明的发展前景的。

适应现实的需要是主动教育的重要目的之一。但是，它不是对现实社会需要的单纯的、被动的适应。[②] 主动教育不同于被动教育，它不仅具有适应性，而且具有超越性。教育的超越"简而言之，就是教育对当下的、具体的现实需要的超出"[③]。从某种意义上可以说，教育的超越是以适应现实为前提的，是对现实具有引导作用的超越，其目的在一定程度上是更好地适应现实。[④]

主动教育既考虑现实社会的需要，又不仅仅停留在满足有限的

---

① 王秀兰、庞学光等：《主动教育理论构建》，天津人民出版社2000年版，第25页。
② 同上书，第27页。
③ 庞学光：《论教育之超越》，《教育研究》1998年第11期。
④ 王秀兰、庞学光等：《主动教育理论构建》，天津人民出版社2000年版，第27页。

现实需要的基础之上，不是对特定的现实需要的单纯适应，而是既基于现实的需要又超出现实的需要。它既重视让学生主动地学会做人，学会生活，又重视让他们主动地学会学习，学会创造，它培养的是真、善、美统一的全面发展的理想人格。因此，主动教育能够培养出真正适应现实需要的人。

2. 教师主导与学生主动的统一

从教师与学生相互关系的角度来分析，主动教育具有"教师主导与学生主动相统一"的特征。

教育是一种特殊的实践活动——培养人的社会实践活动。"人是教育的主体，教育活动都要围绕着人进行。"① 教育实践的主体是教师，学生则是教育实践的对象，是一种客体性的存在。然而，与一般实践活动的客体不同，学生是人，是学习的主体，是自我教育和自我发展的主体，是具有主体性的客体。因此也可以说，教师与学生在教育实践活动中都以主体的身份存在着。

在教育实践活动中，虽然教师与学生都是主体，但其主体地位和主体作用是不同的：教师是施教的主体，学生是受教的主体；教师的主体作用体现为主导作用，即起着主要的、引导学生向着理想教育目标发展的作用，而学生的主体作用则体现为主动接受教育的影响和主动发展。因此，在教育实践活动中，要想取得理想的教育效果，就必须实现教师主导与学生主动的紧密结合与有机统一。

主动教育特别强调学生的主动发展、主动学习。在主动教育实践中，学生的主动性得到了充分的尊重和发挥，以往的教育实践偏离学生主动发展轨道的弊端得到了彻底纠正，教育实践的重心切实地转移到了弘扬学生主动性的正确轨道上来。

3. 自然科学性与人文科学性的统一

从教育实践过程的内在本性角度来分析，主动教育具有"自然科学性与人文科学性统一的"特征。

---

① 王丹：《现代社会与现代教育的本质特征探析》，《沙洋师范高等专科学校学报》2007年第4期。

"学生主体性的发挥是取得理想的教育效果的重要前提，而要调动和发挥学生的主体性，就必须遵循科学尺度。"① 毫无疑问，这一论断是非常正确的。但是这一论断中的"科学"不能仅仅理解为自然科学，人文科学也是其中应有之义。如果仅仅在表浅的层次上将"科学"理解为对客观的因果性规律的认识，即仅理解为自然科学，而认为教育实践活动是由因果决定性所支配的，作为教育实践主体的教师必须遵循因果决定规律逻辑地设计和推进教育过程，对学生进行严格的控制，教师和学生都必须按照固定的程式及这些程式所制定的一系列准则行事，将是非常片面和狭隘的理解。教育活动除了具有自然科学性之外，还具有人文科学性，真正科学化的教育就是自然科学性与人文科学性的统一。

教育具有自然科学性，它也强调遵循文化科学知识的逻辑性、系统性和表述方向的规律性、原则性，有计划、有步骤、逻辑地组织教育过程；强调严格的纪律，不允许学生任意妄为；强调按照一定的程式和规格来展开教育活动。② 毫无疑问，遵守严格的纪律，遵循严密的程式，以教育活动的有序状态实现教育目的和学生的发展，这是非常必要的。但是，仅仅如此却是远远不够的。因为仅仅如此，不能充分调动学生的积极性、主动性和创造性，不能获得教育实践的高效率，不能确保学生生动活泼、积极主动地发展和健康个性的形成。要充分调动学生的主动性、积极性和创造性，使教育充满活力，富有成效，就必须讲求教育的人文科学性。

4. 理论研究与实践操作的内在统一

从主动教育理论的建构和实践探索过程来看，主动教育具有"理论研究与实践操作内在统一"的特征。

主动教育在红桥区实验小学的发展经历了萌发阶段的主动追寻、发展阶段的探索与突破、形成阶段的完善和更新、深化阶段的

---

① 王秀兰、庞学光等：《主动教育理论构建》，天津人民出版社2000年版，第30页。

② 同上书，第31—32页。

坚持与创新，在可追溯的 30 年里，红桥区实验小学进行了 24 年的主动教育理论和实践探索，从理论上的一片空白，到如今形成比较完善的理论体系，从最初的实验改革愿景到如今的教育教学丰硕成果，主动教育理论是在"认识—实践—再认识—再实践"的过程中不断拓宽和延展的。理论研究为实践探索提供理念指导和信心支撑，实践探索为理论研究提供一手原材料和经验总结，二者相辅相成，遵循了理论创新、科学发展的基本规律。

在主动教育基础理论研究方面，我们对古今中外有关"主动"教育的思想进行了辨析，对学生和教师的主体性特征予以论证，对主动教育的概念进行了界定，对主动教育的内涵进行了阐释，提出了主动教育的基本原则，建构了主动教育目标体系，设计了主动教育评价体系，深入探索了主动教育的德育、主动教育的教学模式、主动教育的教学风格、主动研究型教师问题等。

在主动教育的实践操作方面，我们申报各类课题开展主动研究，在全体师生中贯彻主动教育思想，建立科研管理系统，完备教学保障条件，改进教学方法，倡导现代教育技术，开展主动教育的课堂活动，构建主动教育课程体系，进行校本课程开发，贯彻国家德育培养目标要求，总结主动教育模式，提炼主动教育教学风格，搭建主动研究型教育的成长平台等。

在贯彻主动教育的过程中，我们不断凝练办学思想，更新教育理念，创新工作思路，打造学校精神，树立主动教育的校风、学风、教风，构建文化识别系统，优化学校文化环境，形成了主动教育的特色文化。

因此，主动教育的理论体系不是单纯的理论探讨，它是与实践操作紧密联系的，是来自于实践又从实践中升华的，具有鲜活生命力的活的教育理论创新成果。

（三）主动教育的基本原则

教育原则是根据教育规律和培养目标制定的旨在指导教育工作，提高教育质量的根本要求，是实施教育的行动准则。主动教育的基本原则就是指导红桥区实验小学主动教育理论研究和实践，实现主动教育培养目标的根本要求的基本行动准则。

在主动教育研究的早期阶段，主动教育的基本原则被表述为：一是整体性原则，强调校内外结合，教育、教学、管理协调统一，校长、教师、学生协调配合；二是激励性原则，包括工作与学习目标的吸引、物质与精神的鼓励、成就的反馈与强化、自我实现的高峰体验等；三是启发性原则，创造条件让学生主动发展，在教育教学中给学生某些启示，引导和诱发学生去探究、思考、发现，获得知识和发展能力，以此强化学生的主体意识，发展学生的主动性；四是创造性原则，强调教师的教育教学要有创造性，还强调学生在学习活动中要有创造性。

经过综合研究后，我们把主动教育所坚持和遵循的基本原则概括为以下四条。

1. 主动参与原则

只有主动的参与，才会真正成为积极性、主动性、独立性和创造性获得发展的根本途径，才能使学生学会生活，学会学习，学会创造。正因如此，主动教育不仅强调学生对教育活动的参与，而且强调学生参与的"主动"，使学生在主动参与的过程中确立他们的主体地位。贯彻主动教育的基本要求，教师要善于激励学生，给予适当的指导、引导和必要的激发。

2. 全面参与原则

全面参与又可称为全方位参与，就是让学生参与学校教育、教学及管理活动的所有方面。全面参与对于学生主动参与意识的培养、个体主动性的发挥和身心素质的全面发展，尤其是对于学生学会做人，学会生活，学会学习和学会创造具有不可忽视的影响作用。贯彻全面参与原则的最基本要求，就是学校领导和教师要积极创设情境和条件，引导学生主动参与到学校教育活动的各个方面和各个环节中，包括参与课堂教学，参与学校目标的制定、学校管理活动、德育活动和评价活动等。

3. 全员参与原则

全员参与包括两个方面的含义：其一是指全体学生都参与主动教育；其二是指不仅要让学生参与，而且要使学校领导、教师和学生家长参与。贯彻全员参与的基本要求，概而言之，就是充分调动教师、学生以及学生家长参与主动教育的积极性，给他们提供充分的参与主动教育的基本条件。

4. 规范参与原则

无论是教师的参与还是学生及其家长的参与，都不应该是随心所欲、任意妄为的参与，而应该是有规范、有限制的参与，如果不对个人的参与行为加以规范，那么，学校教育活动就势必会变得混乱无序，个人就会因为对他在学校教育系统中的位置、职能、权利和义务不明确而难以履行他所担负的职责，主动教育目标的实现就难免会落空。贯彻规范参与原则的基本要求有二：其一，建立健全规章制度；其二，严格执行规章制度。

（四）主动教育的发展目标

目标是行动的指南和依据，它是学校教育教学活动展开的条件和前提。学校教育观念的转变、教育管理措施的变革、教育教学方法的更新、课程建设、评价手段的变革、师资队伍的建设等，都是在学校教育目标的指导下，围绕着教育目标的达成和实现而进行的。学校教育目标是对国家教育方针的具体化，它的制定必须结合学校实际，反映学校的办学思想和特色。

红桥区实验小学主动教育的目标体系正是在这一思想指导下建构起来的。在最初的实验研究框架设计中就构建了主动教育的总目标，并在理论研究过程中构建了主动教育目标体系，包括学生发展目标、教师发展目标、学校发展目标。整个目标体系反映了学校办学的整体性特色风貌，这一目标体系也就成为红桥区实验小学办学的目标特色。

1. 学生发展目标

学生发展的总目标是，通过实施主动教育，使学生成为主动学会做人，主动学会生活，主动学会学习，主动学会创造，成为全面发展的有健康个性的人。总起来说，就是使学生成为主动学会发展的人。

"主动学会发展"是对主动教育这一发展目标的总概括，四个"主动学会"是主动学会发展的具体内容，也是主动学会发展的前提和基础。

主动学会做人，就是使学生主动、顺利地通过社会化过程。学习日常行为规范和文明礼貌，发展与人交往、相处的基本能力，成为一个素质良好、情趣高尚、社会适应能力强的人，做心中有他人，心中有集体，心中有祖国，心中有人民，讲文明懂礼貌的好孩子。

主动学会生活，就是使学生学会在校生活、在家生活、在社会生活中自理、自立、自强，学会集体生活、尊重他人、健康锻炼，养成热爱劳动、乐于助人、勤俭节约、顽强勇敢的良好品质。

主动学会学习，就是使学生主动灵活地掌握学习的方法、技巧，形成良好的学习习惯，乐学、会学、主动学、创造性地学，成为学习的主人。

主动学会创造，就是使学生在掌握基本知识的基础上，发展思维能力，养成好奇、求知，富有挑战和冒险精神的个性品质，形成爱探究和善于发现、发明、创造的习惯，具备发现问题的敏感性，解决问题的独创性，表达问题的流畅性，高效学习的守时性，认识事物的挑战性的能力。

主动教育的学生发展目标特色主要体现在"主动""学会"和"发展"三个方面。[①] 所谓"主动"就是指学生的发展是学生自身的主动行为，学生是自身的发展主体，学生根据其内外在发展的规律和条件，自觉地监控自己发展的状态、目标和策略，把发展作为自己的主动行为。所谓"学会"就是教给学生学习的方法和策略，让学生学会学习，学会发展。在这里，"学会"还有过程中动态学

---

① 和学新：《"主动教育"的校本课程开发》，《江西教育科研》2003 年第 3 期。

习的含义，尊重学生差异，认识学习的渐进过程。所谓"发展"就是学生不仅掌握文化科学知识，还要成为发展自己，发展社会，发展文化，发展科技的主人。

在教育教学实践中，红桥区实验小学结合低年级、中年级、高年级学生特点及教学内容，对学生发展目标进行了细化和具体化，与德育、智育、体育、美育、劳动教育等多方面的素质教育活动紧密衔接，使其具有可操作性。

2. 教师发展目标

主动教育的教师发展目标是，通过实施主动教育，使教师成为学者型、研究型，不断主动发展自我，完善自我，实现自我价值的主动研究型教师。

教育教学活动是师生双方的共同活动，学生的发展水平和质量在相当程度上取决于教师。基础教育阶段的教师，对学生未来的学习，对教学质量的提高起着决定性作用，这就要求教师显示出极为多样的教学才能，具有情感同化、耐心和谦虚等人文品质，积极主动地发展自己，完善自己的人格。主动教育要促进学生主动学会发展，生动活泼地得到发展，就要求教师具备主动教育的理念和方法，结合学校办学特色目标，努力成为新型教师。

所谓"学者型"是指教师要成为所教学科方面的专家，所教学科教学理论方面的专家，熟稔学科教学的多样化教学理论，在教学活动中适当地借用，形成其教学艺术风格。

所谓"科研型"是指教师要成为教育教学科研的行家里手，有从事与教育教学活动紧密相关的各类课题的研究能力，结合教育实践中的问题，开展理论学习和调查研究，制定研究课题和方案，探索主动教育过程中教与学的条件和机制，成为研究者。

在主动教育理论的深化研究阶段，红桥区实验小学借鉴学界对研究型教师、发展型教师的研究成果，结合教师专业化发展背景下学校的实践探索，提出了培养"主动研究型"教师的新目标。所谓"主动研究型教师"是指在主动教育理论指导下，具有一定的科研意识和科研能力，掌握科学的研究方法，主动把研究作为教育教学工作的常态，善于以研究者的眼光观察反思日常教育教学实践，自觉地通过科学的、系统的、专业化的研究探索教育教学规律，努力提升其专业化水平的教师。①

"主动研究型"教师的发展目标主要强调四个方面：一是"有一定的先进教育理论作为指导"；二是"具有研究的意识和能力，掌握了科学的研究方法"；三是"在反思中探索教育教学规律"；四是"促进专业化发展是最终目的"。培养"主动研究型"教师目标的提出，发展了红桥区实验小学主动教育目标体系中教师发展目标，赋予其新内涵。

3. 学校发展目标

主动教育目标所反映的红桥区实验小学办学目标，就是"在使学生主动地学会做人，主动地学会生活，主动地学会学习，主动地学会健体，主动地学会审美，主动地学会创造的基础上，突出对学生主动地学会参与、合作、选择和创新的意识与能力的培养，使他们成为有理想、有特长、身心健康、主动发展的新世纪小主人，成为能够创造和享受现代文明的幸福的人"。在实现育人这一根本目标的基础上，达成学校的发展目标。

在主动教育整体改革实验阶段，在主动教育研究过程中所提出的学校发展目标是：通过主动教育课题研究，实现学校"以生为本，努力创造适合儿童的教育"的办学思想，带动学校成为市一流、国内有影响的以主动教育为特色，具有实验性、示范性的一所现代化学校。这一目标以当时的办学思想为主题展开，随着时代的发展，国家和社会对教育提出了新要求，教育改革有了新进展，学校办学思想的表述有了变化，但主动教育一直是学校发展的基本选择。

当前，在主动教育的目标体系中所确定的学校发展目标是："通过实施主动教育，把学校办成了一流的教育教学质量、一流的

---

① 刘冰、徐娅蓉、赵丽：《主动研究型教师的校本培养研究》，天津教育出版社2015年版，第39页。

学校管理水平、一流的校园文化、一流的教师队伍、一流的教学设施，现代化、实力强、有特色的一流学校。"

　　这一发展目标所明确的实现途径选择是"实施主动教育"，"一流"是学校发展的综合标志，包含教育教学质量、学校管理水平、校园文化系统、教师队伍、教学设施等核心因素和软硬件基础，"一流"最终要落实在"现代化""实力强""有特色"三个方面。"一流"不是一个固化的终点，而是一个不断求索、趋于至善的追求。

第二章

主动教育的学校发展

学校是教育的基本场所，促进学校发展是教育的重要目标之一。如何把一所普通小学办成一所特色鲜明、师生主动发展的优质学校，是我们红桥区实验小学历任校长和广大教职工的共同思考。在30年主动教育的探索与实践中，我们始终把促进学生的主动发展、教师的主动发展和学校的主动发展作为主动教育的重要目标，随着时代的发展和变化而不断促进学校的主动发展。实践也证明，主动教育实验极大地促进了学校的主动发展，学校成为师生主动发展的学园、家园。在这一过程中，学校逐步确立了主动教育的学校发展理念和发展目标，并注重做好学校发展规划，全方位构建了主动教育发展的学校文化体系。主动教育既是实施素质教育的一种有效模式，也是红桥区实验小学独特的办学特色。在主动教育学校的建设过程中，历任校长在继承与发展中不断明确自身在主动学校发展中的角色定位，明确自身的责任，引导了主动教育的学校文化发展。

一 主动教育学校文化的内涵与特征

（一）主动教育学校文化的内涵

文化是一种价值观和行为方式，学校文化是学校全体成员共同创造和经营的文明、和谐、美好的生活方式，是学校核心价值观及其指导下的行为方式和物质形式的总和，包括精神文化、制度文化、行为文化和物质文化，是学校稳定、持续发展的根本动力和核心竞争力。① 我们经过长期的理论探索和学校实践，认为主动教育学校文化就是学校中全体师生员工以主动教育理论为指导而共同创造的核心价值观及其指导下的行为方式和物质形式的总和，包括了学校的环境文化、精神文化、制度文化、课程文化、教学文化、教师文化、学生文化。主动教育学校文化是一种教育学化和人学化了的文化，具有一般文化的内容，更具有学校文化的特殊内容，是为促进师生的主动发展服务的，反映了师生在各个方面的价值观念和行为方式，是系统化了的具有创新性的稳定的可持续发展的文化体系。

（二）主动教育学校文化的特征

1. 整体性

主动教育的学校文化具有整体性的特征，这种整体性体现的是系统性和全面性，它不是指学校发展的一个方面或者某个点，而是整个主动教育学校文化，体现在环境文化、精神文化、制度文化、课程文化、教学文化、教师文化、学生文化等各个方面，这些组成部分之间不是截然分开或者互相独立的，而是具有相对独立性，互相之间有着密切的联系，反映了学校师生员工的价值观念和行为方式，既要反映教育服务对象的全面性，也要体现主动教育发展的全面性和学生主动发展的全面性，反映了学校文化的整体性特征。

2. 独特性

主动教育学校文化是红桥区实验小学在长期的探索实践过程中所形成的具有鲜明个性的文化体系，反映了学校发展中的个性化和独特性。在 20 世纪八九十年代，我国曾经出现了很多类型的特色学校文化建设模式，我们经过学习、比较、选择，形成了主动教育的办学特色和学校文化，这样就与其他的如"和谐教

---

① 张东娇：《论学校文化与校长领导力》，《教育科学》2015 年第 1 期。

育""快乐教育""激励教育""生态教育"等相区别，既借鉴了其他类型教育的长处，又有着我们自己的明显特色，以促进师生和学校的主动发展为主要目的，成为红桥区实验小学在文化特色上区别于其他同类学校的独特风格体现。

3. 稳定性

红桥区实验小学的主动教育学校文化在历任校长和师生员工的不断探索下逐步丰富和完善，保持了持续性，这么多年的实践探索，主动教育的主题始终没有发生变化，各个阶段的课题研究也是围绕这一主题从不同方面展开的，如教师风格和校本培养、道德教育模式、课堂教学模式、课程体系建设等，这才形成了红桥区实验小学的主动教育办学特色。在这一过程中主要是丰富和深化，在丰富和深化中提升学校的层次和水平，而不是过几年一个主题，换一个校长就有一个新理念和一种新提法，保持了学校文化的稳定性。

4. 开放性

红桥区实验小学的主动教育学校文化具有开放性特征。学校文化建设需要宽广的视野，敏锐的洞察力，既要发挥校长、教师、学生、家长和社区等不同层次主体的积极作用，也需要在其他文化中汲取适合自身文化的有机养料，不断丰富和完善具有鲜明特色的学校文化。我们在主动教育学校文化建设中，充分向校内外开放，使师生共同参与到学校建设中来，教师之间互相开放、互相学习，给师生提供学习交流的机会和平台，课堂开放，邀请家长和社区人士听课并提出意见、建议。学校与社区实现有效互动，相互提供资源，实施资源共享。红桥区实验小学将体育设施向社区全面开放，包括舞蹈教室、田径运动场、篮球场、礼堂、运动器械场等，为社区居民提供运动休闲、学习进步、发展提高的场所。校园中我们时常看到社区居民锻炼的身影；欣赏社区舞蹈队的老年朋友们伴随着美妙的音乐翩翩起舞的动人画面；聆听社区居民用歌声表达的美好心情；领略社区小伙子们在足球运动场上的青春风采……美丽的实验园不仅记录着学生蓬勃向上、天真烂漫的成长足迹，而且溢满了社区居民的欢声笑语，描绘着他们幸福生活的张张画卷。学校经常邀请社区居民观摩学校"开放日""学生特色展示""校园安全教育""大课间展示"等活动,组织社区居民观看、参与学校的体育运动会、文艺会演;邀请居民参加学校趣味运动会,亲子活动等。这既丰富了社区居民的业余文化生活,又增进了社区居民对学校教育教学的了解,使居民深刻地感受到孩子在实验园学习、生活是快乐的,是幸福的,进而使其更加支持、配合学校的各项工作,从而也形成了学校、社区共同关心教育发展的新格局。

5. 时代性

任何学校文化都反映了时代精神,反映了时代特色,与时代品格相一致。红桥区实验小学的主动教育学校文化既有稳定性,又有开放性、发展性和时代性,只有发展性才有时代性,只有时代性也才有发展性,而不是抱残守缺,故步自封,停滞不变的。我们在主动教育发展中积极回应时代的要求,不断加以丰富和完善,例如,我们积极学习贯彻新发展理念,更加强调师生的创新精神,在师生的核心素养和各个学科的核心素养上开展积极的研究探索,在促进师生主动发展中提供公平、高质量的基础教育,就体现了教育发展和时代发展的新趋势、新要求,反映了鲜明的时代特征。

二 主动教育学校文化的体系构成

学校文化建设是学校发展的核心,也是一所学校区别于其他学校的本质特征所在。我们在主动教育学校文化建设中,以"规则内化、文化熏陶、价值引导、促进自觉"为工作策略,积极推进学校文化建设,形成特色文化品格。我们在逐年递进,不断丰润中,建构起以校园文化、精神文化、制度文化、教师文化、学生文化、科研文化、特色文化为代表的学校文化环境,最终形成了将科学的求真与人文的求善相结合的学校文化品格,并在学校无数次教育融入、辨识的实践中,逐步内化为师生的共同认知价值观和言行自觉,使学校文化在动态中发展,不断得到延续和深入,成为学校师生既脚踏实地求真又积极向上求善的健康、快乐、幸福的生活方式。

(一) 和谐和美的环境文化

环境是指人类生存的空间及其中可以直接或间接影响人类生活和发展的各种自然因素,对人的心理发生实际影响的整个生活环境也称为环境,但更多地被称为心理环境。在学校中,广义上的环境包括物质环境和制度、仪式等非物质环境,我们这里所说的环境主要是物质环境。学校的"物质"主要是指学校的楼房、校园、教室、设备、设施等,包括地理位置、校园绿化、文化实施(图书馆、活动室等)、人文景观(雕塑等)。学校物质文化是由学校师生员工在教育实践过程中所创造的各种物质设施,它们能够迅速地为人们提供感觉刺激,给人一种有意义的感情熏陶和启迪,是一种以物质形态为主要研究对象的表层学校文化。[①] 学校物质文化是一所学校最浅层最直观的文化,我们走进一所学校,最直观的感受就是这所学校与众不同、风格各异的物质文化。我们在学校物质文化建设中,以主动教育为指导,奏响校园改造"进行曲"。学校领导重视统筹规划,做好"校园改造"设想,以变更、创新的视角进行构思,以智慧的方法组织实践,以新颖有效的形式积极推进,不断取得明显成效。明确校园"改造"的目标,以主动教育为引领,建设书香校园、文化家园、成才乐园,让校园环境更加文韵绵长。学校文化的逐步推进,能让校园汇聚文化力,让师生的精神维度得以提升,智慧维度得以构筑,管理智慧得以提升。

我们关注"主动教育"环境文化建设,做好读书长廊、走廊、教室、楼梯、文化墙、广场、景观小品、文化宣传栏的规划设计,力求让整个校园的主动教育文化氛围更加浓郁,让学校文化品格蕴含真、善、美。我们以"深化、浸润、促进文化自觉"为指导思

[①] 赵中建:《学校文化》,华东师范大学出版社2004年版,第326页。

想，利用校园文化环境这块阵地塑造我们的下一代，使他们关心的重点由"学习模仿"转变到"自我塑造"，再上升为"乐于创新"。我们以校园文化创新为平台，把创建校园文化墙作为文化建设的一个突破口，在学校进门后最醒目的院墙上雕刻了八幅大型浮雕，创建了独具特色的校园环境文化。这八幅大型浮雕涵盖了忠诚、孝顺、真诚、诚信、礼仪、正义、廉洁、知耻八个教育要素。我们精心选择了"精忠报国""亲尝汤药""曾子杀猪""商鞅立木取信""程门立雪""桃园结义""两袖清风""不耻下问"八个具有代表性的中国古典故事作为核心画面。八面浮雕惟妙惟肖、栩栩如生，每一面墙不仅是一幅生动的画面，还是一段精彩的故事，在默默地向学生传递着信息，交流着思想，规范着行为。文化墙成为一道有血有肉、弘扬传统文化的亮丽风景，为学生的发展提供着沃土和动力，激发着他们创新精神的火花。

我们在主动教育的物质文化建设中，始终明确一点：学校物质环境并不等于物质文化，物质的意义才是文化的内涵。例如，学校一座楼的建设风格并不重要，这座楼的来历、在这座楼中发生的有意义的故事、对师生的意义才是重要的。进行物质文化建设时，必须考虑它对于学校中各个主体的意义，特别是要用"符合学校群体特别是学生的实际需要"这一标准来判断。[①] 我们赋予每一个楼层、每一面墙壁、每一间教室不同的教育功能，各个楼层呈现出不同的教育主题，努力做到让每一面墙壁都说话，如，"我有好规范"的自律教育；"亲近自然，珍爱绿色"的环保教育；"亲近自然，呵护生命"的生命尊重；在"中国文字演变"中了解祖国悠久的文化；"班级自主空间""班级文化展示""学生座右铭"板块凸显着学生的自主管理，学生徜徉在学校文化的长廊中，滋养着心灵。

我们通过多种形式的活动使静态的环境动态化，使物质环境文

[①] 马云鹏、邬志辉等：《优质学校的理解与建设——21世纪中小学教育改革探索》，高等教育出版社2006年版，第62页。

化活起来。我们结合学校实际及学生发展需求，深度开发校本课程，形成具有本校特色的校本课程——《路标——人生德行之引》。课程内容与校园文化墙上的八面浮雕有机结合，形成完整的育人体系。我们围绕校园文化墙和《路标——人生德行之引》开展活动，让学生通过讲古今中外的名人故事、身边先进人物事迹，背诵名言，解读名言，受到潜移默化的教育。校园中活跃着一支由学生组成的"自主成长小分队"，在校际交流中，他们主动向师生讲解文化墙的内涵要义；在自主交流时，他们传扬故事，品评行为；在活动展示时，他们吟诵经典，自述成长。我们还在现有校园环境建设的基础上深度研究与规划，努力营造治学严谨的学习环境、生动活泼的文化环境、清洁卫生的生活环境和幽静宜人的自然环境，使学生振奋精神，陶冶情操，促进身心健康，全面发展。

（二）促进师生主动发展的精神文化

精神文化是学校文化的深层表现形式，是指学校在长期的教育实践过程中，受一定的社会文化背景、意识形态影响而形成的为其全部或部分师生员工所认同和遵循的精神成果与文化观念，表现为学校风气、学校传统以及学校教职员工的思维方式等，是学校整体精神面貌的集中体现。[1] 进入21世纪以来，在实现历史传承与谋划未来发展的融合中，学校经过对自身发展的历史精华的挖掘与延伸，着眼传统，放眼未来，历经自下而上、自上而下的多轮探讨与研究，明确了新时期学校精神文化建设的核心，形成了完整的学校精神文化识别系统。

1. 办学理念

每一所学校都会有自己的办学理念，它所要说明的是一所学校之所以成为学校的根本依据，以回答"学校为什么而存在""办什么样的学校"以及"应该怎样办学校"的问题。[2] 我们把育人目标

---

[1] 赵中建：《学校文化》，华东师范大学出版社2004年版，第300—301页。
[2] 叶文梓：《论中小学校长的办学理念》，《教育研究》2007年第4期。

和育人方式作为主动教育办学理念的根本。

(1) 基本理念

学校办学的基本理念是学校最为根本的、最基本的理念,主要回答怎么办学校的问题。经过多年的办学实践和理论探索,我们确定了"把发展的主动权还给学生"的办学基本理念。主动教育是以调动和发挥学生的主体性为手段,旨在培养全面发展的有健康个性的人的教育,它充分弘扬学生的主体性作用。教师所施与的教育影响必须以调动和发挥学生的主体性为前提,以引导学生积极、主动、有效地发展自己为目标和检验标准。真正把发展的主动权还给学生的关键是将这一教育理念转化为教师的教育行为,学校时刻秉承"教师主导与学生主动相统一"和"科学性和人文性相统一"的思想,鼓励师生主动、全面和规范地参与学校各项活动,使主动教育思想在实践中完美展现自身价值。

我们努力抓好关键的三点:一是在确定学生群体和个体的培养目标时更具个性化,学生全程参与、自主选择,使其真正成为自身发展的主人。二是在教育教学活动中充分发挥学生的能动性。教师通过"自主、合作、探究"的学习方式,引导学生主动学习。为学生提供设计活动、参与活动、评价活动的机会和条件,尊重学生自我发展的选择性,发挥学生主动发展的创造性。三是在学生发展的评价活动中,还给学生评价的主体地位,遵循多元性评价、发展性评价、重过程评价的原则,使评价真正起到激励、引导学生发展的作用。

(2) 核心理念

核心理念是学校用于指导教育教学行为与管理经营活动的最高价值标准,是学校一切行为的起点和归宿,是学校理念文化系统的灵魂。我们把"主动发展奏响幸福成长乐章"作为学校主动教育的核心理念,它深刻概括了学校的精神内涵和教育理念,成为学校主动教育文化建设的灵魂与核心。

主动发展思想是主动教育的根本所在,具有时代性和前瞻性。

人在社会实践活动中具有主观能动性,表现在学校上就是学生的主动发展,即学生主动求得自身发展的行为。学生是自身发展的主体,需要他们根据内外在发展的规律和条件,自觉地监控自身发展状态、目的和策略,把发展作为他们的主动行为。主动发展是学生不断成长的基础和前提,它充分体现了学校以学生全面发展为本的办学思想,弘扬了学校以创造适合儿童的教育为目标的办学理念。学校实施主动教育,推动学生的主动发展,能够培养学生的自信、自立、自律和自强精神,完善学生人格;铸就乐业、爱生、守责、求进之师品,成就教师事业,从而实现师生的主动、持续发展,幸福成长。

(3)办学宗旨

创造适合儿童的教育,促进师生主动发展。办学宗旨是办学的目的和意图,主要说明办什么样的学校,是办学理念的重要组成部分。它是学校进行教育教学活动所最终期望的目标和结果,主要诠释了学校为人才的培养、教育的进步,以及社会的繁荣所承担的具体义务。红桥区实验小学的办学宗旨服务于师生的主动发展,通过创造适合儿童的教育来促进师生的主动发展。现代教育是"以人为核心"的教育。因此,学校提出创造每个儿童"各得其所,皆有所成"的教育模式,即"创造一种适合儿童的教育,而不是挑选合适教育的儿童"。这种教育首先要设计既适合儿童年龄特点,又能满足其未来需要的发展目标;其次破除禁锢儿童积极性、主动性和创造性的藩篱,让学生在学校中体验到人的尊严,享受学习的乐趣,释放无限潜能。学校正视学生在个性和个体潜能上的差异,制定具有针对性的教育方式,让每个学生都能找到最适合的发展之路。在教育教学活动中,重视生命价值,强调人人都有独特之处、人人皆可成才,从而使每个学生都能发挥各自的长处,得到最充分的发展。

(4)办学策略

我们把"科研成就引领之势,开放赢得发展之机,特色铸造品牌之魂"作为办学策略。一是科研成就引领之势。实施科研精品战略，培育名师教育队伍，提升教育精致品质，是学校实现可持续发展的重要举措。红桥区实验小学的科研集前瞻性和创造性于一体，强调合作与交流，提升了学校办学潜力，拓展了学校发展空间，成就了学校引领之势。二是开放赢得发展之机。开放办学是现代学校的基本属性，可以为学校带来更为广阔的发展空间。红桥区实验小学实施开放办学，实行"请进来，走出去"的策略，大力开展对外交流与合作。学校以开放争取主动，创造发展全新机遇；以开放提升品质，铸就教育精品。三是特色铸造品牌之魂。特色是学校最具辨识度的个性标签，是品牌的灵魂。特色办学是学校在激烈竞争中赢得优势的必要条件，可以充分体现学校的优势，突出学校在同行中的特殊地位。学校通过创新思路形成了鲜明的办学特色，真正做到了以"主动"提高知名度，以"主动"打造品牌，以"主动"赢得发展。

2. 学校精神与形象

（1）学校精神

学校精神指的是学校在长期的办学实践中为谋求发展而精心培育的，体现学校个性并被学校全体成员认同的精神支柱，它对全校师生具有导向和激励作用。红桥区实验小学的学校精神是："竞必先行，毅有大成。"

竞必先行。竞争之势常在，常胜必须先行。竞必先行的精神传达了学校一往无前、奋勇争先的实验精神，蕴含着催人奋进的无穷力量。"先"字饱含创新的激情、开拓的锐气，激励着我们积极寻找新思路，时时争先，处处争先。学校只有满怀竞争的激情，具备非凡的胆略，不畏挫折，勇敢前行，才能走在时代前列，立于教育潮头，成就一流名校。

毅有大成。曾子曰："士不可以不弘毅，任重而道远。"顽强的毅力，丈量着生命的韧性，展示着坚持的力量，指引着成功的道路，对于师生的成功成才，学校的生存与发展具有重要意义。学校师生要不屈不挠，刚毅卓绝，用信念坚守希望，用拼搏赢得成功。只有努力不放弃，学校才能不断超越，永立潮头。

（2）学校形象

学校形象指的是社会、家长等对学校的总体印象，是学校整体素质与文明程度的综合体现，也是学校文化最直接的外在体现方式，基本要素是知名度和美誉度。我们的形象定位是：成为主动教育卓著，育人成绩斐然的实验小学。它彰显了学校的特色和发展思路，提升了学校的办学知名度和美誉度。

主动教育卓著：主动教育以学生为主体，教师为主导，重视个性和生命价值，是素质教育的本质体现，也是学生全面、和谐发展的本质特征。主动教育理论完善，活动丰富，执行有力，成效显著，得到了学校师生的一致认可，成为学校最鲜明的教育特色，凝聚成学校的核心竞争力。

育人成绩斐然：主动教育是学校教育活动的核心指导原则，是育人成绩提升的最强劲推动力。学校全面实施主动教育，尊重学生的主体性地位，构建个性化的育人方案，挖掘学生潜能，激发学习激情，使每一个学生都得到最适合、最充分的发展，真正实现了素质的全面提升，个性的充分发展。

实验小学：实验是学校的个性标签，作为天津市一流小学，学校充分发挥自身的实验性优势，结合新时期的教育形势，通过教育科研和教改实验活动，探索出具有示范性意义的素质教育新模式。不断完善硬件设施和优化师资队伍，使学校在办学育人与科研教改两个方面显示出示范性特点。

3. 学校目标与愿景

（1）办学目标

主动教育目标是我国教育目的的具体化，反映了红桥区实验小学办学目标，即在使学生主动地学会做人，主动地学会生活，主动地学会学习，主动地学会健体，主动地学会审美，主动地学会创造的基础上，突出对学生主动地学会参与、合作、选择和创新的意识与能力的培养，使他们成为有理想、有特长、身心健康、主动发展的新世纪小主人，成为能够创造和享受现代文明的幸福的人。

（2）发展目标

红桥区实验小学的发展目标随着时代的发展要求而不断修改、丰富和完善。在主动教育整体改革实验阶段，我们确定的发展目标是：实现学校"以生为本，努力创造适合儿童的教育"的办学思想，带动学校成为市一流、国内有影响的以主动教育为特色，具有实验性、示范性的一所现代化学校。当前我们确定的学校发展目标是通过实施"主动教育"，把学校办成具有一流的教育教学质量、一流的学校管理水平、一流的校园文化、一流的教师队伍、一流的教学设施，现代化、实力强、有特色的一流学校。

（3）培养目标

这是指学校对培养的人的基本要求。红桥区实验小学的培养目标是：全面发展，做能创造和享受现代文明的幸福的人。每个学生都是一个独特的完整的世界，教育就是要培养学生的自我意识，充分开发每个人的天赋和才能，以实现学生的主动全面发展，养成良好的做人、学习和生活习惯，获得可持续发展的能力，使他们成为能创造和享受现代文明的幸福的人。

正确认识自己。小学阶段首先要培养学生的自我认知，提升其自主意识。只有正确认识自己，学生才能充分认识和发挥自己的优势，从而增强自信心，保持平和的心态和乐观的精神，感受生活的喜悦和生命的乐趣，为全面发展奠定基础。

善于规划自我。明确成长目标，发挥天赋和特长，体会把握人生的幸福；有选择地参与学习、生活、创造、健身和审美等实践，不断进步，一步步实现人生规划。

勇于主动反思。在不断总结中体验成功的喜悦。学生要通过反思学会自我管理、自我约束、自我教育，树立自觉的学习态度。在成为一个有责任、有贡献、有创造力的人的同时享受尊重、收获和幸福。

快乐幸福每一天。学生在学习生活中每一天都悦纳自己,激励自己,成就自己。有充实的生活体验,从而使每一天都快乐,都幸福,都充满自信。

我们认为,学生只要能够正确认识自己,善于规划自我,勇于主动反思,自信快乐,就能实现全面发展,成为能创造和享受现代文明的幸福的人。

(4) 学校发展愿景

我们基于学校崇高的教育使命感和近60年办学成果的历史积淀以及在红桥区、天津市和全国小学教育领域的影响力,把"人文与科学交融、自主与开放辉映的国际知名小学"作为学校发展愿景。

人文与科学交融:人文给人以方向,学校秉持人文精神开展教育活动,显示了对生命价值的关注,提升了师生的幸福感和成就感,和谐氛围油然而生。科学给人以力量,强调理性精神。学校以完善的制度创设精细化管理,秉承探索精神,拓新教育理念,引领教育潮流;坚守实证精神,实事求是,力求实现学校的稳步发展。人文是宏观之境,能创造和谐校园;科学是品质之基,可成就领先之势。

自主与开放辉映:自主意在束己,强调主体性,重在自我约束、自我发展、自我成就。自主能够引导师生树立强烈的责任意识,为学校发展积聚深厚的内在动力,实现学校的自我发展。开放强调与外界的交流与融合。学校必须具有开放办学的超前意识,在自我发展的基础上,借助家庭、社区、教育研究机构等的力量,借鉴先进的教育理念,不断提升学校的品质与品位。

国际知名小学:学校坚定不移地走个性化发展的教育之路,秉持开放办学的理念,不断提升教育精致品质,力求实现"文化共享、智慧共生、生命共长"的教育理想。学校的发展策略是循序渐进的,首先要确立在国内小学教育的领先地位,继而提升在国外的知名度。作为国际知名小学要积极参与国际交流与合作,教育理念要与时俱进，发展策略要与国际接轨，具有一流的硬件设施和过硬的师资条件，构建成熟而完善的管理体系，拥有开放和共享的教育境界，对师生产生持久而深刻的文化影响力。

4. 学校"一训三风"

（1）校训

校训是一个学校办学发展的座右铭，是学校重要的精神文化因素，是支持学校发展的精神力量。它是学校师生共同遵守的基本行为准则与道德规范，是全体师生的追求和行为规范。我们的校训是：真爱润泽心灵 自主点亮人生。

真爱润泽心灵：真爱无声，润泽心灵。爱是阳光，让教育绽放永恒光辉，它孕育真善美，凝聚你我他，是最强劲的动力，是最感人的乐章。教育之爱要从点滴开始，细致入微，像春雨一样润物细无声。师爱无声，照亮孩子的心灵；生爱有情，传递爱的力量。师生之间的真情互动，会让挚爱扎根学生心灵，让整个校园温暖人心。

自主点亮人生：自主，体现在学校里，即彰显学生的主体地位，弘扬其主体性，尊重和培养其独特个性。同时，在学生的自主发展过程中，教师应引导他们主动"参与、合作、选择、创新"，使其更加正确地认识自己，勉励自己，从而更加积极主动地发展自己。学生的自主发展，犹如明灯般照亮其人生成长之路，使其年少之时，畅享幸福；成长之中，延续成功。

（2）校风

校风是一所学校在历史发展中所形成的风气、风尚的综合，是学校的传统和精神力量，渗透和影响着学校的一切教育教学行为。[①]红桥区实验小学的校风是：和谐凝聚力量 活力放飞梦想。

和谐凝聚力量：学校积极营造和谐与人文的校园氛围，以快乐为基调，活泼为旋律，感染每一位师生。在这样的氛围中，教师以

---

① 张武升：《学校文化创新与学生创造力开发研究》，天津人民出版社2012年版，第10页。

身示范，以乐观自信的阳光品格感染和引导着学生健康成长，而学生则会充分发挥学习的主观能动性，激发乐学善思的天性，不断完善知识储备，提高自身综合素质。

活力放飞梦想：活力指师生具有旺盛的生命力，以热情乐观的生活态度丰富自我，感染他人。活力是师生工作与学习的动力之源，是实现人生梦想的必备条件。活力来自于对天性的尊重，来自于爱的滋润，还来自于永不满足的进取信念。主动的习惯，自信的风貌，创新的激情，共同绘出师生的活力画卷。无穷的活力将为教师的成就和学生的成长插上双翼，让师生翱翔于广阔天空，放飞七彩梦想。

（3）教风

教风就是教师在治学态度、教书育人、科学研究等方面形成的良好风气。红桥区实验小学的教风是：博爱沐泽童心 责任铸就师魂。强调教师的爱与责任。

博爱沐泽童心：博爱是师德的集中体现，它要求教师爱教育、爱学生，以博爱之心，播种爱的希望，关心学生的成长和成才。以爱为源，在教育中融入浓浓的人文关怀，可以加深师生间的沟通与理解，有助于教师赢得学生的感情，赢得学生的信任，激励学生不断进步。

责任铸就师魂：教师作为太阳底下最光辉的职业，其责任之重，不言而喻。教师必须以博爱之心树师品，以责任之心铸师魂，不仅对学生的现在负责，而且要对学生的一生负责。教师要学高为师，身正为范，用其人格光辉来引导学生的健康成长。

（4）学风

学风是校风的核心，是学生在学习过程中养成和遵循的风气，是取得良好学习效果和成人成才的保证。红桥区实验小学的学风是：自信助我起航 主动伴我成长。强调学生学习中的自信与主动。

自信助我起航：自信是成功的基石。唯有相信自己，才能矢志不渝，从而品有所立，学有所成。小学时期是学生的起始阶段，此时的儿童犹如一艘小船浮于无尽学海，需要帮助和引导，而自信就如一股劲风，鼓动小船之帆，给学生以信念和力量，助他们个性成长，学有所长。

主动伴我成长：主动强调的是学生的自觉能动作用。它要求学生自觉提高道德修养，塑造健全人格；提高学习的主动性，激发学习的创造性，真正实现乐学、会学、主动学；主动学习生活常识，领悟生活智慧；激发创新活力，释放无限潜能。让主动浸润学生成长点滴，内化为学生的品格和习惯，促进学生素质的全面提升。

5. 学校校歌和校徽

（1）校歌：童梦飞扬

童梦飞扬

1=C（D）　　　　　　　　　　　　　　作曲：高燕生

2/4　　　　　　　　　　　　　　　　　作词：刘　冰

配乐朗诵：

　　带着童年的梦想，走进知识的殿堂。

　　美丽的实验园，遍洒着爱的阳光。

　　快乐自信的我们，编织着七彩的梦想。

注：配乐朗诵的背景音乐，用校歌中的曲谱

```
      1 5    5  | 6  5. | 4.5  6 5 | 4 34  2 |
   1. 神 采   飞  扬，   主  动    成  长，
   2. 开 启   智  慧，   书  写    辉  煌，

      6. 2 2.3 | 4  2. | 5.4  32 34 | 5   5. |
      真 爱 润泽 心  灵， 自  主    点亮 人  生，
      和 谐 凝聚 力  量， 活  力    放飞 梦  想，

      3. 4 5 6 | 7  5. | 6.5  4 34 | 2.   5 |
      我  们的 人  生  之            帆，  在
      我  们的 生  命  乐            章，  在
```

第二章 主动教育的学校发展　　　　59

```
1
6 7 1  7 6 | 5. 4 | 3  23 | 1 — — :||
实　验　　成　功　　起　　航。

2
6 7 1  7 6 | 5. 4 | 3  23 | 1.  5 |
实　验　　华　丽　　奏　　响。　在

6 7 1  7 6 | 5  1 | 7  67 | 1 — | 1 0 ||
实　验　　华　丽　　奏　　响。
```

（2）校徽

红桥区实验小学校徽标准色为蓝、绿、白三色，这三种颜色浸润着学校的文化，学校所有颜色构图都以此为基准。

蓝——天练至纯，凝为蔚蓝，海纳百川，碧水无边。蓝色，是智慧之色，理性之色，代表了胸怀之广阔，志向之远大，智慧之丰厚。

绿——春风拂过，流成碧绿，青色年华，生命勃发。绿色，是生命之色，希望之色，代表了生命之活力，个性之张扬，人文之风尚。

白——绚烂至极，化为素白，人贵本真，白水鉴心。白色，是本真之色，是纯洁之色，代表了童年之纯真，童心之纯净，童趣之纯然。

（三）服务于学校治理体系和能力提升的制度文化

制度文化建设是主动教育学校文化的重要组成部分，制度文化从根本上讲是人们长期以来形成的对制度的价值判断和行为方式。学校制度文化是学校教职员工和学生对学校某种制度或学校整个制度体系的价值判断和行为方式。学校制度文化是学校文化的重要标识和学校文化建设的有力抓手。[①] 学校制度既包括学校内部的制度，也包括学校外部的制度，共同构成了学校的制度体系。随着时代的发展和进步，学校内部的治理体系变革在主体上包括了校长、教师、学生、家长和社区等，主动教育的制度文化建设旨在服务于学校治理体系和能力建设，引进多元主体参与学校治理，激活不同主体的活力，实现学校教育质量的提升。

1. 建构现代学校制度，提升学校治理能力

建构现代学校制度，提升学校治理能力是依法治校的必然诉求，是学校制度文化的必然要求。我们通过依法办学、自主管理、民主监督、社会参与四个关键之点进行建设。

（1）依法办学

依法办学要做到凡事有法可依。我们主要是从以下方面入手的：一是树立主动教育的管理理念，二是建立以学校章程为根本遵循的学校管理制度。

第一，树立主动教育的管理理念。依法办学、依法治校需要管理理念的创新。我们形成了"以人为本，科学规范"的管理理念，"精育善励，人尽其才"的人才理念和"育人爱为本，服务诚至真"的服务理念。

[①] 张武升：《学校文化创新与学生创造力开发研究》，天津人民出版社2012年版，第155页。

第二，建立以学校章程为根本遵循的学校管理制度。学校管理制度是学校在教育实践中制定的各种带有强制性的规定和条例，包括学校的人事制度、教学管理制度、后勤管理制度等。[1] 其中学校章程是最为重要的制度，是学校的基本法，是依法治校的纲领性文件，对学校发展起着重要的规范和指导作用，是学校制度文化建设的总纲。"学校章程是指为保证学校的正常运行，主要就办学宗旨、基本任务、内部管理体制以及财务活动等重大的、基本的问题做出全面规范而形成的自律性基础文本。它是学校自主管理、自律及政府监督管理的基本依据。"[2] 红桥区实验小学专门成立了学校章程起草工作小组，负责章程的调研起草工作，通过理论学习、深入调查研究及广泛征求有关部门和专家学者的意见，完成章程草案。经过五次反复修改，形成了共九章的学校章程，包括学校名称、校址、性质、办学规模、理念文化等基本情况的总则，组织机构和管理制度、德育管理、教学管理、教师管理、学生管理、校产财务管理、学校安全保障制度等主体内容，以及章程的修改、实施程序等附则。学校章程为依法办学、依法治校提供了根本的依据和保障。

我们在学校管理制度方面还十分注重学校发展规划的制定和实施，包括学校五年发展规划、专项发展规划和年度计划等，我们连续制定了学校多个五年发展规划，现正在实施学校"十三五"发展规划，对学校五年的总体发展方向和要求、具体措施做出重大部署和安排，特别是细化到每一年度的工作要求上，以便于实施操作。我们每年年初制定年度工作计划，年终进行总结，这些都是在学校所有部门和师生员工的努力下制定和完成的，他们积极参与其中，成为师生员工的行为准则。

除此之外，我们还制定了德育管理制度、教学管理制度、教师

---

[1] 杨全印、孙稼麟：《学校文化研究——对一所中学的学校文化研究透视》，教育科学出版社2005年版，第69页。

[2] 朱小曼：《基础教育阶段现代学校制度的理论与实践研究》，教育科学出版社2008年版，第104页。

管理制度、学生管理制度、校产财务管理制度、学校安全保障制度等专项制度，特别是对教师的教研、课题研究出台了专门的管理制度，激发了教师的工作激情。

（2）自主管理

依法治校就要让师生成为学校的主人。我们通过自我教育和自主管理建设现代学校制度；通过建立学习型组织激活教师自我教育、自我管理、自主发展的潜能。通过学生委员会、学生自主团队等引导学生自主管理；通过社会主义核心价值观教育等实践活动引导学生自主发展；通过丰富多彩的社会体验活动引导学生实现自我教育。

（3）民主监督

强化民主与监督是深化内部治理结构改革的重要组成部分。红桥区实验小学健全内部治理机构，建立完善知情机制、评议机制、互动机制、反馈机制，保障民主管理、民主监督渠道的畅通。发挥教代会的作用，涉及教师权益的重大事项和学校改革发展的重大问题，由教代会代表表决通过；让校务公开成为民主管理的透视镜，突出改革发展的"着力点"，突出教职员工的"关注点"，突出社会关心的"敏感点"，突出廉政建设的"关键点"，让民主监督成为决策与管理过程的必然。

（4）社会参与

我们不断探索"社会参与"途径。实行开门办学，扩展和拓宽社区和家长参与学校管理、监督的范围和渠道；成立家长委员会、家长志愿团、家长学校等，构建学校、家庭、社会三位一体的新型办学格局，汇聚学校教育教学改革前行的力量。

我们将主动教育制度文化融入家庭，充分发挥家长和家庭的作用。一是成立家长委员会，以年级为单位，在每年秋季开学半月内成立新一届家长委员会。学校出面牵头，在家长中进行广泛宣传，一批文化水平修养较高，言行举止有号召力，更重要的是对家长委员会工作有激情，并热心于公益事业的家长，成为班级家长委员会的主要成员。学校组织各类培训，为家长"充电"：第一，开办主动教育专题讲座。学校每学期组织一至两次理论讲座，邀请家庭教育专家做辅导，指导家长实施科学的家庭教育方法，有效地推进家庭教育的开展。第二，开办班主任家教培训课。学校利用理论学习时间组织教师学习家庭教育的有关文件和书籍，认识家庭教育的重要性，积极探索家庭教育与学校教育形成合力的新途径，充当家庭教育的辅导员，班主任教师更是责无旁贷。第三，建立家长阅读俱乐部。通过 QQ、微信等方式开展线上阅读、线下阅读、家庭共读、家校社共读等多种阅读方式以提高家长素质。学校选拔优秀成员组成全民阅读指导委员会，指导家长参与俱乐部的阅读活动。第四，建立表彰奖励机制。让家长通过学习知道尊重孩子，关注孩子，学会科学地引导孩子，教育方法巧妙，教育效果显著。学校每年评选一批家校共育优秀家庭在全校进行表彰，并提供平台进行交流，通过评选树立榜样，以典型引路，让他们带领全校家长更好地投入学生教育中。

二是与社会机构以及有关的社会团体或组织通力合作，使学校和家庭教育得以延伸和发展。我们积极协调文化、公安、体育、卫生、交通等部门开展丰富多彩的文化教育活动；与当地图书馆携手举行"阅读经典，文博气华"的全民读书活动；开办"少年法律学堂"，聘请公安、交通部门相关同志为法制副校长、法制宣讲员、为学生、家长普法，提高他们的法制观念、法律意识，增强他们的自我保护意识等；努力争取社会团体或组织教育力量，积极建立社会德育网络组织。让社会上热爱教育、奉献教育的社会团体、组织的身影时常出现在广大师生及家长眼中。

2. 求实强校的走动服务式管理模式

我们以"把发展主动权还给学生"的办学理念为引领，在学校工作的各个领域进一步实践与落实，使之内化为每位干部、教师坚定的工作理念和教育行为准则。学校提出"扎实落实依法治校，实施走动服务式管理，实践高效教育，构建求实校园"的发展思路。

在学校管理中,借鉴管理学中的走动式管理理念,注重在管理中营造和谐的氛围,加强管理者与师生的沟通,认真主动地做到:

(1) 管理者走"进"课堂教学,服务学生。协助教师构建具有"适生、乐学、主动"的求实课堂。

(2) 管理者走"入"教师队伍,服务教师。了解教师的学习状况,关注其问题和兴趣爱好,引导教师把"学习共同体"与求实课堂有机融合起来,从而形成"主动研究,智慧工作,和而不同,美美与共"的教师文化。

(3) 管理者走"通"学生群体,促进学生全面发展。管理者要走到学生中间,弯下腰听取学生的心声,学会用学生的思维方式来审视我们的校园,用学生喜闻乐见的形式来管理班级和组织活动。

(4) 管理者走"活"教研科研,丰润学校办学理念。主管领导定期参加集体教研活动,围绕热点、难点问题进行讨论,逐步形成"问题教研"模式。引导教师一方面用行之有效的"微型小课题"来提升研究层次,另一方面把教师研究成果通过常规教研进行检验与推广,以此有效推动办学理念的深入落实。

(四) 成就学生成长的课程文化

学校课程本身就是文化的载体,其本身也是文化,并继承和发展着文化,课程文化是学校文化的主体,是一种教育学化和人学化的文化。我们在课程文化建设中,首先明确了课程文化建设的价值取向和目标,在此基础上进行主动教育课程体系的文化建设。

1. 明确主动教育课程文化的价值追求

主动教育的课程文化是主动教育文化体系的重要组成部分,学校的办学理念是主动教育文化价值取向的指导思想,我们以"把发展的主动权还给学生"的办学理念,以"主动发展奏响幸福成长乐章"的核心办学理念为指导,将学校主动教育课程文化建构的核心价值定位于"一切为了成就学生成长",因为课程本身是为学生主动发展服务的，因此我们在价值追求上致力于促进学生的全面发展和课程目标的整体达成，适应学生自身发展需求和个性特长发展的差异性，满足学生主动学习，主动发展需求。在课程文化行动理念上，旨在促进学生有意义的学习，发展学生核心素养，促进学生学做融合，实现多维度的育人功能，以此指导建设主动教育的课程体系。

2. 构建体现主动教育课程文化的课程体系

课程体系是主动教育课程文化最重要的体现，我们在"一切为了成就学生成长"的课程文化核心价值指导下，探索建立了主动教育的课程体系。主要包括：（1）制定学校课程发展规划。红桥区实验小学在"十二五"学校发展规划制定中，对校本课程的开发与实施做了明确的部署，提出了"三以三全"的工作方针，在每年的工作计划中都明确提出校本课程建设的计划内容，2016年我们又制定了《红桥区实验小学学校课程体系建构行动方案》，对学校主动教育课程体系建设进行了整体规划。（2）明确校本课程开发的价值追求。我们在总的课程文化价值追求的指导下，整合学校已有的校本课程，积极开发了智趣校本课程、根趣校本课程、创趣校本课程，明确这三类校本课程开发的价值取向。（3）构建了主动教育的课程目标体系。我们针对"意义学习，学做融合"行动理念目标，进行了两方面的工作：一是结合中国学生发展核心素养对学生的主动发展进行了梳理总结，形成了红桥区实验小学的学生发展核心素养；二是确定了主动教育课程体系总的目标和校本课程开发的具体目标。总目标是"突出学生的主动发展和创新素质"。（4）优化课程结构，选择合适的主动教育课程内容体系。我们不断优化课程结构，调整课程设置，从着力打造"国家课程，校本课程，校本活动"三个维度来进行，构建了以国家课程为主的基础性课程、三趣校本课程、特色校本活动课程的内容体系。（5）完善主动教育课程实施体系。我们形成了"课堂教学，校本课程学习，学生社团实践，专题活动"四项载体的实施体系，特别是国家课程校本化实施,校本课程特色化实施。(6)构建主动教育课程评价体系。包括对学生的评价、对教师的评价和对课程本身的评价,运用了五种评价方式。(7)加强主动教育课程管理体系建设。我们建立了学校教学质量保障机制和以校为本的教学质量评价体系,学校课程管理从规范走向精细。

（五）优教优学的教学文化

教学是在一定的文化环境中进行的,继承发展着文化。教学文化是师生主要围绕课程在教与学的互动中构建的关于"教与学"的价值体系和行为方式。[①] 主动教育的教学文化是红桥区实验小学师生在长期的教育教学过程中所形成的文化,包含了价值体系和行为方式两个方面,是主动教育学校文化的重要组成部分。我们在促进学生主动发展的总体目标之下,形成了崇尚优教优学的教学文化,在教与学的价值观上,主张教学是师生互动、共同发展的过程,教学中加强课程内容与生活的联系,重视自主、合作、探究的学习方式,建构平等共进的师生关系,重视教学评价对师生的发展功能,重视现代信息技术在教学中的应用。在具体的教学行为方式方面,学校形成了"定向、激趣→引议、启学→探究、导思→训练、延伸→反思、改善"的"探究式五环节"教学模式和各个学科的教学模式,并注重教师的教学风格和教学特色的形成。这一内容在第六章有详细的探索和研究,在这里我们主要就教学改革的目标和具体策略进行说明。

1. 教学改革的目标

（1）精心备课,教学要有关注性、计划性

我们注重对教学中各个环节的处理与把握,在备课环节要求教师精心备课,教师要做到:一是教学目标要"明"。教师要认真研究课程标准、教材和学生的学习基础,从知识与技能、过程与方

---

① 李秀萍:《教学文化:师生生活方式的构建及呈现》,《天津市教科院学报》2006年第4期。

法、情感态度与价值观三维目标出发,确定每个教学板块的时间、学习内容、教法和学法。二是设计教学思路要"新"。教师要分析研究学生的兴趣点,特别要注重"探究式五环节"教学模式和学生接受能力的有机结合。三是教学中的知识传授要"精"。要抓住重点难点,分解剖析,让全体学生都理解和掌握。

(2) 化繁为简,让学生学会科学的学习方法

学校倡导"先学后教,当堂训练,日清与周清"。首先教师用学习单元和自主学习五字诀,引导学生在课前20分钟进行有效预习,即查着工具读,画着重点读,练着习题读。引导学生阅读教材,了解即将要学什么,利用工具书,找出自己能学会的;记下自己不会的和有疑问的,带到课堂上向老师提出。教师则以此为课程资源,通过课上集中主要问题,结合重难点加以精讲,指导大部分学生掌握重点,突破难点,再通过有针对性的练习与反馈,做到"当堂清"。而对于学习有困难的学生,教师再进行个别辅导,分层次练习,也要做到"堂堂清"。其次,每周末教师要引导学生自查、互查"当堂清"中所出现的问题是否已全部解决,如有问题则再读、再讲、再练,做到"周周清"。

(3) 教法灵活,激发学生的学习兴趣

学校要求教师要"适生而教,适教材而教"。以启发式教学方法为纲领,从激发学生学习兴趣出发,立足"学"上设计学法,立足"会"上创设教法。通过教师灵活、激趣教法构筑《实小高效课堂学生上课"十要"》,即预习要真,合作要诚,语言要准,思维要活,声音要亮,倾听要专,展示要勇,书写要整,解题要快,效率要高。

(4) 规范要求,作业布置要科学

学校要求教师切不可只重"教",不重"练",只重"教法",不重"练法"。布置作业要有层次,有选择,有时间要求,杜绝让学生进行重复低效性劳动,或难度太大的无效劳动。教师批改学生作业要巧用评语,或启发学生进一步思考,明白问题所在,或发现

学生优点及时鼓励。

2. 六项教学策略，保证课堂教学效率

我们在"五环节探究"教学模式下，采取六项教学策略以保障课堂教学效率。一是创设有效教学情境，从学习重难点入手，创设适生进入的相关问题情境，激发学生的学习兴趣，使教与学步步深入，有效展开。二是先学后教，这是关于教学顺序的总要求。强化建构以"学生智趣前学，互动交流展学，教师重点导学，学生实践研学，反馈补遗成学"为基本要素的五学课堂。三是"三讲三不讲"，要求教师在学生预习交流基础上，讲重点问题，易出错问题，容易遗漏的问题。不讲学生已会的，通过自学可以学会的，与本节课学习重点无关紧要的问题。四是"三要三不要"，教师要及时反馈，要堂堂反馈，要节节落实；不要遗留学习死角，不要以形式代实效，不要一刀切。五是体现"五性"，强化教师指导学生学习要体现启发性、差异性、结构性、规律性和拓展性。六是作业"三布置三不布置"，布置培养学生"三基"作业（基础知识、基本能力、基本思维能力），布置能够反映学生差异性，让不同程度学生收获学习成功和愉悦的作业，布置让学生在合理学习限度中可以通过探究完成的作业。不布置重复性作业，不布置惩罚性作业，不布置超过学生合理学习限度的作业。

（六）以主动研究为特征的教师文化

教师是学校文化建设的重要主体，是立校之本，强校之魂。他们在教育教学过程中逐渐形成的对职业、学生、教育教学等一系列问题的价值观念和行为方式构成了教师文化。[①] 教师文化的形成是学校文化的重要组成部分，主要包括教师的职业意识、角色认同、教育理念、价值观、教学行为和教学研究等。我们用多元发展为引擎，促进教师文化的形成与丰富，特别强调教师的主动研究。

---

① 李金初：《学校文化建设：学校发展的精神动力》，《教育研究》2004年第12期。

1. 形成共同的价值追求：师生共同成长

在教师文化建设中，我们追求通过丰富制度内涵、倡导人文关怀和关注专业成长形成教师共同的价值追求，促进师生的共同成长。围绕学校核心办学理念，红桥区实验小学引导教师回归"以生为本"的教育原点，强化教师养成从本质上思考教育问题的思维习惯，从教育的本原上寻找突破。

一是丰富制度内涵。红桥区实验小学的制度每年均是在教师自下而上、自上而下的讨论链中丰富和完善的，源于普通教师，以教师的内需和发展为本，形成自主管理、自主发展、自我约束、自我监督的共同认同的文化场。制度成为有温度、有色彩的行为指南。学校制度建设在不断的内涵丰富中已进入细节量化阶段，将规章制度描述、细化为非常细微但极具操作性的规范。例如，最难操作的教师评价考核制度，从各个学科各个年级教师的月考核到学期考核，从教师的整体工作评价到分门别类的各项工作执行标准，在制度中都清晰分明，使教师遵循制度，也使学校的管理走向教师自觉。

二是倡导人文关怀。我们努力让教师将学校视为其职业追求与职业理想的精神家园，通过关注教师的精神世界和专业成长达到对学校文化，对教育事业的认同。我们细心关注和真心呵护教师，在工作中挖掘教师潜能，激发教师兴奋点，发现教师创新点，放大教师闪光点。教师执教生涯纪念册、生日祝福、节日问候、每月一刊师德导报，贴心地送温暖，每年亲自为教师写下个性贺卡，为家属送上慰问信，让小小的贺卡成为校长与教师情感交流的桥梁，让教师感到学校如家，使教师自觉涌动爱校情怀。我们还把更多的视角投向教师最关心、最直接、最现实的问题上，对教师工作中的情绪、态度、状态施加正确的影响和引导，并对教师工作中的困难、问题及偶尔的失误给予有效的帮助和解决。我们倡导学校管理者将自身融入教师群体之中，做教师的真心朋友，倾听教师的心声，解决教师的成长需求。让教师感受到他们的成长和进步离不开团队的友爱和激励，离不开学校的支持与关爱，离不开管理者的指导与帮助，增强教师积极心理的幸福感体验，使学校中的每一个人都成为快乐的学习者、生活者、工作者和创造者。

三是关注专业成长，使教师在自身的专业成长中增强自信，体验为师的成就感与崇高价值，更好地促进学校发展。从这个意义上说，对教师专业成长的细心关注是对教师更深层次的人文关怀。为利用丰富的培训活动丰满教师的羽翼，红桥区实验小学开展了"板书设计大赛""教师专业技能竞赛""课堂教学研究沙龙，展示交流促发展"主题活动；同课异构模式使课堂百花齐放，百川归海。思想碰撞、技能展示、模式研究、寄语征集成为"在智慧工作中享受精彩教育"的教学节主旋律；微型课题研究成果促进了课题研究的多元化；情境式培训，交流互学，培养了一支勤奋精干的班主任团队。红桥区实验小学名教师向全区开通名师热线；青年骨干在区内送课活动中，给与会教师留下了深刻印象；红桥区实验小学还接待了265名工程培训、天津市教学校长基地访学者，受到来访团队令人振奋的肯定与称赞。

2. 爱与责任为载体的师德建设

师德是教师的职业道德，红桥区实验小学的教风是"博爱沐泽童心 责任铸就师魂"，特别强调教师师德中的爱与责任感。没有爱就没有教育，教师心中有爱才能唤起学生的爱，教师要热爱教师职业，热爱学生，热爱教育教学。同时我们还加强了对教师的责任教育。

师德师风建设是学校永恒的工作，教书者必先学为人师，育人者必先行为人范，要真正使全体教师的观念得到更新，思想得到升华，面貌得到改观，明师道，铸师德，扬师风，带动和促进学风、校风建设，不断唤起和激发教师内心的道德自律。我们强化教师的责任意识，让每一名教师都成为合格的"责任者"，站在"责任者"的角度完成"责任者"的角色，变"他要"为"我要"，成为红桥区实验小学新时期师德建设的主题。

首先，为了使教师充满热情地投入工作，自觉提升使命感，主动增强责任意识，在制度管理已实现良性运转，自觉践行的前提下，我们确立了"情感+激励+管理"的工作策略，让刚性的制度在情感与激励中变得温暖柔和，让硬指标在软管理中实现人文，让管理者与教师实现无缝对接，让管理与被管理界限无痕，使管理安静、自然、舒适地走进教师心里，使教师在充满自主、自由而又不失自我约束中主宰自己，舒畅工作。

其次，红桥区实验小学以"做有专业尊严的好教师"为主旨，开展了系列师德活动。"新时期教师使命"这一论坛让教师重新审视教育，思考肩负的责任，调整其目标，坚定为师的信仰；"实验小学教师工作反思"活动弘扬个人工作品质，完善教师自身素养，提示自身师德自律，展望学期个人希冀，让教师的工作之履在自知自辨中得到不断升华改善；"夸夸我的家庭成员"活动掀起了教师间相互学习，相互欣赏，相互赞美，相互扶助的良好氛围，在"夸"中，教师感受到不仅对学生成长肩负着责任，对学校发展肩负着责任，而且对同伴也肩负着责任。在"学习习总书记的讲话，抒发深刻体会"活动中，教师在领悟如何做教师之时，在总书记的讲话中深谙做教师的崇高，责任的艰巨；在"享受别样的教育精彩"年度汇报会舞台上，教师在展示中感受做教师的价值，在品味中体验做教师的成就感。

在责任感的强化中，红桥区实验小学的教师在工作发问、倾听、区分、回应中切实感受"我是责任者"，在反思、剖析、厘清、行动中感悟自己、发现自己的过程，每位教师努力使自己处在责任的源头，心甘情愿地为自己负责，为学生负责，为同伴负责，为学校负责，逐渐化"他向思维"为"我向思维"，站在教育责任者的高度上。

3. 提升教师的专业素养

（1）追本溯源，积极提升教师的本体性知识与能力

教师的本体性知识，除学科教学知识外，还应具备教育学、心

理学知识。教师的本体性能力,既要坚持"水桶论",从量上优化;还要坚持"活水论",从质上提升;更要坚持"找水论",从方法上求得突破。教师的本体性知识与能力是教师文化建设的质量基因之一,更是学校文化建设质量的重要前提。

为此,红桥区实验小学坚持关注教师全面需求,培植教师远大理想,引导教师品味研究乐趣,帮助教师建立"工作与研究同行"的习惯,这是提升教师队伍的"四部曲",在具体实施中则体现为队伍建设的"四精四促进"。

一是精抓细究,培德立品,促进教师队伍最优发展。创建"2+2"师德建设管理机制,即两个层级的师德制度和管理中的"两个注意",让师德建设切合教师发展需求。

二是精抓细管,精艺善导,促进教师多元发展,即自主发展,激发成长"元动力";校本教研,保障发展"持续力"。

三是精培细育,分层引领,创造教师成长"最佳路径"。"名师发展共同体"引领教师成长;"师徒携手团队"助推教师成熟;"骨干示范团队"带动整体发展;"青年教师研修"激发教师自信。促进教师教学研究从生需出发,教学技能提升从提质增效出发。

四是精设细引,课题带动,促进教师智慧成长。红桥区实验小学做到量体裁衣,让教师人人参与课题研究,以低平台、小载体、高水平、深层次的课题研究引领教师成长,在研究中形成"课题带动,专题研究,全员参与,注重实效"的教科研特色。

(2) 提高专业素养,回归生命价值

教师的生命价值是在教师的专业成长——职业成就感中实现的。促进教师的专业成长,构建教师的职业幸福,不断增强和提升教师积极心理的幸福体验,让教师的工作为自身价值的释放增辉,首先,学校做出了以下努力:

一是开展"五个论坛"活动,提升学习质量。"只有学习精彩,生命才会精彩;只有学会学习,生命才会成功。"红桥区实验小学坚持"通过学习改善自身"的目标,以整体参与、全员组织、科学规范、系统灵活的学习培训带动教师的专业发展，让每一位教师都对他们的未来充满信心。红桥区实验小学举办了"师德论坛""教育智慧大家谈""读书论坛""名师论坛""青年教师论坛"，每位教师都有机会走上展示的舞台谈经说法，讲他们的教育案例、教育故事、读书心得、学习体会，谈实践，谈体验，谈感悟，在蕴含着人生哲理、育人经验、教育智慧的交流分享中，教师间相互学习借鉴，相互激发启迪。论坛体现了教师高度的责任感，将自身专业的成长视为对学生成长的最大责任、最高师德；将教育智慧、教育理念、教育精神视为最可贵的教育艺术；将学习视为自身素养提高的最佳捷径；将学生的进步，学生的发展，视为自己最大的收获，最执着的追求。

二是坚持"六种课堂"，激活主动研究。红桥区实验小学坚持以"为了每一个学生的发展"为核心，坚持以课堂为载体，以行动研究为目标，以教研学习共同体为团队，扎实开展课堂教学研究。

"六种课堂"即随机听常态课，教师的课堂是开放的，学校行政人员、其他教师可以随时推门听常态课，使教师重视课堂教学，保证日常每一节课的教学质量；新教师跟踪课，新教师进校第一年，学校行政人员、师傅都要对新教师实行跟踪听课，保证新教师进入学校一年就能站稳课堂；年级教研课，每学期每个年级组的教师都要根据本组的教研专题展示一节研究课，在同课异构中提升教师的教学水平；青年教师预约课，每位青年教师每学期都要展示一节预约课，有指导教师与主管主任一起把脉，给予专业上的点拨；名师观摩课，学校的每一位名师每个月都要开放一次课堂，充分发挥传、帮、带的引领作用；骨干教师示范课，激活骨干教师的进取状态，使骨干教师致力于研究，形成独特的教学风格。

红桥区实验小学坚持学校行政人员、学科长、教师共同听课制度，深入研究常态课，坚持以优化常态课为核心基础，创设"示范课、观摩课"的学习交流平台，坚持以求新求变的课改态度开展课堂教学研究，认真研讨学校主动教育"探究式五环节"教学模式。

每次听课后都要召开多层面的交流研讨活动，让课堂真正成为展示自我，发展自我，完善自我，做最好自我的平台。"六种课堂"为学校的校本研究提供了多层面多元化的丰富的研讨资源，为构建校本教研文化奠定了坚实的基础，为课题研究提供了丰厚的素材，为有效提高教育教学质量打下了丰实的基础。教师在参与中发展自我，提升自我，感受自身成长拔节的韵律。

三是坚持"一直研究"，倡导智慧工作。红桥区实验小学一直倡导"在工作中研究，在研究中工作"的教师教科研形态，让"朴素无痕"成为教育科研的行走方式，致力于让教育科研过程如春风化雨一般，融进教育教学，看不着痕迹，却产生着巨大的作用。其实，教育教学的本身就是教育科研。

红桥区实验小学在主抓立项课题的研究指导和过程的监督管理的同时，着力于微型课题的研究，在研究中切实做到"一个切合，三个同步"，即课题研究切合主动教育的学校特色，课题实施与教育教学需求同步，与学生发展、教师发展、学校发展同步，与课题研究的过程积累，成果表达同步，坚持做到"三同"：

培训与研究同行。在从事课题研究的同时，我们给教师实实在在的培训，给教师最需要的最大的智力支持。我们采用灵活多样的教育科研培训，如教师自培，骨干研修，外出学习，名师示范，专家引领，推荐读书等学习培训方式，培育教师的研究意识，提升教师的研究能力，激活教师的研究潜能。

课题与课堂同音。红桥区实验小学倡导"问题即课题""教学即研究"，使教科研与课堂教学紧密结合。在主课题研究的引领下，教师在平时的教育教学工作中发现问题，进行多视角研究，解决教学中亟须解决的症结，并在各个合作研究团体中加以分享，实现小成果的及时转化。促使每个教师在平时的教育教学中研究，在研究中学习，在学习中共享，在共享中发展，从而可以更有效地提升专业化水平。

教研与科研同步。每个学科组的教研，都是以课堂问题展开的，是教研组面对的共性问题，以解决教学实际问题为出发点，而教师的微型课题一般都来源于教师自身的教学实践，因此教研中研究的问题其实就是为课题研究提供案例、问题论证，课题研究也就被纳入了教学研究的常规状态。教研即科研，课题研究融入教研组活动，真实而自然。

4.注重教师的教育科研文化

我们在教师队伍建设中，根据主动研究型教师的发展目标，突出教师的教育科研文化，加强教师的研究意识与研究能力，以研究提升自身素养，使教育科研文化成为教师文化的重要组成部分。

（1）注重研究教材

教学内容确立的成功与否取决于教师对教材的解读程度，成功解读教材，需要教师转换角色，厘清教材知识点，组建活化的教材。在这一过程中，教师应注意三读教材——一读教材，明确什么是学生不学就不知道的？二读教材，明确什么是学生似懂非懂的？三读教材，明确什么是学生不太愿意学的？通过三读过程，明确教学重点（学生不学就不知道的）；明确学生可通过预习完成的自学内容（似懂非懂）；明确教学难点（学生不愿学的），使教学思路明晰清楚。做到研究主题突出，研究内容深入，研究形式多样，强化研究的针对性与实效性。

（2）注重研究学生

加强对学生身心发展特点和学习特点与差异的研究：分析学生的年龄和身心特点；分析学生接受能力的特点（不同年龄对不同知识技能的接受能力有所不同）；分析学生原有认知基础的特点（知识能力、习惯、方法）；分析学生生活背景的特点（区域特点）；分析学生之间的差异。

（3）注重研究现代化教育技术的合理运用

随着现代信息技术与人工智能的发展，现代化教育技术在课堂教学中的运用已是必不可少。现代化教学技术进入减负的课堂，能"放大"课堂教学空间，"延长"课堂教学时间，不但能很好地解决学生参与教学活动量的增加与教学时间不够的矛盾，还能够增强学生对所学内容的直观性，激发学生的学习兴趣，为教师对减负工作开展更加深入的研究，提供了新的内容和领域。

（4）注重研究作业设计

一是精心设计针对性的作业。对学生作业练习题的精心设计是减负课堂教学设计的重要环节，教师要根据教学的重难点，学段的知识点，学生对所学知识的掌握情况，有针对性地设计练习题。在学生进行一次练习后，可以针对学生练习中所出现的问题，精心设计跟踪性练习，从而真正达到巩固所学知识的目的。二是尊重学生的差异。倡导课外作业转向课内随堂训练、检测，尊重学生发展的差异性，实施分层次布置作业，适当控制作业难度，提高作业"含金量"，让不同的学生都能"跳一跳摘果子"，做到因材施教，促进学生在各自基础上的巩固、提高，让基础不同的学生都能体验成功，感受到自主完成作业所带来的乐趣，增加对他们学习能力的自信，积累成功学习的经验，增强克服困难的勇气和毅力，减轻学生特别是学习基础处于中下水平学生的心理负担。三是及时反馈作业。教师要认真批改作业和及时评讲、辅导，决不能拖拉，最好是能够进行面批，以及时获得信息并进行评讲和纠正典型错误。

（5）注重反思与总结

教师教学能力的提高在很大程度上取决于他们对其教学实践的反思和感悟的自觉性和深度。特别是教学反思对促进教师发展尤为重要，教师通过反思发现问题，提出问题，找到教学研究的切入点，将每月一个研究点的反思研究过程在教研组内进行交流，然后通过同伴互助与交流，总结提炼出若干教学策略，在组内验证完善的基础上，向全校教师推广，使经验得以提炼、升华。学校要求教师在上完每节课后都要进行小结、反思，及时抓住生成中的有益内容，并在教案中加以体现。我们适时开展了教师间交流活动，在交流中，教师明确了怎样抓住生成；在交流中，教师的教学智慧得以提升。在每次质量调查后要进行反思，总结取得成绩的经验，梳理调查中的问题，及时调整教学工作。为了更有针对性地开展教学研究，反思是提升教师能力的捷径，反思使教师由经验型走向科研型，同时使教育由经验型走向反思型。

(6) 注重研发校本教材

我们在校本课程的开发中注重实践"一着力四基于"的工作策略：把校本课程开发和实施目标聚焦于学生，即着力于学生素质的全面发展；基于学生个性特长，基于学生兴趣爱好，基于教师对学生的观察与教师个人特长的发挥与发展，基于学生与教师双向全面发展。通过几年来的校本课程实践，我们越发体会到：教师和学生都是校本课程的主体和创造者，因为正是由教师、学生、教材构成的充满乐趣与兴趣的开放性的"动态系统"，才使我们的校本课程能聚焦学生，成为生本课程，走近学生，受到学生的欢迎；聚焦教师，倡导教师潜能开发，使教师的兴趣和特长成为校本课程开发的优质资源，提高了校本课程开发和实施的能力。

(七) 促进自主管理，主动发展的学生文化

学生是教育的重要主体，也是文化内涵的重要载体。学生文化是学校文化的重要组成部分，是一个学校学生群体中所共同具有的价值观念和行为方式。在学校文化建设过程中学生也是重要的主体之一，同样在学生文化的建设中学生也发挥着积极主动的作用，他们是学生文化的受益者。[1] 在学生文化的建设中需要对学生进行正确的价值观引导，从而使其与学校文化一致，否则就可能形成反学校文化。

"主动发展奏响幸福成长乐章"是红桥区实验小学的核心理念，在这一理念的润泽下，"自主管理，主动发展"是红桥区实验小学学生文化建设的目标追求。红桥区实验小学以活动为载体，在活动中坚持科学理性、人文情怀与艺术精神并重，坚持学生自主管理、

---

[1] 张武升：《学校文化创新与学生创造力开发研究》，天津人民出版社2012年版，第178页。

自我教育、主动成长并举,帮助学生实现由单一知识学习向综合素质转换,在活动体验中感悟文化,在生活中发展文化,实现了"德育如水,润物无声,随器成形"的育人效果。

通过活动育人形成学校特色是办学策略的必经之路,也是主动教育发展的一个过程,我们通过让学生在多彩的活动中实现自我感悟,自我体验,自我鉴别,自我认知,自我管理,自我评价,自我教育,提升主动教育新境界。

1. 唱谣导行,实施规范养成的育人策略

我们在学生文化建设中注重学生的规范养成,实现活动育人的目的。我们按照"分步训练,注重导引;检查反馈,稳步夯实;定期评价,激励提升"的方式,以《"我有好规范"校园歌谣手册》为本将学生行为规范养成落到实处;充分发挥学生的积极性、自主性,学生自主评价"主动发展好少年""规范模范生""规范优秀生",培养了诚信、自律意识。

2. 创新设计,组织浸润心灵的育人活动

我们通过开展丰富多彩的活动,浸润学生的心灵,扩大学生的视野,锻炼学生的能力。奥妙无穷的科技周,丰富多彩的英语周,激烈比拼的读书节让学生激思启智,主动参与,热情高涨;红桥区实验小学 30 名学生代表红桥区小学参与了第 26 届天津市科技周活动。五年级学生参加了由海昌极地海洋世界主办的"企鹅的感动"系列校园公益巡讲。探访三条石历史博物馆,参观郁美净生产车间,采访全国劳动模范集体等体验活动,让学生在社会大课堂上丰盈心灵。在红桥区共青团第十三次代表大会上红桥区实验小学 8 位学生为大会献词;天津市庆祝"六一儿童节"文艺晚会,学校京剧团作为唯一一支校文艺团队进行精彩表演,接受了央视戏曲频道的节目录制;学生在市区级竞赛中频频获奖,学校特色活动每年被各大媒体报道 180 余次。

3. 拓展空间,搭建自我管理的育人平台

主动发展是红桥区实验小学学生的发展目标,我们通过搭建学生自我管理平台，让学生学会自主组织活动，进行自主管理活动。以班级为单位，实行值日班长轮换制，每学期每一位学生都有轮流担任值日班长的机会。班级事务不再由部分学生包揽，或是由班干部挑大梁，而是人人动手，个个担责，做到"人人有事做，事事有人做"，强化学生的主人翁意识和责任感。少先队大队部从各班学生中抽调精干力量，自主参与学校管理。设置安全督查员、卫生管理员、礼仪监督员、两操检查员等岗位，分块管理，对口督查，及时反馈，定期评比，激发学生干部的责任感，培养他们的组织管理能力，促进班风、学风和校风建设。红领巾雏鹰广播，采编内容及形式均由学生决定。20位学生自荐组建了学校第一支红领巾导游队。我们还努力赋予传统活动以新意，成功编辑《特色"自主十分钟"集锦》。学生自主成立学校规范检查团、年级巡查团、班级自主小队、三级自主团队网络，实现了学生自我教育、自我管理。

红桥区实验小学明确提出实验人尚品五大目标：儒雅大气之品（对国家）、感恩孝敬之品（对长辈）、诚信责任之品（对社会）、仁爱友善之品（对他人）、勤奋进取之品（对自己），开展"做实验园形象大使"活动，这些活动在孩子们心里播下礼仪的种子，丰满了修养的枝叶，蓄积了成长的营养。

三 主动教育学校文化发展中的校长角色

在学校的主动教育文化发展中，历任校长发挥了领导者、继承者和发展者、创新者的重要作用。

（一）主动教育学校文化发展的领导者

在主动教育办学特色形成和主动教育学校文化建设中，校长、教师、学生、家长和社区都是建设的主体，从不同方面发挥着积极的作用。其中校长的作用是至关重要的，校长的办学理念、教育理念深刻地影响甚至在一定程度上决定着学校发展的方向。苏霍姆林斯基说过:"领导学校,首先是教育思想的领导,其次才是行政上的领导。"① 校长的办学理念和办学思路决定着一所学校的走向和发展进程。在红桥区实验小学,历任校长是主动教育学校文化发展的领导者,酝酿、选择、引领、发展了主动教育特色和学校文化。

从1992年开始,为探索学校的素质教育育人之路,在学校数年研究经验基础上,时任校长李玉存带领学校领导班子经过反复研讨,形成了学校教育应让师生"主动发展"的初步设想,确定了"要学生发展"为"学生要发展",即变"要我学"为"我要学"的学校教育理念,并做出长远规划。在进行自我探索的同时,学校邀请了天津教科院与全国整体改革委员会专家进行论证、指导,最终确立了"主动教育整体改革实验研究"这一课题,并申请立项为天津市教育科学"八五"规划课题。随着研究的不断深入,进一步成功申报为市级"九五""十五"规划重点课题,红桥区实验小学分别以"主动教育整体改革实验研究""主动教育课堂教学模式研究""构建主体性小学道德教育模式实验研究""主动教育的教学风格研究""培养和发展主动研究型教师的实践研究"为龙头课题,进行了主动教育探索。

历任校长充分发挥主动教育文化领导者作用,学校全体教职员工经过20多年主动教育的实践与探索,已使主动教育成为学校的办学特色,主动教育的学校文化体系已经初步构建形成,成为促进学校全面发展的宝贵财富。

(二) 主动教育学校文化发展的继承者

学校文化建设之路漫长而又要长期坚守,往往需要几届校长坚持不懈地努力。我们经常可以看到,很多学校的特色建设和文化建设随着校长的更换而人走政息,新校长往往会提出他自己的一套办学理念甚至推翻学校已经形成的特色,使得学校不能形成稳定的办

---

① 肖甦:《苏霍姆林斯基教育智慧格言》,人民教育出版社2014年版,第326页。

学特色和学校文化。难能可贵的是，我们在主动教育学校文化建设中，历任校长都十分注重对主动教育特色的继承，而不是推倒重来，另起炉灶。1986年李玉存老校长在多年办学的基础上提出了"弘扬学生主体精神，发挥学生主体作用，充分开发学生的智慧潜能"的办学思想，开始了实验研究，1992年又带领学校开展"主动教育整体改革实验研究"，首次明确提出了"主动教育"这一核心概念，在实验过程中明确了主动教育的本质、基本内涵、基本要素、基本特点、主要目标、实践原则，形成了主动教育理论的基本框架。1998年，王秀兰接任校长，在第一轮实验的基础上开展了第二轮主动教育整体改革实验，在课堂教学模式和道德教育模式上进行探索，完成了课堂教学模式、道德教育模式、操作原则和策略、学习管理方法、评价方法的构建，丰富和发展了主动教育学校文化。

2006年8月刘冰接任校长，身担传承和发展的重任，她认识到优秀的学校文化是一种氛围，它熏陶浸染，润物无声；优秀的学校文化是一个引力场，它能凝聚人心，形成合力；优秀的学校文化是最宝贵的财富，是学生成长、教师发展的肥沃土壤。文化是学校的一种形象，一种气质，一种特色，一种品牌，只有建设厚实的学校文化，才能构建和谐的校园。从2007年新年伊始，刘冰校长与学校领导班子共同学习研讨，确立了"传承、发展、创新"的工作思路。她与教师共同追寻学校的发展历史，首先组织全体干部教师在学习中深入理解学校文化的内涵，学校文化的特性。不仅在理论上对学校文化建设的必要性进行认知，而且通过结合校情，贴近教师工作实际的专家讲座培训，使教师清楚地认识到学校文化对每一位教师的成长都起着积极的助推作用，每一位教师都应在学校文化建设中发挥自身的主体作用，学校文化建设是将学校管理推向更高层次的必由之路。在达成基本共识后，刘校长又引领全体员工挖掘学校在历史发展进程中深厚的文化积淀，由精神融汇到特色形成，组织干部教师进行不同层次的研讨，通过透视历史，汲取精华甘露，探求学校发展与现代教育接轨的传承之点。全校员工对实验精神进行全面的提炼和概括，凝练出"竞必先行，毅有大成"的实验主导精神。回顾历史，启人心智，在一次次研讨中，教师深刻感悟到：学校精神不是自发形成的，是学校几代人的努力不辍，探索求进，砥砺前行的思想与意识精华。这凝聚着几代实验人心血的精神感动启迪着我们，是我们宝贵的精神财富，它是学校文化植根历史，体现现实，引领未来的集中表现，成为学校文化的"结晶体"和学校文化力的"核原料"。

刘冰校长身体力行，继承了历任校长带头进行教育科研的宝贵经验，主持了天津市教育科学"十一五"规划课题"主动教育的教学风格研究"和天津市教育科学"十二五"规划课题"主动研究型教师校本培养实践研究"，从教师教学风格和教师校本培养方面深化主动教育学校文化建设，"十三五"时期，又从课程体系建设方面对主动教育特色和学校文化体系进行深入研究。正是历任校长继承和坚持了主动教育理论研究和实践探索，才使得红桥区实验小学的主动教育办学特色日益彰显，主动教育学校文化在不同方面不断深化。

（三）主动教育学校文化的发展者、创新者

主动教育办学特色和学校文化的建设及发展，与时代及社会的发展息息相关。与学生的身心发展特点息息相关，我们处在一个变革的时代，社会不断发展变化，学生的身心特点也发生着变化，因此学校文化建设要与时俱进，不断丰富和完善，只有先进的学校文化才能够促进学校的改革与发展，僵化落后的学校文化则会阻碍学校的发展。所以在主动教育学校文化建设中，校长要站在历史的角度洞察时代、社会和学生的发展变化，不断拓展学校的文化建设，做好学校文化的发展者和创新者。历任校长在主动教育学校文化建设中，根据时代发展的要求和学生身心发展的特点，不断丰富和完善学校文化体系。

第二章 主动教育的学校发展

在学校精神的引领下,刘冰校长结合时代发展对教育的需求,一直思考着如何将原学校文化的精华在传承中继承,在继承中创新,以彰显学校文化魅力,铸就学校持久竞争力?她认为,关键是需要校长以先进的办学理念引领干部教师转变教育观念,以实现学校的办学价值观。而一所学校的办学理念是校长在不断学习、思考、发现、补充、完善中形成的。学校提出的办学理念,一定要与学校文化传统相契合,只有从学校文化之根上生发出来的教育理念,才能为师生所认同,故此一所历史悠久的学校在构建其理念识别系统时,既应注意研习历史,寻找文化原点,又要立足今天,确立建设点,更要展望未来,明了发展目标点。

学校文化是学校师生长期形成的价值观和行为方式。校长的文化视野、文化判断力和选择力是决定一所学校文化品貌最关键的因素,校长理应成为学校文化建设的倡导者、宣传者和执行者。然而,真正的文化基于一个群体对核心价值观的认同、信奉和执行,没有教师和学生的积极参与,就不可能有真正意义上的学校文化。因此,学校文化建设是由校长带动教师,教师带动学生这般链动式的实施,是在校长引领下全体师生围绕文化建设的理念共同设计愿景,共同建设,共同享有。

因此,在刘校长带领下成立了学校文化建设领导小组和工作小组,聘请了专家指导小组,在凝练学校精神的基础上,干部教师与老校长们一道共谋学校发展,一致同意将"主动发展奏响幸福成长乐章"作为学校的核心理念。在此基础上群策群力,进一步明确了主动教育的办学特色,主动教育就是学校的文化标签,它铸就学校教育品牌之魂,只有在传承发展创新中才能更加深化。我们举全校之力,集众人之智,既尊重历史传承,又重视创新进取,在一次次研讨、修正、思辨、专家的提升中,经过几十次不同形式的思维碰撞,终于形成了由基本理念识别系统、组织行为识别系统、视觉识别系统和学校环境文化识别系统四部分组成的完整的学校文化识别系统,演绎着学校文化之韵。

刘校长在发展和创新主动教育学校文化中清醒地意识到，学校文化是在追寻教育理想的过程中动态生成的，它源于学校实践，更是学校在长期活动中积淀下来的，由学校全体成员共同遵循的价值和行为方式。因此学校文化建设中注重"做"的学问，师生做事的方式，共同的行为，在"做"中判断与选择，在"做"中引领师生由接受走向自觉。学校通过实施分式工程着力营造"文化"飘溢的校园，将学校文化积淀成为文化底蕴，真正实现文化立校，文化育人的办学目标。一是实现学校文化建设的"内涵"和"外延"有机结合。"内涵"是学校文化建设的核心价值观和学校办学的核心理念。在深入研讨和广泛征求意见的基础上，将学校核心价值观和核心办学理念条理化为五个认知，即一个思想——为师生发展奠基；两个原则——让每个学生都拥有主动成长的快乐，让每个教师都享受职业发展的幸福；三个坚守——脚踏实地，认真工作，结合实际进行真实研究，点面结合落实课改；四个意识——课程建设注重生本、生态、生活、生长；五个体现——课堂教学要体现儿童立场、科学特点、兴趣引导、思维建设、学生发展。学校化繁为简，让每位教师都通过视野的转换使理念成为看得见的目标，经过实践与参与上升为视角的拓展，开启进入和接受学校文化的入口。在实践中由他引提升为自求，浸润于学校文化之中。"外延"是学校文化建设的具体表现形式，如规章制度、管理模式、环境布置等。我们在工作中注重将主动教育学校文化建设内涵转化在"外延"的每一种形式中，做到形中有神，提升了学校文化建设水平。二是促进人本、民主制度文化的形成。学校努力探求"人本"管理，"民主"治校，以学校决策，教师人人参与其中的工作形式促进民主、决策的基本程序向更加科学完善方面发展。多项活动并举引领教师由职业遵守向敬业自觉守纪的无痕转化。三是建设教学相长的课程文化。努力实现校本培训多样化，搭台展示日常化，激励反思自觉化，展示风格个性化，课程研究自觉化，促进教师德艺双提速，实现教师由内向外的教育观念转型。以生为本，为学生主动学习，学会学习创设条件。四是打造润物无声的细节文化。学校继续坚持科研兴校之路，更加关注教育细节，课间活动、德育活动、课内活动等重激励、常点评、树典型、明榜样，引导学生多看、多思、多品、多学。教室内、楼道间每一处设计都向师生招标，聘请师生设计，让我们的精神与物质环境浸润着平等、宽容与激励；展示着师生对真、善、美的追求，达到润物无声的目的。

在主动教育学校文化建设的继承与发展中，刘校长正确地处理好"近"（抓住教育的内核）与"远"（谋划办学愿景，设计学校发展路径），"小"（聚集校园工作细节）与"大"（培养师生大气、大雅、大方）的关系，把握学校文化建设的精髓，在学校文化建设的校园小事处理中"接地气"，在办学愿景的追求中"上品位"。这样引导着学校文化建设得以在"求真、求善"中提升境界，促进师生和学校的主动发展。

第三章

主动教育的学生发展

红桥区实验小学实施主动教育的最终目的是促进学生实现主动发展。当今社会发展已进入了一个以人为中心的新时代，人对自身发展的关注也到了前所未有的程度。人的发展，首先是主动的发展。我们在多年的主动教育探索基础上，从主动教育的学生发展理念、发展特征、发展条件和具体策略等方面对学生的主动发展进行持续的探索与实践。

一　主动教育的学生发展理念

教育的对象是活生生的个体——学生。教育的目标和成效也要通过具体的学生个人来达成。我们认为，主动教育的学生发展理念主要有如下几个方面。

（一）学生的主动发展是时代发展的客观要求

在1994年"关于发展问题"的国际讨论会上，联合国教科文组织总干事费德里科·马约尔指出："人既是发展的第一主角，又是发展的终极目标。"已经来临的知识经济时代，除了影响产业结构和就业结构的变化之外，还对人才的质量提出了新的要求。新的人才质量观，除了要求基础性的科学文化水平大大提高外，还需要人才具有特定的变革创新能力、适应能力、灵活变通能力、获取信息和处理信息的能力、与人合作能力等，这些能力均建立在个人主动发展的基础之上。这样的人才观对基础教育所提出的基本要求就是教育要让学生主动发展，教育要培养主动发展的人。如果教育培养不出主动发展的人，必将损害未来国家社会的发展，因为国家和社会的发展，是基于个人的积极主动的发展。

（二）学生的主动发展是主动教育的首要目标

进入21世纪以来，信息爆炸式呈现，知识和技术的更新越来越快，学习成为终身的过程，人才素质的全面化、立体化以及身心的和谐健康发展，都对教育提出了很大的挑战。从国际教育改革和发展的趋势来看，学生学会学习、学会主动发展和自主、合作、探究正越来越成为各国教育改革的共同目标。自新课程改革以来，我们的基础教育尤其强调关注学生的学习兴趣，帮助其形成积极主动的学习态度，倡导学生主动参与，培养学生的创新精神与实践能力。在课程目标达成上，要求知识与能力、过程与方法、情感态度与价值观的共同发展。

主动教育更加注重学生的主动发展，将学生的主动发展作为主动教育的首要目标。在基本知识和基本技能获得的基础上，尤为关注学生的学习情感、学习意愿、学习兴趣、学习态度、学习成效的积极主动性等。主动教育将学生的主动发展和可持续发展作为教育的终极目标。

（三）每个学生都有主动发展的潜能

主动教育秉持的一个基本理念就是"每个学生都有主动发展的潜能"。正如加德纳的多元智能理论所揭示的那样，人的智能由多种紧密关联但又相互独立的智能组成，虽然受遗传、文化背景、个体努力程度等因素的影响，个体的智能类型和发展水平存在着较大的差异，但每个人都有强烈的自我发展需求，都蕴藏着巨大的自我发展潜能，小学生也不例外。由于小学生好奇心强，可塑性强，而且容易对外界事物产生强烈的兴趣,所受到的各种束缚也少,所以他们主动发展的潜能更大。

(四)主动教育要让每一个学生都能主动发展

主动教育是使每一个学生都能主动发展的教育,关注到所有学生的主动发展。"主动发展奏响幸福成长乐章"是红桥区实验小学的核心理念,在这一理念的润泽中,我们的每一个学生都能进行自主管理和主动发展。红桥区实验小学以活动为载体,让学生在参与、实践、体验中开阔视野,丰富知识,陶冶情操,开拓创新,发展对知识的综合运用和创新能力,形成合作、分享、积极进取等良好的个性品质,享有幸福快乐的童年生活。

(五)要使学生主动发展,必须还学生发展主动权

我们数年来一直坚持"主动教育"的特色发展之路,红桥区实验小学将"把发展的主动权还给学生"作为办学理念。围绕这一办学理念,我们制定了抓理论学习为引思点,抓教与学行为方式转变为切入点,抓高效教学为重点的教学工作策略,提出了"一个核心,两个基本点,三个转化点"的指导原则,即抓核心,激活学生思维,启发求异创新;抓起点,激发学生好奇心,鼓励学生质疑;抓重点,创设学习活动情境,为学生提供主动发展的机遇,使我们的课堂教学不断地由低效教学向有效教学和高效教学转化。

围绕"把发展的主动权还给学生"的办学理念,我们提出了让课堂"活"起来,让学生"动"起来的教改目标和"一导,二让,三进"的教改行动策略,并将此作为教师教学评价的主体依据,重在强化办学理念对教学行为的引领与指导作用。"一导",即倡导教师创设"发现—探究"的学习氛围;"二让",即新知识让学生在教学情境中主动探究;问题让学生自主提出和解决;"三进",即把方法带进课堂,让每个学生学会学习;把激励带进课堂,让每个学生都有成功体验;把创新带进课堂,让每个学生学会创造。常

规教学环节均以"一导""二让""三进"为重点，促使教师从理念引导行为向行为自觉贯彻理念转化，近年来也收到了很好的效果，把"发展的主动权还给学生"已成为许多教师教学流程设计的出发点和自我反思点。在管理上，教导处从检查教案、教学反思到随堂听课、抽样检测，再到听课反馈、教学评价等也都是围绕这些方面进行的。

（六）主动教育要激发学生发展的主动性

自我发展的教育才是最有价值的教育。过程哲学视野下的过程教育认为，教育的目的就是促成学生的自我发展，激发学生发展的主动性。在知识经济时代，个体的自我监控能力、自主学习能力、终身学习能力是尤其重要的。主动教育是培养受教育者自信、自立、自强、自律精神，促进其身心俱健的全人教育，也是培养受教育者的主体意识和学习能力，促进其主动发展的终身教育。主动教育通过培养学生的自主能力，开发学生的丰富潜能，完善学生的人格，使其在实现个人发展的同时促进社会的发展。我们坚持学生的自主管理建设，让学生用他们自己制定的制度约束其行为。"队干部竞选（轮换）制度""小雏鹰电视台招聘制度""重大活动自荐制度"等都在制度形成中提升了学生的主体发展意识，培养了他们的自主管理能力。

二 主动教育的学生发展特征

主动教育强调优化教育教学条件和过程，鼓励和帮助学生积极主动地参与教育教学活动和社会活动的尝试和体验、感悟与内化；增强主体意识，提高自我教育的能力；尊重和培养学生个性与自主性，引导学生主动参与，主动发展，主动自我教育，自我发展，成为富有创造性、能动性、全面发展的具有时代特征的小学生，为全面提升办学质量和育人品质打下坚实的基础。在主动教育发展理念的引领下，我们多年来一直坚持以"主动发展好少年"和"实验园的学生形象"为标志的主动发展型的学生培养目标。主动教育的学生发展具备如下特征。

（一）主体性

人的主体性，是指人作为活动主体所具有的属性，从根本上说，就是指人在同客体的相互作用中所表现出来的能动性、创造性和自主性。在教育实践活动中尊重和弘扬学生的主体性，实际上也就是把学生视为教育活动的能动性和创造性的源泉，重视学生在学习和自我发展、自我教育过程中的自觉性和自主性。主动教育是弘扬学生主体性的教育。数年来我们一直坚持"主动教育"特色发展之路。近年来，我们不断创新工作思路，将主动教育的理念——"弘扬学生的主体性，尊重和培养学生个性"融入课程、教学、德育、活动实践等各项工作之中，使主动教育行于日常，落实于实践，使"主动地学会学习，学会生活，学会做人，学会创造，学会选择，学会审美"这一主动教育的学生发展目标，不断地细化为学生的外显行为，成为红桥区实验小学学生特有的品行。

只有尊重学生的主体地位，才能有效促进学生的主动发展。只有充分发挥学生的主体作用，构建学生主动学习的课堂，为其创设主动参与教育过程的情境与条件，使其主动参与，积极发展，主动教育才有成功的可能。因此，教师的教育教学必须摒弃单纯的以传授书本知识为主的注入式教学，而是要充分尊重学生的主体地位，以开放的教育教学理念引导学生主动发展。

从某种意义上讲，教师所施与的任何教育影响，都必须以充分调动和发挥学生的主体性为前提，而教育影响的结果，则取决于学生主体性发挥的程度。

我们一直强调要弘扬学生的主体性，例如，从活动课到作业，均给学生提供多种选择的机会和条件；通过多种活动的丰富和开展，为学生创设最大限度地发挥各自潜能的情境，帮助其成为具有能动性和自主性的人；在课堂教学中，"我的课堂我做主，让学生真正成为学习的主人"。我们要求教师积极转变观念，落实行为，变"教"为"导"，实施学习的"还权"和"放生"，把学习的权利还给学生——让每一个学生都在自主课堂上尝试成功，感受快乐，激活思维，开发潜能，不断成为学习的主人。

（二）主动性

主动性，是指人在完成某项活动的过程中，来源于自身并驱动自己去行动的动力的强度，是个体按照其自己规定或设置的目标行动，而不依赖外力推动的行为品质，由个人的需要、动机、理想、抱负和价值观等推动。从某种意义上讲，主动性是良好的自信心和创造性品质形成的基础。儿童的天性是好奇，具有强烈的主动探究欲望和创新精神。然而，在当前的社会背景下，"六个大人照看一个孩子""小皇帝""小公主"式的成长历程使得小学生的主动性天性遭到破坏，主动发展的欲望遭到扼杀，而且，由于传统的文化氛围和多年应试教育的影响，学生的主动性缺失，关于主动性的培养也被忽视。主动教育注重培养学生的主动性，促使学生充分发挥他们的主观能动性，获得自主发展，取得各个方面的成功。

（三）参与性

参与性是学生主体性发展、主动性获得的重要条件。只有让学生充分参与各项活动，才能促成其参与性的发展。我们围绕"把发展的主动权还给学生"这一办学理念，以"自主管理"为特色，坚持教育与激励并重，活动与评价并举，以培德励志为目标，以多彩活动为载体，培养学生良好的参与行为习惯，促进学生主动发展。首先，倡导学生成为学校的主人，赋予学生参与管理的权利，号召学生"自己的事自己做，自己的班级自己管，自己的活动自己搞，自己的阵地自己建"的自主精神。升旗活动、特长竞赛、社会实践、班会课等，都由学生自己组织安排。其次，赋予学生参与活动设计的自主权,由学生自主设计班级环境、自定班名、班规、班训,自己主持班级活动,在教师辅导下创编班歌等;通过增设班级岗位,让每个学生在成为被管理者的同时也成为管理者,使其在自觉接受管理的同时也培养自我管理、自我教育能力。我们通过赋予学生多种活动的参与权,在培养学生参与性的同时,也使他们在多种形式的自主活动中自信而快乐地成长。

(四) 个性

每个学生都是不同的发展主体,有着不同的发展个性,主动教育既尊重学生的个性,又发展学生的个性。个性就是个体独有的并与其他个体区别开来的整体特性,它贯穿着人的一生,影响着人的一生。人的个性倾向性中所包含的需要、动机和理想、信念、世界观,指引着人生的方向、人生的目标和人生的道路,人的个性特征中所包含的气质、性格、兴趣和能力,影响和决定着人生的风貌、发展甚至一生的命运。主动教育的学生发展个性,特别强调主动品格基础上的个性。因为积极主动性是一个人取得进步和成功的重要性因素,只有凡事积极主动,才能取得更多的成长发展空间。

(五) 合作性

人作为一种群体性的存在,必须通过与他人的交往、合作而共同生活。"学会共处"也是联合国教科文组织提出的未来教育的四大支柱之一,也是未来学生发展的素质和能力之一,合作性和合作能力就是重要的体现。合作性和合作能力已成为21世纪对人才的一种基本素养要求。主动教育关注人的合作意识和合作能力的培养。主动教育关注学生在与他人合作当中的合作意识和合作能力的培养,把学生作为学习和活动参与的主人,在充分发挥其主动性和养成个性的同时,培养他们树立正确的合作意识,学会正确的合作方法,在与他人的合作当中,更好地发展自我。

（六）统一性

统一性更多的时候是一个哲学用语，但用它来表述主动教育的学生发展特征也是必要的。首先，主动教育的学生发展的统一性体现在适应性与超越性的统一上。教育所培养的人，要适应社会对教育的人才培养要求，然而，单纯被动的适应是不够的，教育还必须面向未来，超越现实的束缚，为未来社会发展培养奠基性人才。

其次，主动教育的学生发展的统一性体现在教师主导与学生主动的统一上。在任何教育教学关系中，教师和学生虽然都是主体，但学生的主体地位和主动作用的发挥始终是在教师的主导作用下进行的。

最后，主动教育的学生发展的统一性还体现在学生个体主动发展与集体整体发展的统一上。任何学生个体的主动发展都离不开周围的人、周围的环境所形成的集体的整体发展。二者是相互支撑、相互促进的关系。

（七）可持续发展性

红桥区实验小学的主动教育旨在为学生的终身发展、未来发展奠定坚实的基础，体现了可持续发展的教育理念。可持续发展理念一经提出，就在全世界范围内得到了迅速的传播，现在已经成为一种对几乎所有发展领域都起着指导作用的全新发展理念。可持续发展的终极目的是追求人类的整体利益和长远利益，其必然要追求每个个体的可持续发展。可持续发展性作为主动教育的学生发展特征之一，将追求学生个体发展周期最大化，生命潜质开发最优化作为基本内容，强调把学生作为可持续发展的根据、出发点和归宿，着眼于追求学生的可持续发展，追求学生的整体素质的全面提高，关注学生的终身可持续发展。

三 主动教育的学生发展条件

要促进学生的主动发展，达成学生主动发展的目标，仅有主动教育的理念是不够的，还必须具备满足学生主动发展，进行主动教育的条件。这就需要还学生发展的主动权，在责、权、利上确保学生主动发展的可能；要有学生主动参与的教育环境；实施现代教育新理念，促进学生主动学习；转变教学方式，保障学生主动学习；适当开发教育资源，促进学生主动学习；实施凸显学生主动发展的自主管理；学生主动探索与教师适度引导之间要平衡。

(一) 还学生发展的主动权

实施主动教育，促进学生主动发展，尤其是在当前的教育环境下，首先要做到"还学生发展的主动权"。

1. 把主人的地位还给学生

我们从理念上确立了学生的主体地位，提出要尊重学生的思想，相信学生的能力，真正还学生以主人地位。只要是学生可以自己完成或者可以通过集体合作完成的，就交给学生去完成。在教学中，我们充分尊重学生的"主人"地位，将学生的"主人"作用发挥到极致。在教学之外的其他方面，我们也充分尊重和发挥学生发展的主动权，例如，由学生自主推荐的年级学生委员会负责提出年级学生活动建议、活动组织及年级学生各项行为习惯的评价矫正；班委会负责组织学生设计班级环境，制定班名、班规、班训，创编班歌，进行班级学生形象标准的制定，班级公约的建立，班级活动的主持，"警语天地"的开设，各类竞赛和传统活动会徽的设计，章程的制定等，而且，活动全程的组织和安排都充分放手让学生去做。

2. 把自主的权利还给学生

我们尊重每一个学生的每一种权利，为学生搭设自主的平台，如课后作业设立自选层次,课前预习设立"我发现,我阐述"课堂小讲坛,对"主动发展好少年"的评选,"自主十分钟"的常态活动等,都实现了深层次的自主管理。红桥区实验小学的"自主十分钟"活动是学生自主管理的有效途径。以班级活动为载体,让学生轮流做"导演",做"演员",做"评委",将他们预先设计的活动方案,通过他们主持、自己组织、自己评价来实践,这样的教育活动充分体现了学生在活动中的主体地位。在短短的十分钟里,方寸之间的讲台变成了学生发展个性,展示特长的大舞台。在活动中,学生们敢讲、敢说、敢问,多动手、善思考、乐实践,发扬了大胆探索、主动进取的精神。我们为学生编辑印制了《优秀"自主十分钟"集锦》,让学生看到他们成长的印记。在四年级我们尝试进行了1+×的综合评价改革,每个学科为学生提供几个评价项目,让他们依据自身的优势进行自主选择。在每一个考评地点,我们都可以看到学生信心满满地站到评委老师的身边,展示他们的学习所得,"我能行!"这是孩子们发自肺腑的声音。

3. 把共有的责任还给学生

不论是在显性的环境维护和良好学习、行为习惯的培养中,还是在隐性的人际关系和学风涵养中,都蕴含着学生共同的责任。我们将活动与评价相结合,强化学生主动的责任教育。《"我有好规范"校园歌谣》和"班级养成教育展示"使学生积极参与学校规范管理,《学生良好行为习惯培养标准》《年级学生良好行为习惯培养细则》《自主管理—互助成长册》形成了多维目标评价机制;红领巾广播团、新语导游团、升旗检查团、良习导行团等十几支学生自组团队活跃在校园里,他们在团队活动中自我认识、自我学习、自我监督、自我控制、自我完善。

4. 把启德的空间还给学生

一直以来,我们十分注重处理好学校教育、家庭教育、社会教育之间的关系,还给学生一个广阔的启德空间。我们严格落实校级、年级、班级家委会的"三级管理",让家长们带着一份喜悦、一份责任、一份憧憬用心写下"爱心承诺",邀请家长们定期参加学校的各项活动,使其更多地了解学校,理解老师,理解教育。

我们主要采用了问、讲、悟的工作方式,针对家长的需求开设家长学校,请学生家长代表与全校家长做育子经验的交流。平时,我们也鼓励班主任老师利用家校通、家访、电话等形式与家长沟通,加强对家庭教育内容、方式、方法的指导。与此同时,我们还结合家庭教育,开展"家校合力 共话教育"活动,多方听取家长建议,使家校合力促进学生健康快乐的成长。在社会的关注与参与下,在家长的支持与携手中,在学校的尽心与精心中,学生的教育空间得以开拓,教育合力得以形成,为学生的良好发展营造了广阔的社会空间。

5. 把选择的机会还给学生

学校教育重要的使命是关注学生的个性发展,为学生的特长培养创设机会,搭建舞台。我们根据学生的成长需求,组建了丰富多彩的学校艺术社团和健体团队。通过社团活动的扬长教育,培养学生高远的理想情怀、高贵的精神气质、高度的科学理性、高尚的道德情操、高雅的生活情趣,实现社团活动对学生精神成长的高度关照,努力使学生做精神的贵族,最大限度地释放学生的潜力,增长学生的自信。丰富多彩的活动,不仅体现出与时俱进的时代气息,而且注重对孩子们进行传统文化的熏陶。传统的"三周三节",每年一度的"多彩主题英语周",丰富多彩的"读书节",激思启智的"数学周",不同特色的"科技周""艺术节""体育节",届届不同,届届精彩,学生自主选择活动形式,每一次参与都是成功的体验。

(二)营造学生主动参与的教育环境

俗话说,"环境塑造人"。主动教育的学生发展离不开学生主动参与的教育环境的营造,这是促进学生主动发展的首要条件。这里所说的环境概念是广义上的,不仅包括物质环境,而且指为学生发展服务的各种教育软环境。这包括通过"学习与研究,活动与实践,发现与探究",形成主动提升与循环操作逐层递进的,实施主动教育的工作方式;从学生成长、人格健全、学习力提升、生存发展四方面探寻"自然、自由、自在、自成"的主动教育氛围的营造策略;从"开启、有趣、有用、有效"四方面实践、创生、深化学校主动教育办学特色,在特色建设中实现发展学生、发展教师、发展学校的主动教育总目标,形成红桥区实验小学办学特色建设的系列思考与实践建构。这些都为促进和确保学生主动参与教育教学活动提供了良好的环境。

(三) 实施现代教育新理念

教育是一种特殊的实践活动。在这个特殊的实践活动过程中,教师与学生都是实践活动的主体,但其主体地位和主体作用却是不同的,这表现为教师是施教的主体,学生是受教的主体;教师的主体作用体现为主导作用,即主要的、引导学生向着理想目标发展的作用,而学生的主体作用则体现为主动接受教师的教育影响和主动发展。因此,在教育实践活动过程中,要想取得理想的教育效果,就必须实现教师主导与学生主动的紧密结合与有机统一。

主动教育强调对学生主体地位的尊重,强调对学生主动发展的条件创设和对主动探究欲望的激发,并在具体的教育教学活动过程中予以实施和保障。但由于小学生的年龄和所具有的心理特点,教师的引导还是非常重要的,这就要求教师掌握好学生主动探索与教师适度引导之间的平衡。

主动教育的培养目标是让学生主动地学会生活,学会做人,学会学习,学会创造。我们必须更新教育理念,在各项工作中实现改革与创新。例如,抓常规管理,建立自我教育的机制,拓展学生主动发展的天地;构建自主管理的班集体建设模式,即在班级活动与班集体建设中,让学生"自我设计,创设情境,勇于创新;自我实施,诱发情感,人人参与;自我调控,形成认同,及时反馈;自我评价,激励成功,主动发展";在教学中,做到六个尽量:"凡是学生能够观察的,尽量让学生独立观察;凡是学生能动脑解决的,尽量让学生动脑解决;凡是学生能动手的,尽量让学生动手操作;凡是学生能动口的,尽量让学生动口表述;凡是学生能够归纳小结的,尽量让学生归纳小结;凡是学生能够讨论的,尽量让学生讨论。"在课堂上,学生有充分的主动学习、自主活动的条件与机会;凡学生会的教师就不讲或少讲,高年级课堂变成了学生自学的反馈、评价和研讨的学堂,教师把讲的权利、问的权利和研究的权利都交给了学生。"自主十分钟活动"全部由学生自己选择活动内容,自己设计活动形式,自己主持活动过程;学校还根据不同年级的特点,开展了一项"自我设计"活动,让学生对他们的学习进行自我计划,提出目标,制定出实现目标的保障措施等。

(四) 转变教与学的方式

恰当的教学方式是学生主动发展的保障。在教学中,教师必须转变教学方式,并引导学生转变学习方式,变被动学习为主动学习,使学生"让我学"变为"我要学"。因此,教师要尽可能地研究学情,研究教学,在确保教学高效的同时给予学生充分的自主学习时空,高度尊重学生,信任学生,依靠学生,充分放手让学生自主学习,培养学生主动学习的兴趣,挖掘学生的生命潜能,激发学生积极主动地参与教育教学过程,从而实现主动发展,可持续发展。

(五) 适当开发教育资源

适切而丰富的教育资源是确保学生学习效果的有效载体,因此,我们根据教育教学活动的实际需要,对教育资源进行合理的开发和利用，以促进学生的主动学习。首先，开发和利用情境性课程资源，使学科教学贴近学生的生活，让学生在生活中学习并能够学以致用，提供主动学习的环境和氛围；其次，开发和利用教材性课程资源，拓展学科教学的广度和深度，培育和提升学生的主动学习能力；最后，辅之以活动性教育资源的开发和利用，激发学生主动学习的兴趣和乐趣。在主动教育背景下的教育资源开发，要考虑的就是这些资源的开发和利用是否能够满足和促进学生的主动学习。在这些资源被开发后进行应用的过程当中，也要密切关注什么样的方式、方法能有效促进学生的主动学习。

四 主动教育的学生发展策略

科学、合理、有效的主动教育的学生发展策略是主动教育理念得以运用，主动教育实践取得成功的必要保障。关于主动教育的学生发展策略的构建与实施，我们主要从以下十个方面进行：培育办学特色，彰显主动教育；注重先进理念引领，树立主动教育思想；将校园生活课程化，打造特色课程；以德育活动为抓手，注重主动体验；以课堂教学为主阵地，涵养主动品格；营造书香氛围，浸润主动教育；以快乐活动，丰富主动教育；以教师主动发展促学生主动发展，达成主动教育；以精细化管理，深化主动教育；完善激励、评价机制，活化主动教育。

（一）培育办学特色，彰显主动教育

主动教育是红桥区实验小学一直努力培育的办学特色。1992年初，就提出了学校教育应激励师生"主动教育"的教改设计，先后经历了四个"五年规划"的研究、实施与总结，在阶段性推进与不断深化中，主动教育成为越来越鲜明的学校办学特色。

1. 主动教育的内涵与特色

主动教育的内涵强调优化学校教育教学条件和过程，以教师主

动在研究中学习、工作、实践为先导，鼓励和帮助学生主动在参与教育教学活动和社会活动中尝试、体验、感悟、内化、尊重和培养学生个性与自主性，增强主体意识，提高学生自我教育的能力，为学校全面提升办学质量和育人品质打下坚实的基础。

主动教育的三个突出特点为：（1）从教育与社会相互关系的角度，强调学校教育的适应性与超越性的统一；（2）从教师与学生相互关系的角度，强调教育活动与方法的引导与学生主动能力形成的统一；（3）从教育实践过程的内在本性上，强调自然科学性与人文科学性的统一。

2. 主动教育学生发展目标

学生发展目标：学生发展的总目标是，通过实施主动教育，使学生成为主动学会做人，主动学会生活，主动学会学习，主动学会创造，成为全面发展的有健康个性的人。主动学会做人——心中有祖国，有人民，有集体，有他人；主动学会生活——生活能够自理，尊重他人，遵纪守法，自觉锻炼；主动学会学习——会自学，会探究，会研法，会合作，会自我总结与反思，会学习和掌握一门专长，会自律与创造；主动学会创造——养成好奇、求知，富有挑战和冒险精神的个性品质，形成爱探究和善于发现、发明、创造的习惯，具备发现问题的敏感性，解决问题的独创性，表达问题的流畅性，高效学习的守时性，认识事物的挑战性。随着时代的发展变化，主动学习的内涵也需要不断丰富和完善，我们结合中国学生发展核心素养，形成了红桥区实验小学学生发展核心素养。

2016年9月，北京师范大学林崇德教授领衔的课题组发布了《中国学生发展核心素养》，中国学生发展核心素养以培养"全面发展的人"为核心，分为文化基础、自主发展、社会参与三个方面，综合表现为人文底蕴、科学精神、学会学习、健康生活、责任担当、实践创新六大素养，具体细化为国家认同等18个基本要点。我们认真学习和研究这一课题成果，结合学校多年主动教育的实践探索所形成的对学生主动发展的认识，特别是学校主动教育的办学理念和特色，形成了三个方面、九个要点的红桥区实验小学学生核心素养，人文素养、科学素养是创新素养的基础，创新素养是核心素养的关键。其主要内容包括：第一，人文素养。人文素养指学生的个人修养、社会关爱、家国情怀。具体而言，个人修养——指学生应做到优良生活与守纪习惯同构；学习质疑与健体善心并存；友善乐群与悦纳他人相融；敢于探索与知难而上同行。社会关爱——指学生应做到主动学习有自我成长动能；志存高远有积极学习状态；学以致用有解决问题能力；追慕美好有适应社会本领。家国情怀——指学生应做到爱国爱民，爱家爱他，有大爱之心；服务社会，热心公益，有奉献之举；传正能量，享生活美，有审美之意。第二，科学素养。科学素养指学生的科学知识、科学方法、科学精神。具体而言，科学知识——指学生应学习与思考相随相伴，敢于质疑；面对问题乐于挑战，力获真知；探索求知乐于体验，寻找规律；深度参与经历过程，学能并蓄。科学方法——指学生应做到内驱自主，与人合作；规划学习，自我管理；理解运用，灵动思维；坚持自问，每日完善；信息融合，丰富资源。科学精神——指学生应做到深入阅读，认知世界；时间验证，求是向真；发现探究，获求真理；合作谏言，交流成长。第三，创新素养。创新素养指学生学会学习、主动适应、学会改变。具体而言，学会学习——指学生应做到自觉参与，培育兴趣；汲取精髓，例证运用；学会倾听，为我所取；动手动脑，实践演练；解决疑难，益于拓展。主动适应——指学生应做到微笑悦纳，重己尊人；融于集体，积极进取；困难面前，从不言弃；合作沟通，团队合力。学会改变——指学生应做到乐想他人，暖手助人；自我学习，善于交流；适应生活，超越自我；探究思考，见解独立；敢于实践，敢为人先。

表 3-1　　　　　　红桥区实验小学学生核心素养要义

素养项目	素养要点	主要内容
人文素养	1. 个人修养	优良生活与守纪习惯同构，学习质疑与健体善心并求
		友善乐群与悦纳他人相促，勇于探索与克难而上同行
	2. 社会关爱	志存高远有积极学习状态，学以致用有解决问题能力
		追慕美好有为社会奉献追求，尊老爱幼有助人为乐美德
	3. 家国情怀	树中华根，铸民族魂，有天下情怀；爱国爱党，爱民爱家，有仁爱之心
		服务社会，参加公益，有奉献之举；传正能量，赞生活美，有审美之求
科学素养	4. 科学知识	学习知识不盲从，敢于质疑；面对问题敢挑战，力获真知
		探寻知识特征与规律，主动体验；主动经历求知过程，学能并蓄
	5. 科学方法	规划学习，自我管理；与人合作，主动交流；理解、掌握知识技能
		体会运用学科思想方法，坚持自做学习小结，主动进行学习完善
		合理运用现代技术，整合丰富学习资源
	6. 科学精神	深入阅读，认知世界；实践验证，求获真知
		向往科学精神，遇学多问多质疑；乐与他人合作，勇于发表见解主张
创新素养	7. 学会学习	善学他人经验，实践验证运用；注意学会倾听，提取学习之点
		坚持动手动脑，知识方法推演；运用所学解难，获取生活经验
	8. 主动适应	生活中悦纳他人，善学他人之长；生活中悦纳自己，学会感谢赞美
		学会困难面前，从不言弃后退；伙伴合作沟通，促进团队合力
	9. 学会改变	乐为他人着想，帮助遇难之人；善用自己方式，整理学习内容
		学会适应环境，努力自我超越；遇事思考探究，实践找寻方法

3. 学校办学特色的培育与形成路径

(1) 将办学特色集中体现于学校的核心发展要素上

首先，课程、课堂活动，教师、学生是学校的核心发展要素，因此学校的办学特色就主要体现在这些核心发展要素上，抓住每一个核心发展要素，从"本位、联点、拓展、养成"四个角度进行主动教育的渗透、引领与内化。"本位"是指课程、课堂活动的各自特质，它是学校教育和办学特色渗透的载体。"联点"是以课程、课堂活动的各自特质为基础，联系学生的学情、兴趣、潜能等方面，找出学生能够逐步走向主动，形成主动的激发点，形成教育和教学活动设计的出发点。"拓展"是在此基础上将相关点和教师教学方法、学生操作方法、思考认知方法、延伸探究方法等加以联想拓展。由此，经过实践中的反复和加深，来促进学生主动品质的养成。

"日久成习"，红桥区实验小学教师在每年一度的以培养学生主动意识为主题的教学与活动设计竞赛中，养成了参与特色建设、主动研究的工作习惯。通过赛中推优，即各学科围绕课标、教材，进行教师"育生主动意识"的专业竞赛，评选"专业技能状元""专业技能标兵"，有效提升教师的主动意识培养技能。发展中推新，即对于教龄不足五年的青年教师，开展"新起点、新发展"的交流活动，在说课、做课、基础技能展示中，展现他们的"育生进步点"；在老师们的"品头论足"中，确立他们新的发展点。培中提能，即分年段开展教师技能专项培训，每学期各学科各学段的训练点侧重不同，全面提高每位教师的教学技能，让激情、责任、策略凝聚成适合"每一位教师"发展的"元动力"，从而为学生的主动发展提供一片沃土。

其次，在促进教师主动参与、主动发展方面，学校架构起校本教研的"三维空间"，构建理论、案例、课例的转化机制。"三维空间"指的是主动教育学习交流空间、主动教育实践反思空间和主动教育展示提升空间，实现理论学习"专家引领，专题研究"，备课组学习"骨干引领，理论结合实践"，教师个体学习"同伴互助，自主研究"。凸显主动"魅力课堂""课题研究课""我的主动教育探寻路""课间制作竞赛"等活动的开展，通过优秀教案展、活动设计展、微课成果展、班主任育生技能展等一系列展示，教师参与学校特色建设、主动研究、主动工作的习惯已悄然形成。

（2）注重处理好以下几种关系，促特色形成

①办学理念与办学特色。在办学特色的形成中，办学理念起着指导性、基础性的作用。因此我们注意在办学理念的支撑下，将学校中已具备相当基础的"闪光点"，逐步孵化为"特色"形成因素。

②学校文化与学校特色。在办学特色建设中，学校文化既可以成为学校特色建设的内容和表现形式，同时也是学校特色培育的氛围与环境。让办学特色带动形成学校文化的独具特色，可以使学校形成共同追求的价值规范和办学理念，具有围绕特色而建立起的制度支撑体系和师生行为，才能使学校特色建设落到实处。

③学校特色与学校品牌。特色与品牌有着密切的关系，实践中我们越来越体会到，学校特色发展的终极方向是形成学校的品牌，成为学校一张独特的名片。故此我们注重探寻学校活动中的亮点与亮色，一方面，为学校办学特色的形成提供注脚，另一方面，为学校品牌的形成累积可能。

（二）注重先进理念引领，树立主动教育思想

优秀的学校文化是一种氛围，它熏陶浸染，润物无声；优秀的学校文化是一个引力场，它能凝聚人心，形成合力；优秀的学校文化是最宝贵的财富，是学生成长、教师发展的肥沃土壤。学校文化的建构是学校发展的根本策略，作为校长，要自觉致力于学校文化的建构，用"浸润了先进理念"和"主动教育思想"的学校文化焕发出师生教与学的自觉，充分发挥教师和学生的主体性，在促使他们成为学校主人的过程中不断达成主动教育的学生发展。

红桥区实验小学多年的发展历程积淀了深厚的文化底蕴，我们积极吸纳自身历史发展过程中所形成的先进教育思想、文化传统、

成功的教育方法等，在实现历史传承与未来发展的融合中，凝练出"竞必先行，毅有大成"的学校精神，确立了"把发展的主动权还给学生"的办学理念，坚持"教育是为了充分发展人"的价值观，构建了由基本理念识别系统、组织行为识别系统、视觉识别系统和学校环境文化四部分组成的完整的学校文化识别系统，形成了红桥区实验小学赖以生存和发展的文化特色。

真正的文化基于一个群体对核心价值观的认同、信奉和执行。历经20余载的主动教育探索实践，孕育了学校主动教育的办学特色，每一位实验人从历史积淀与现实追求中把握学校文化的脉络，得到人生的滋养与成长，在对学校文化的认同、坚持与创新中走向文化自觉。学校致力于"主动研究，智慧工作"的教师文化建构，提出了"探究实践 主动研究，反思实践 设点研究，学习理论 深化研究，成果践行 拓展研究"的工作思路，推动学校主动教育特色的发展，让教师的智慧工作成为促进学生主动发展的源泉，为此，我们在三个点上着力。

一是在促进教师教育智慧生长点上着力。以专家引领"输血液"——帮助教师认识教育智慧之本；以名师报告"树榜样"——帮助教师输入智慧精华；以校本培训"增高度"——帮助教师激发智慧内生；以课堂教学、教育策略展示"搭舞台"——帮助教师实现智慧共享。基于此，我们在"两个追求"中提升管理品质：追求有效的管理——于扎实工作之中谋求教育创新；追求高境界的管理——激发教师潜能，于有效教学之中展现教育智慧。与此同时，我们对教师队伍现状进行了"一寻二挖三激"的详尽分析，带领教师实现"五个递进"。教师运用多种策略与方法，引领学生学会做人，学会学习，学会健体，学会审美和学会创造，在"一个心灵唤起另一个心灵"的同时，教师的专业素质、团队精神、教育幸福的价值追求也不断提升。学校有多名教师在全国"创新杯"竞赛中获得佳绩，其中，闫萍、彭馨、齐鹏获得课堂教学一等奖；韩文红获得说课一等奖。学校还开展了教师"师德倡导语"的征集、"教育探求读书之旅"、夯实功底的"三格"培训、"教学策略之我见"

"启智培德学生活动设计"等各项教师专业技能培训,提速教师成长。每年一届的教学节,教师在思想碰撞、技能展示、模式研究、寄语征集等多彩活动中,尽展教学才能;《教师成长手册》《从教纪念写真集》成为教师爱不释手的职业生涯的永久珍藏;连续多年不同主题的师德报告会,展示着教师工作的点点滴滴,在凝聚中振奋人心。这一切都开拓了教师智慧的生长点,促进了教师智慧的生成与生长。

二是在引领教师寻找研究点上着力。我们一直本着"将大课题分解成小课题,让小成果产生出大效益"的校本科研原则,从教育的困惑与问题出发,从教师教学反思所归纳出的共性问题出发,从学生对课堂的需求出发,梳理出四个板块的反思题,并提炼拟定出若干微型课题,涵盖了主动教育由形式到方法,由学生心理激发到主动能力架构的多个层面,通过研究经历及研究成果的推广,使主动教育的办学特色不断丰富。通过课题研究,教师共同追求团队目标,交织出了"小题大做,小题实做,小题细做,小题合做"的精神旨趣,唤起了教师的"和谐精神",形成了教师的"合作文化",在分析、解决问题中提升了工作品质,让课题研究焕发出不可思议的智慧与力量。

三是在激励教师探求突破点上着力。在"把发展的主动权还给学生"这一办学理念的指导下,紧紧围绕"聚焦课堂增效,活化主动教育,促进学生全面发展"的工作重心,同时也为了实现真正意义上的学生主动学习,我们花大力气探索如何更好地在学科教育中培养学生学会学习并提高其主动学习能力,在前期主动教育的研究经验基础上反思、改善,进一步提出了主动教育"探究式五环节"教学模式。该模式以"定向、激趣→引议、启学→探究、导思→训练、延伸→反思、改善"为基本框架,促进和发展学生辨疑、思维、运用三种能力,使教师在"结合自身特点,还学生课堂学习的主动权"中找到各自的突破点,教师对课堂增效进行教什么、怎么教、怎么学的系统研究。学校开展了"点状展示交流课"活动,引导教师展示"点",研究"点",激励教师教,学生学个性特色的彰显。教师进行深层探究，做到"点小、深究、效高"。学校本着"自主、坚守、拓展"聚焦课堂工作主题，将教学工作的重心定位于"轻负高质，赢在课堂"。在"夯实常规 有效提升，高效课堂 精心研究，凸显模式 互动交流，推广策略 转变视角，以学评教 严格监控"的工作环节运行中，不断生长出"教师的内生力量"，使之成为聚焦课堂，提升效率，推动教学改革的动力之源，通过高效课堂的探索实现学校深层次的减负提质。

"学习、研究、改善、发展"的变式成为教师主要的工作思路，"实践＋研究＋反思＋经验＋分享＝成功"的模式使教师在主动研究和智慧工作中不断成长。学校现有27位中学高级教师，5位"名班主任"，12位区级名师，10余位教师获得了天津市近三届"双优课"一等奖。天津市劳动模范、市级师德先进个人、市级优秀班主任、天津市优秀教师、红桥区十大杰出青年……各种荣誉接踵而来。对于幸福的教师而言，教育不仅是瞬间，而且是永远，红桥区实验小学的教师，就是幸福地走在这条充满希望与成功的教育路上。

（三）将校园生活课程化，打造特色课程

红桥区实验小学从依法办学，有利于师生发展的角度提出了"把发展主动权还给学生"的办学理念，以着力办好人民满意的教育为核心，坚持"落实课程，深化研究，求真创新，全面提高"的工作方针，提出并践行了"四个统一"的工作思路。即在课程计划执行工作目标上坚持国家课程、地方课程和校本课程的统一，在教育内容上坚持规范教学与创新教学的统一，在课程管理上坚持规范科学管理与师生参与建构质量评价体系的统一，在教育方式上坚持围绕办学理念和办学特色，同时相应地融合与提升学生的"两自"（自立、自律）能力和"三树立"（树立学习好习惯，树立健康思维习惯，树立克难与研究习惯）精神，积极探索将校园生活课程化，打造特色课程。

首先，建构门类多样、特色鲜明的校本课程体系。红桥区实验

小学校本课程体系共分为三个系列。一是以核心价值观形成为切入点，开发德育校本教材，主要包括思想品德与习惯培养；科学视野拓展；传统文化的了解与进入。如"思想品德与习惯培养"系列校本教材的编写，以学生的认知与操行能力为依据，以爱国爱党，尊敬他人，敬畏自然，树立美德为主要内容，依学生认知水平确立内容层次，分为低年级、中年级、高年级三册。二是以学科课程标准为依据，开发学科校本教材。如《拓展阅读》《曼妙数学》《足球》《益智英语》等。三是与主动教育特色相结合，研发特色校本教材。如经典品析、绘画、剪纸、泥塑、棋类、诗作等。在校本教材的编写上，我们注重其科学性、规范性、系列性的体现，依据学生的年龄和认知水平，组织教师编写，由专家指导修改，最后形成了系列校本教材。

其次，我们注重落实综合实践活动，以学生每天"自主十分钟"为基础活动平台，广泛利用社会资源，组织学生开展研究性学习，如组织学生开展节水调查，到公园进行动物保护相关情况调查等。在保证活动课程课时和质量的同时，做到社会实践活动每学期都有主题内容，有活动方案，如到养老院做义工，为公园抢救东北虎捐款，将自主编写的规范歌谣及提示语张贴到社区和班级等。与此同时，红桥区实验小学还坚持每周安排丰富多彩的学生社团活动。红桥区实验小学共有20余个学生社团，包括国画、围棋、剪纸、足球、拉丁舞、泥塑等内容。红桥区实验小学不仅坚持开展学生社团活动，而且在确保活动时间、活动地点、确保学生参与率100％外，还建立起了一支专兼职辅导教师队伍。除本校教师外还聘请了红桥书画院的画家，泥人张工作室的专家等担任兼职教师，每周到学校辅导学生社团活动。

最后，红桥区实验小学确保学生每天体育活动不少于一小时，在每天的课间操上学生都会伴着怡情的音乐，做起扇子操、足球操、小苹果操等校园自编操，成为红桥区实验小学一道特有的风景线，得到了来访人士的赞许。

(四) 以德育活动为抓手，注重主动体验

在主动德育教育的学生发展中，我们一直强调要注重学生的主动体验，而且要以研究的态度、专注的精神做好德育教育。

1. 打造"适生"的德育教育活动

我们本着"在活动中育人，在规范中促养成"的原则，开展了"1＋X"教育活动和每月一个好规范的养成教育。例如，我们开展了"程门立雪，做礼仪好少年"的礼仪节活动。活动开展以来得到了全校师生的积极响应，在古今中外的礼仪故事中学到了礼仪的知识，懂得了"不学礼，无以立"的道理。在重温规范谣的活动中加深了对礼仪的标准理解，懂得了"少成若天性，习惯成自然"的真谛。从一份份方案中看到了老师们的精心设计和学生们的热情参与。从家长的反馈表中我们也看到了学生们把礼仪带回家后所受到的家长们的大力赞扬。一位家长在家长调查表中这样写道："这个活动很好，我们家长也会积极配合学校的活动，让孩子发挥自己的潜力，做一个更加懂事，懂得感恩，懂得回报的好孩子。在此感谢学校的老师们，老师们辛苦了！"不仅学生们受益，还拉近了和家长的距离。再如"精忠报国，做爱国好少年"活动。学生们利用自主十分钟时间开展了讲故事、谈感受、传精神、树榜样活动。一个个革命故事，充盈着革命精神和英雄伟绩的感动；一份份真情实感，在学生们心中激荡。我们以"我是向上向善的好队员"为主题，把听到故事的感受以图文或手抄报的形式进行展示。一张张色彩鲜艳的手抄报，表达着学生们的爱国热情。在"商鞅立木，做诚信好少年"活动中，学生们利用自主十分钟时间开展诚信知识知多少活动，了解诚信故事、诚信名言、诚信成语、优秀人物等，重温《语言规范谣》，开展礼貌言行征集活动。在学生们上交的180多条诚信用语中，最终投票选出10条他们自己喜爱的最具儿童特点的优秀用语，起到了让学生们在收集、学习、评选过程中达到加深、理解和提升的作用。"节俭力行，做勤俭节约的好少年"专题，通过开展"三个一"活动，让学生在每周一个勤俭小故事中学习名人

名家的节俭做法，懂得勤俭节约的重要性。在观看《奢侈的垃圾》中让学生感悟当今社会真的缺乏勤俭节约的精神。在一次光盘行动中，让学生们亲身体验粒粒皆辛苦的来之不易。

2. 构建"适生"的德育教育模式

我们依据学生的年龄、心理及实际特点，构建了不同段的适生德育教育模式，如低年级段的"四段八步"德育模式，中年级段的"问题体验型"德育模式，并督促班主任践行模式，交流和分享践行过程中的心得体会等。

低年级段的"四段八步"德育模式，强调低年级学生的德育活动应以学生的经验为基础，创造相关情景，引导学生亲自发现问题，体验并解决问题，用他们的头脑获取知识，增长能力，提升品质。该模式操作的艺术在于注重启发式教育，强调运用启发式教育于学生主动参与辨析、认识、实践、验证学习全过程的五个互相，即互相说、互相看、互相辩、互相帮、互相评。

中年级段的"问题体验型"德育模式，是针对小学中段学生认知能力和理解能力相对较弱，但好奇心和模仿欲相对较强，喜欢自己尝试，乐于服从指导，易于形成习惯的年龄和心理特点而设计的一种适生的教育模式，即在教师的精心组织下，让问题作为德育的纽带，以问题为中心组织德育活动，引导学生参与、体验和辨识，从而不断内化道德认知，滋养道德情感，调适道德行为，达到自我教育与自我塑造之目的。

3. 在活动中注重过程体验，帮助学生在感知中成长

为了培养学生的感恩情怀，拉近师生间、家长与孩子间的距离，在"校园温馨日"活动中，让学生将亲手制作的精美且写有温馨话语的卡送给老师、家长、同伴，老师用他们的方式表达对学生的温馨问候，家长用他们的方式表达对孩子的爱，一句温馨暖言、一个爱之动作，浸满的是感动，弥漫的是快乐。教师节开展的"四个一"活动，即一首教师节的歌曲、一张师生画、一张祝福卡、一句祝福语，融入感恩的件件精美作品，体现着师爱中的感动。为了使学生们安全且愉悦的度过课间十分钟，学校开展了"课间小游

戏"征集活动,让学生们在实践体验中,找寻最适合课间开展的小游戏,经过层层筛选,最终筛选出六个小游戏。精心制作成的游戏集,让班级在借鉴中改变课间的秩序及面貌。学校开展的"我讲你听"活动,学生用身边小事自豪地宣传班级风貌,弘扬了班级精神。此外,还带领学生到校外参与体验。走进利民调料厂、万寿家食品厂了解食品加工的过程,向工作人员咨询相关问题,这些都丰富了学生们的课外知识;走进绿色蔬菜基地,让学生了解蔬菜生长的过程,知晓种植人员的辛苦,在采摘中感受乐趣和体验成功。

在这些模式的具体应用过程中,我们注重运用模式中的"引导"过程,由老师的行动做表率,利用"激辩"过程,因势利导开展教育;运用模式中的"体验"过程,抓住契机进行教育,使教育结果"内化"为自我需求等。在整个教育过程中老师没有过多的说教而是以学生的"自我完善"为核心,以学生的情感、体验和行为为教育的主体,教师的角色只是学生"发现探究"的促进者。因为,简单的说教不足以触动学生的心灵,只有将发生在学生身边的真实生活再现,营造良好的情感体验氛围,让学生在真实的生活情境中带着问题去感悟、去体验、去经过激烈的思想辨析,才能持之以恒地内化为行为。这正是我们通过模式研究想要收到的最好的教育效果。我们在研究与践行当中也深深体会到了实践出真知,真知育品质的真谛。

(五) 以课堂教学为主阵地,涵养主动品格

"还原学生童真童趣的本真,让学生有更多的自信,更广的锻炼,更多的尊严;还原学生好奇的生命本然,让学生有更多的探究,更多的发现,更多的成功和愉悦。"这是红桥区实验小学在办学特色建设中对课堂教学的一种追求,一种践行。

我们注重开展"两线并行"深化课堂教学改革。

第一条线,用项目开展为教师参与主动教育,提升教学能力提供支持。主要项目包括:第一,明确关注点,以目标引领教师前行。学校明确提出自建要求:(1)培德立品,促进教师最优发展;

(2) 精艺善导，促进教师多元发展；(3) 分层研究，确立教师个体成长的"最佳"路径；(4) 由课题带动，促进教师主动智慧发展。这样，教师们明确了自主努力的方向，也明确了他们在工作岗位上"应该怎样做""怎样才能做得更好"，由此形成自律和自促的思想动力和行为动力。

第二，转换视点，让理念入脑入行。学校将核心概念条理化，对"主动教育实践"这一核心概念做了梳理，形成五个认知。一个思想——做主动发展的人；两个原则——让每一个学生都拥有主动的启迪和主动的快乐，让每一位教师都享有主动实践的激情和主动研究的价值感；三个坚守——激发兴趣，挖掘潜能，促进主动；四个意识——课堂建设要注意"生本、生情、生活、生长"；五个体现——课堂教学要体现"儿童味、学科味、生活味、探究味、主动味"。在数年的坚守和每学期的践行中，教师们找到了工作自律和主动工作的原点，形成了主动思考教学、研究教学的良好态势。

第三，拓展视角，让教师专业成长回归课堂。关注教师成长最好的策略就是回到课堂。实践中红桥区实验小学以"周、月约定"，引导教师步入高效课研中。由教师自主申报约定听课，这其中有青年教师汇报课，骨干教师展示课，还有老教师的指导课，共同研讨主动教育课堂的教学策略。研究主体内容为学情研究与引导，学法研究与落实，教学策略设计与实施，知识落实与拓展，主动学习的牵引与提升，学生兴趣的培养与生成六个方面。其参与展现形式为同课异构、一课多讲、移植与拓展、风格亮相、教研（生研）观点与操作、基于反思之后的自探课等。

第二条线，用教学改革为办学特色创建实践空间。在办学特色实践中，我们注重建构"理论、研究、实践"转化机制，做到以实践中发现的问题为课题，展开"课题研究—实践论证—总结反思—构筑经验"的研究流程建构，由此让办学特色建设进入教师的日常工作，成为教师的一种工作担当。

一是以生为本，下功夫打磨教学细节。在办学特色建设中，我们以"从细节抓起，发力在过程"为工作关键点，从学生学习需求出发，提出了由"激活兴奋点，紧扣中心点，突破疑难点，明确切入点，理清知识点，培植主动发散点，找准训练点"的"七点进入"展开教学改革，"七点进入"已成为红桥区实验小学教师备课、教学设计之必需，成为学生在课堂学习中由被动走向主动的桥梁，成为学校推动课堂教学改革和主动教育渗透课堂学习的评价依据之一。由此，主动教育进入教与学领域的研究之路也逐步走向深入。

二是改革创新，构建凸显主动教育特色的教学模式。为将主动教育推向更高层次，我们于2010年秋季经学校提案，专家指导，学校领导及教师研讨几个历程的修改、完善，完成了"主动教育探究式五环节"教学模式和与此模式相配套的教学策略等操作要素的建构，并着手组织实施。在规范教学过程、有模不唯模、创造新模三项原则的遵循中，课堂教学已呈现出这样的特色："一个主体"，课堂教学是为促进学生主动发展服务的。"两条主线贯穿教学始终"，一是课堂上师生、生生互为伙伴学习关系，二是以探究为教学活动行为主线。"三种教学方式落实"，其一，以预习导学案为载体，突出学习的自主性；其二，以创设教学情境为核心，突出学习的启发性；其三，以交流互动为方式，突出学习的互动性。"培养四种学力"，即致力于学生自学能力、思维能力、探究能力、运用能力四种学力的培养。

（六）营造书香氛围，浸润主动教育

书香氛围的营造和书香校园的营建，是浸润主动教育的有效途径。俗话说，"知书达理"，"知书"则"达理"，因此，我们主要通过语文教学的改革、校园环境的布置、教室的布置、图书阅览室的布置、"读书节"的创办等来营造书香氛围，浸润主动教育，进而培养主动发展的学生。如通过编写《各年级读写目标指导纲要》和《古诗文背诵导读指南》，激发学生的主动阅读兴趣；为了激发学生主动学习语文的兴趣，我们开展了"诗海拾贝""与诗同行"的学习活动，使学生沐浴在浓浓的书香中，并尝试诗歌创作；在校

园环境、教室和图书馆的布置上，我们也力求凸显书香浓郁、自主管理、主动发展的特点；"读书节"更是激发了学生的阅读、诵读和表演的兴趣。现在，校园里时时飘逸着书香，师生都爱上了主动学习，主动教育在悄然之中结出硕果。

（七）开展快乐活动，丰富主动教育

学生的主动发展，就是要让学生主动地学会做人，主动地学会生活，主动地学会学习，主动地学会创造，使学生成为个性健康、全面发展的人。我们将学生的主动发展和创新素质的培养作为各科教学和各种活动开展的目标。为此，我们通过大量快乐的人人参与的主体性活动和运动，丰富主动教育。如英语特色活动，为了突出英语口语特色，我们将每周三设定为英语日，并利用每周一节的大课间活动作为英语"GO GO 广播时间"，还利用活动时间编排课本剧等，增设活动性较强的，能最大限度地发挥学生自觉性、主动性和创造性的各种活动课程，确保活动落实到位，规范有效；"自主十分钟"活动，要求学生全员参与，目前已经形成了五大类别的特色活动体系：文艺类，有"哆来咪""幽默转台""我说你猜""七色光"等；体育类，有"小裁判""点将台""绝招"等；学习类，有"小博士""玩中学""一分钟演讲""脑筋急转弯""小灵通"等；新闻类，有"知识鸟""智慧树""地域风景线""千里眼"等；校园特色节日活动，有3月"手拉手"爱心节，5月"勤巧手"劳动节，6月"七彩荟萃"艺术节，10月"读书节"，11月"科技节"，12月"欢乐童年"游戏节等。还有其他的多彩教育活动，如编唱童谣、道德法庭、京剧团、棋艺节等。

（八）实现教师主动发展，达成主动教育

教师是所有教育教学改革的决定性力量，是改革成败的关键，同时也是学生受教育成效的直接决定者和影响者。毫不夸张地说，只有有了主动发展的教师，才能有主动发展的学生。我们一直非常重视以教师的主动发展来促进学生的主动发展，达成主动教育的

目的。

一是通过各种途径的校本培训，使教师明了主动发展的重要性和必要性。自20世纪90年代开展主动教育以来，我们一直关注教师的主动发展及其培养，抓住一切可利用的机会，开展多种多样的校本培训，使教师了解为什么要进行主动教育，怎样在具体的教育教学过程中实施主动教育，并且随着实践的开展，对教师的主动发展的要求越来越强烈，教师只有紧跟时代的步伐，不断主动发展，才能在主动教育的践行过程中培养高素质的主动发展的学生。

二是开展"培养和发展主动研究型教师的实践研究"的专项课题。主动教育经过多年的研究和实践，已经成为红桥区实验小学的显著办学特色和独有的文化标志。在此背景下关注与之相适应的教师的培养，发现将教师定位于"主动研究型教师"的发展已成为实践的迫切要求，于是，我们开展了基于主动教育理论框架的"培养和发展主动研究型教师的实践研究"的专项课题，在教师校本培养方面进行深入的研究和实践。研究涵盖了主动研究型教师的提出背景，主动研究型教师的内涵与特征，主动研究型教师的成长，主动研究型教师的教学与科研，主动研究型教师的德育与管理研究，主动研究型教师的校本培养实施，主动研究型教师的评价指标体系，主动研究型教师校本培养典型案例等。我们坚信，通过对主动研究型教师校本培养这一专题研究，一定能够在更高的高度上更好地促进与学生主动发展相适应的主动发展教师的培养。

（九）以精细化管理，深化主动教育

精细化管理是社会分工精细化以及服务质量精细化对现代管理的必然要求。精细化管理的最终目标是对共同文化的认同、支持、维护和创造。我们将精细化管理作为一种理念和文化，并以精细化的师生管理，深化主动教育。管理出效益，我们一直努力通过各种精细化管理，实现师生的主动教育和主动成长、发展，享受自信，收获成功。在管理理念上，我们坚持"以人为本"，注重调动每一位师生的积极性、主动性和创造性；在管理机制上，强调运转高

效,制度建设全面、规范,制度执行严格、达标;程序能级化,管理自主化;在运行机制上,将激励与约束相结合;在管理过程上强调落实。如对教师的听评课管理,注重"定标—明点—评析—生成"四环节基本框架、操作程序、评价等管理模式的构建;对班级的管理,始终探索其有效的自主管理方式和方法;对学生的管理,突出学生自主,满足其自主成长的需要,尊重学生差异,满足其不同层次的需要等。

(十)完善评价机制,活化主动教育

简单地说,评价就是"从特定目的出发,根据一定的标准,通过特定的程序对某个人或某件事做出评论和判断的行为"。主动教育的评价,不仅把评价看作价值判断的过程,而且把评价作为主动教育系统教育工程的一个重要环节,将评价作为调控教育教学,促进师生主动发展的重要手段。主动教育的评价,在评价目的上更加注重追求评价的激励性、建设性和发展性作用,在评价环节上将公正与激励相结合,尤其注重其发展性。

一是与时俱进,改革教师评价体系,完善评价机制,突出对主动研究型教师的评估建构。若没有与时代和实际发展相适应的好教师,主动教育便会失去原创力和可持续发展力。认识到这个迫切任务,我们便开始了对主动研究型教师的评价探索。在充分学习和了解教育政策、教育学、教育评价学相关理论的基础上,我们建构了涵盖主动研究型教师评价的指导思想、原则、方法、内容、指标及实施支持系统的评价体系,为科学、有效、大规模地培养主动研究型教师提供了保障。

二是以评估为导向不断激励教师深化课堂教学改革,制定"主动教育课堂教学操作细则""主动教育创优课标准""主动教育学生学习标准"等。为了保证学生有充足的实践学习活动的时间和空间,要求教师在课堂教学中做到四控制、四充实、四个精心,即控制讲授,充实演示;控制演练,充实操作;控制设问,充实研讨;控制形式,充实内容。精心设计教法,精心设计语言,精心设计板

书,精心设计课堂练习和作业。形成学生已经会的,教师不教;学生能看懂、弄明白的,教师只点拨而不再讲;学生能理解的,就不设问;学生能质疑的,就不提问,把无效环节减到最少。

随着红桥区实验小学主动教育的不断深入发展,我们迈开大步、不停步,利用假期进行学习研讨,对主动教育课堂教学又补充了以下四点要求:(1)学生主动参与要做到六个方面,即参与的状态、形式、方式、广度、深度、时间;(2)着重培养学生良好的学习习惯,学习品质;(3)严格进行学习技能训练,按年级循序渐进,逐年提高;(4)当堂知识掌握率达90%以上。任何一种教学模式都不能包教包会,学生有差异,教无定法,尤其是不同学科有着不同特点,这就要求我们在实施"主动教育课堂教学模式"时,既要遵循基本模式,又要重视深化研究,有所变化。我们充分重视"变式"的作用,初步形成了一些学科的教学模式。如英语教学的"五环教学",语文教学的"识字六步法",阅读自学"五步十环"学习程序,音乐教学的"审美唱游法",美术教学的"想象创造法",自然教学的"启发创造法",数学教学的"两步三环法"等,教学效果十分明显。

第四章

主动教育的教师发展

21世纪以来,伴随着素质教育的深入实施,我国的教育发展进入了新的历史时期。深化教育改革,全面实施素质教育,启动新一轮基础教育课程改革,加强创新型人才培养,实现教师专业化发展,培养专家型教师等一系列教育改革政策和措施陆续推出。教师是教育改革的实践者和实施者,他们身处学校教育教学的第一线,是教育教学实践活动的主要承担者,与学生以及教学活动保持着最密切的接触,处于发现问题、诊断问题和解决问题的最佳位置,也即教师的综合素养在很大程度上决定了人才培养质量。

新课程要求教师由"教书匠"转变为研究者,因此,教师必须通过改变自身角色的定位,来适应教育的不断发展与改革之需;必须以研究者的眼光分析教育教学问题,这样才能发挥教育科研在教育教学中的重要作用。学校教育科研的目标,归根结底是提高教师的教育教学水平,主动教育的发展需要培养主动研究型教师,进而培养出具有科研素养和创新精神的学生,达到"科研兴校"的目的。

一 主动研究型教师的内涵与特征

我们将从主动研究型教师的内涵与特征着手进行剖析,以便对其有更加全面和深入的理解。

(一) 主动研究型教师的内涵

当前,"主动研究型教师"对教育理论界以及教育实践工作者来说并不陌生,但是关于其概念,目前还没有特别明确的定义,国内外许多专家学者从不同方面对"主动研究型教师"的内涵进行了阐述。

国际上一般用"teacher as researcher"来描述"主动研究型教师""教师即研究者"。早在1926年,博克汉姆(Buckinghanm, B.)在《教师的研究》中便提出,教师应成为研究者,他指出:"如果教师能够抓住研究的机会,那么不仅能够迅速有力地发展教育科学技术,还将让教师的工作获得生命力和尊严。"[1] 英国课程论专家斯腾豪斯最早提出"主动研究型教师"这一概念,他在《课程研究与教师发展导论》中提出,教师是研究者,应当参与课程开发。他指出:"如果要使教学得到巨大的改进,就必须形成一种可以使教师接受并有助于教学的研究传统。"[2] 他鼓励教师成为批判地、系统地考察他们实践的研究者,他认为,课堂是检验教育理论的理想场所,主动研究型教师是作为检验理论的角色参与到课程的研究和开发中的,他的"教师即研究者"的思想在世界范围内产生了广泛的影响。20世纪80年代以来,教育改革在世界范围内纷纷展开,教师成为研究者不仅是口号,而且在许多国家展开了一场运动。皮亚杰从中小学教师的专业地位方面认为,教师应参与到教育科学研究中;著名教育家苏霍姆林斯基则从教师工作幸福感层面阐述教师应该从事教育研究,他曾说:"如果你想让教师的劳动能够给教师带来一些乐趣,使每天上课不至于变成一种单调乏味的义务,你就应当引导每一位教师走上从事研究这条幸福的道路上

---

[1] S. Corey, Action Research to Improve School Practice, Teachers College, Columbia University, 1953, 20.

[2] 斯腾豪斯:《课程研究与教师发展导论》,教育科学出版社1990年版,第73页。

来。"① 他还认为，教师的劳动本来就是一种贴近科学研究的创造性劳动。

在我国，自改革开放以来，随着"科教兴国""人才强国"战略的实施，"科研兴教""教师专业发展"的思想越来越为人们所接受和认同。陆有铨认为，主动研究型教师"不仅是教育工作的实践者，还应成为教育理论的探索者，成为有反思能力和创造性的实践者"②。施良方、崔允漷提出，教师的新形象是研究者，研究者应具备"拓展的专业特征"：能够将他们对教学实践的质疑和探讨作为基础，具备研究教学实践的信念和技能，并在实践中有意向质疑和检验教学理论，愿意接受其他教师或研究人员观察他的教学实践，并就此进行讨论。③ 赵敏认为，主动研究型教师是指"在具有多元知识结构和娴熟教学技能的基础上，还具有一定的科研意识和科研能力，乐于在教育实践中不断地探索教育规律和教育方法，并能自觉运用先进的教育思想和方法提升自身的专业化水平的教师"④。综合这几种观点可见，主动研究型教师不仅要在实践中反思探索，还要敢于突破原有的理论，敢于创造更适合教学实践的教学理论。

还有一些观点认为，主动研究型教师更要注重在教学实践活动中发现问题，进行反思性教学，做研究。如叶澜从研究型教师应具备的能力角度，解释了主动研究型教师的内涵，认为教师的研究能力表现为教师对教育教学实践活动的反思能力，善于从实践活动中发现问题，发现新世界现象的意义，对日常的教育教学工作能够保持敏感和探究的习惯，不断地改进他们的教育教学工作并能够形成理性的认识。教师研究能力的深层次发展，是指"对新的教育问

---

① [苏] B. A. 苏霍姆林斯基：《给教师的建议》，杜殿坤译，教育科学出版社1984年版，第62页。

② 陆有铨：《时代呼唤研究型教师》，《杭州师范学院学报》2002年第1期。

③ 施良方、崔允漷：《教育理论：课堂教学的原理、策略与研究》，华东师范大学出版社1999年版，第78页。

④ 赵敏：《怎样成为一名研究型教师》，《江西教育》2007年第7—8A期。

题、教学思想、教学方法等多方面的探究和创造能力,能够结合多方面的知识经验,综合地创造性地解决新问题的能力。"① 她将教师的研究能力分为两个层次:一是对教育教学实践的反思能力;二是解决问题的探索创造能力。

虽然关于"主动研究型教师"内涵的陈述各有不同,但是其基本观点是一致的,即均将研究素质与研究能力视为主动研究型教师的核心内容,认为主动研究型教师不仅需具有较为丰富的教学经验,同时还应具有强烈的研究意识和研究能力。

综合前人关于主动研究型教师的认识,笔者认为,主动研究型教师是针对那些因循守旧,教学方式和内容长期不变,只求本分地完成基本工作任务的经验型教师而言的。它指在主动教育理论的指导下,具有一定的科研意识和科研能力,掌握科学的研究方法,主动把研究作为教育教学工作的常态,善于以研究者的眼光审视和反思教学实践中的各种问题,在课堂上提炼研究课题,自觉通过科学的、系统的、专业化的研究探索教育教学规律,努力提升自身专业化水平的教师。主动研究型教师的共同特点是把课堂看成是研究的主阵地,把课堂上的问题看成是研究课题,把课堂教学行为看成是研究本身,而这也成了他们区别于专业研究者的最重要的特征。

通过对这一概念进行完整的分析可以看出,主动研究型教师的含义至少应具备以下几个方面的内容。

1. 有一定的先进教育理论作为指导

教师必须在科学的教育理论指导下进行教育教学活动,在这一过程中不断获得发展,主动研究型教师也不例外。在这里主要是指主动教育理论,即如前文所述,主动教育是运用教育影响,充分发挥学生主体作用的一种教育,其基本内涵是优化教育教学条件和过程,鼓励、引导学生积极主动有效地参与到教育过程中

---

① 叶澜等:《教师角色与教师发展新探》,教育科学出版社2001年版,第19—20页。

去，增强学生主体意识和自我意识，充分相信学生，尊重学生，教会学生主动地教育自己，发展自己，成为全面发展的有健康个性的人。

2. 具有教育科学研究的意识和能力以及科学的研究方法

主动研究型教师要在教育教学和研究活动中树立科研意识，时时刻刻想到从研究的视角进行教育教学，把教育教学中的现象和问题抽象成可以研究的科研问题。不断在研究中形成一定的研究能力，并掌握简单常用的教育科研方法，用科学的理论和方法指导研究，而不是仅仅凭借经验去做出总结。这是主动研究型教师与一般经验型教师最重要的不同之处。

3. 具有较强的批判反思能力

主动研究型教师具有对他们的工作进行自我批判反思的能力，它是指教师以其教学活动过程为思考对象，来对他们做出的行为、决策以及由此所产生的结果进行审视和分析，他们把研究日常的教育教学作为常态，使教育教学工作与研究融为一体，并学会在研究中主动探索和总结教育教学规律和学生成长规律。主动研究型教师的自我批判反思能力不但是培养学生自我批判，具有研究和创新能力的前提，也是教师自身成长的重要过程和方法。

4. 促进自身专业化发展是其最终目的

主动研究型教师要通过主动研究来促进专业化发展，实现自身专业化水平的提升，从而实现学生的发展。因此从这种意义上说，主动研究型教师要把促进专业化发展作为最终目的。这就需要教师在教育教学中富有批判思维和创新精神，具有终身学习的意识和能力，不断超越自我，以促进自身的专业发展及成长。

（二）主动研究型教师的特征

主动研究型教师对于教育教学的规律和原则有着较为深入的了解和把握，他们在教书育人的同时，坚持教学科研一体化，自觉进行教育研究，对教育科学理论有着执着的追求，是教师成长的高级阶段。他们强调教师既要有主动发展的意识和能力，又要自觉承担自主成长的责任。主动研究型教师具有如下特征。

1. 主动研究型教师是教研一体化的探究者

主动研究型教师坚持在教学实践中进行研究，注重教学与研究工作的有机结合。长期以来，人们似乎习惯了对研究的这种理解：研究是专家、专业研究人员的事，他们的研究成果向教师推广，然后再由教师接受和实施，即"研究—开发—传播—采用"模式。而主动研究型教师拥有教学和研究同步进行、相互联系、相辅相成的整体观念，他们注重二者的有机结合，是教育教学活动的实践者和研究者，他们坚持走教学和科研一体化道路，既实践教育工作，同时也探索教育理论。

只有通过理论的学习与探索，教师才能不断加深对于教育本质、教育价值、教育实践等重要问题的理解，而这种对理论的理解才能在实践中转化为具体的操作。但是，教育理论作为人的思维活动的产物，它的正确性不是绝对的，需要由教育实践来检验。主动研究型教师立足于教学实践并改善教学实践。同时理论知识的不断丰富和完善也进一步加速了他们成长成熟的过程。

2. 主动研究型教师是教育活动的创造者

学生素质和教师水平的提高，最终都依赖于教师创造性的发挥。如果教师不开展科研活动，不进行教学创新，只是认认真真地教书，做一个忠实的"教书匠"，那么他的行为就不符合素质教育的要求，就与基础教育改革的目标背道而驰，也不能够培养出综合素质达标，具有一定创新能力的合格学生。

教师身居教学一线，站在教学改革的最前列，由于教育与教学情境是千变万化的，教师遇到的事件是新鲜的、不重复的，因此，教师需要因时、因地、因人的不同来处理多种事件，这是教师职业活动创造性的生长点和出发点。21世纪的教育需要培养具有创新意识和实践能力的学生，作为主动研究型教师，其创造性不仅直接为教育服务，还以他们创造性研究、创造性教学、创造性活动为学生树立了创新的榜样。他们不断向学生展示最新的研究成果，使学生能够在研究性的学习中成长，完全沉浸在创造与探索性的氛围之中，从而产生强烈的求知愿望和探究精神。

3. 主动研究型教师是教育行为的反思者

孔子曾说："学而不思则罔，思而不学则殆。""温故而知新，可以为师也。"可以看出，反思不仅与学习是密不可分的，而且是创新的必要条件。

主动反思是教师成长的重要途径，同时也是人的重要思维品质和思维能力，是教师创造的基础。美国心理学家波斯纳指出，如果一个教师仅仅满足于获得经验而不对所得经验展开深入的思考，那么即便是有20年的教学经验，也许只是一年工作的20次重复，除非善于从经验反思中吸取教训，否则就不可能有什么改进，将永远停留在一个新手型教师的水准上。他给出了一个教师成长的简单公式：教师成长 = 经验 + 反思。它清楚地揭示了一个教师的成长过程离不开不断的反思。反思不仅仅是头脑内部的想一想，也是一个不断实践、学习、研究的过程，是自己与自己、自己与他人的深层次对话，要想成为一名有效教师，扎实苦干的精神和态度是基础，而学会不断地自我反思则是发展自我的必由之路。

面对教育中不断出现的新问题，主动研究型教师只有反思自己的教育教学行为，才能更好地解决教育教学工作中的问题，提高教育教学质量。教师的反思也是教学创新的基础，创新又是快乐的源泉。"教师反思自己的教育教学行为会对学生产生感情，更会使自己品尝幸福。"① 教师的自我反思能力有利于培养学生对学习的自我反思意识，是学生进行研究性学习和创新能力培养的必要条件。我们所说的"反思"，不是一般意义上的"回顾"，而是以一个研究者的心态和眼光去审视、思考、分析、探究他在教育教学过程中所存在的各种问题，具有研究的性质。不论是在学习过程中还是在教学过程中的主动反思，以及不论是在研讨中还是在论文修改中的反思，都能帮助教师及时发现问题，从而探索

---

① 沙凤林：《略谈研究型教师的四种能力》，《河北教育》（教学版）2012年第7期。

出解决问题的方法,并把它内化为教育经验,为他以后的教学所用。教师通过主动反思,可以将先进的教育理念转变为实际的教学行为,将获得的专业知识和技能运用到实际教学之中,改善教育教学方法,从而促进学生的发展。主动研究型教师只有通过平时的教学反思活动及科研反思活动,及时调整他们的教学方式方法,才能使教师的教育理论、教学能力、教学水平等各方面能力得到螺旋式的发展。

二 主动研究型教师的素养结构

主动研究型教师是教师发展的高级阶段,与经验型教师相比,既有相同之处,又有一些差异。相同之处是,二者都从事教育教学活动,都要进行备课、上课、辅导、考试等教学实践活动。不同之处是,主动研究型教师积极参与教育科研工作,有能力从事教育科学研究工作。主动研究型教师应具备的素质结构内容主要包括以下几个方面。

(一) 先进的教育理念

教育理念是教师在教育教学活动中逐渐形成的自我定位和对教育质量、学生成才标准、师生之间关系以及课程等方面的基本态度和看法。教师日常的教学行为和教育态度归根到底都潜移默化地受其自身教育理念的影响。因此,教师应在现代人才观、质量观和以人为本促进学生主动发展的教学观的指导下,组织实施教育教学活动。

1. 教师观

教师不应当按照传统思想来"解读"新一轮课程改革的内容,而是应领会主旨并把新的教学理念渗透到教学活动中。随着知识经济和信息化社会的到来,学生获取知识的途径和方式越来越多元化,教师更多的是激励学生思考。"教师越来越成为一位顾问,一位交换意见的参加者,一位帮助发现问题的人,而不是拿出现成真理的人。"① 教师只有具备了这种观念，才能做学生生活的导师和道路的引路人，才能鼓励学生独立思考。

2. 学生观

学生观是教师对学生的态度和基本看法，它将直接影响到教师的教学方式和学生的发展。学生是具有个体独特性的存在，美国发展心理学家加德纳的多元智能理论认为，人的智力由逻辑数学智力、语言智力、身体运动智力等九种智力构成，这九种智力在每个人身上以不同的方式、不同的程度组合存在，使得每个人的智力都各具特色。因此，从培养各种规格人才的角度出发，教育的作用不是消除差异，而是承认差异，尊重差异。这就要求教师在施教和管理的过程中，充分信任学生，抱有积极的期望，努力发现学生身上的闪光点，发挥学生的潜能，以积极的态度面对有差异的学生，实施有差异的教育，促进全体学生的发展。

3. 课程观

教师的课程观就是教师对课程的基本认识和看法，不同的课程观会产生不同的教学观。长期以来，很多教师持一种比较狭隘的课程观，把课程等同于教材，教师成为课程教材"执行者"的代名词。今天，课程逐渐从专制走向民主，从学科走向学生，从封闭走向开放，新课程改革提出了"三级课程与管理"的课程开发模式，即教师是实施课程的主体，而课程改革的理念需要先通过教师的理解和内化，再应用到课堂教学上，这样才能将课程更好地转化为现实的教育效果。在这种模式下，教师和学生就成为课程有机构成的一部分，并都是相互作用的主体。

现代课程观要求主动研究型教师在教育教学的各个领域积极进行开发与创新活动。在实践中，教师首先要积极地创造各种丰富的教学活动。通过在教学活动过程中帮助和引导学生，为提升学生的学习能力和对生活的感悟能力创造机会，并关注全体学生的发展，

---

① UNESCO：《学会生存——教育世界的今天和明天》，教育科学出版社1996年版，第108页。

呵护他们的学习情感，使全体学生都能在课程学习中获得不同程度的发展和进步。

其次，教师要努力创设愉快的学习氛围，倡导实践参与及合作学习模式。通过激发学生的主动参与意识，提高他们的兴趣，坚定他们的学习意志，使他们自觉地学习，从而充分发挥他们的主体作用。

同时，教师也应不断提高自身修养，注重他们的育人影响作用，坚持"以人为本"构建和谐课堂的理念。在教师自身修养的影响下，通过构建充满活力、和谐的课堂，以趣激学，积极调动全体学生参与，鼓励学生张扬个性，启迪创新思维，促进学生全面的发展。

4. 教学观

教学观是教师对教与学的基本态度和看法，它对教学活动具有根本性的影响。在传统的教学中，它表现为以教为中心，以教为基础；教师是知识宝库，是有学问的人，没有教师对知识的传授，学生就无法学到知识。教师是课堂活动的主宰，所谓教学也就成了教师将他们拥有的知识传授给学生的过程。这种教学使学生丧失了思考、诘问、评判和创新知识的能力，造成对学生潜能的扼杀和个性的摧残。

主动研究型教师的教学观强调教学过程是一个师生交往、共同发展的互动过程，是师生对知识的共同探究过程，它强调教学过程中师生之间的相互交流、沟通、启发和补充。在这个过程中教师与学生分享经验和知识，交流情感和体验，以求得新的发现，进而实现教学相长和共同发展。同时，教师的专业水平也得到提高，与此相适应，教师角色也发生着转换，由教学中的主角转向"平等中的首席"，由传统的知识传授者转向现代的学生发展的促进者。

（二）扎实的教学能力

主动研究型教师的能力具有多样性，主要包括教学反思能力、教学监控能力和教学探究能力。

1. 教学反思能力

自我反思是主动研究型教师最基本的力量和最普遍的形式，同时也是教师专业发展和自我成长的核心因素。面对教育中层出不穷的问题，教师只有时刻反思他们的教学行为，才能不断更新教学观念，改善教学行为，提升教学水平，同时形成他们对教学现象、教学问题的独立思考和创造性见解，本质上是一种理解与实践之间的对话。

反思有多种途径：第一，写教后记或教学日记。在课堂教学结束后，教师应对当天上课的总体情况进行反思，包括方法运用是否恰当，是否达到预期目标，学生是否积极参与课堂教学，从哪些方面可以使课堂教学变得更加完善等。第二，每周一结。总结一周的工作，记录他们在课堂教学中的得失并思考解决的办法，只有不断进行总结，才能查缺补漏并不断走向成熟。第三，开研讨会。发挥教研组的功能，针对教师在课堂上所遇到的问题进行分析、讨论，共同探讨解决办法。

2. 教学监控能力

所谓教学监控能力，是指教师为了保证教学的成功，达到预期的教学目标，而在教学的全过程中，将教学活动本身作为意识的对象，不断对其进行积极主动的计划、检查、评价、反馈、控制和调节的能力。这种能力主要可分为三个方面：一是教师对他们教学活动的事先计划和安排；二是对他们实际教学活动进行有意识的监察、评价和反馈；三是对他们的教学活动进行调节、校正和有意识的自我控制。[1]良好的教学监控能力表现在以恰当的教学策略来应对教学情景的变化，使师生得到更好的沟通上。由此，教师对教学活动的认识更加清晰，对他们教学活动的评价、反馈更为客观准确，能更自觉地调节和改进他们的教学过程，使之适合于学生的水平及其发展的要求。它是促使教师从"经验型"向"研究型"转

---

[1] 施莉：《研究型教师的能力构成及其培养》，《宁波大学学报》（教育科学版）2001 年第 5 期。

化的核心要素，也是教师学会如何教，学生学会如何学的关键。

3. 教学探究能力

所谓教学探究能力是指教师带着一定的问题意识，在教学理论的指导下能够发现教学活动中所存在的问题，善于找出合理的解决方法，进而指导教育教学实践，提高教育教学质量和效益的能力。新课程改革的重要目标之一是倡导学生主动参与，乐于探究，勤于动手，培养学生搜集和处理信息的能力，获取新知识的能力，分析和解决问题的能力，以及交流与合作的能力。学生学习方式的变革内在地要求教师探究能力的培养，培养探究能力成为主动研究型教师素质中不可或缺的重要组成部分。

（三）良好的科研素养

研究型教师的培养是一个非常复杂的问题，笔者认为，主动研究型教师应当具有强烈的科研意识和较高的科研能力，掌握有效的科研方法、富有创新精神和良好的合作沟通能力。

1. 科研意识

教育研究源于教师的问题意识，没有问题意识，缺乏探究精神，就难以发现教育教学中潜在的问题，没有问题意识和敏锐地发现问题的能力，就难以改进教学。在教师成长和发展的过程中，必须牢固树立科研意识，养成理论学习的习惯，加强教育研究与教育实践之间的紧密联系，逐步确立"教师即研究者"的观念，提高解决教学实际问题的能力。

2. 科研能力

教育科研能力主要是指教师在教学实践中发现问题并能在教育理论指导下主动对问题进行分析、研究的能力，它是主动研究型教师区别于经验型教师的重要因素。研究型教师善于随时随地观察分析问题，对解决问题能形成合理可行的计划，主动积累和探讨教育科研的方法，经常性地总结回顾研讨的结果，从而进一步指导教育教学实践活动，求得教育教学质量和实际效益的提高。教师的科研能力在教育实践锻炼中可以得到提高，同时这又是教育实践得以向更高形式发展的条件，二者相辅相成。

3. 科研方法

在教育科学研究中，忽视科学研究方法论指导的倾向在中小学教育中严重存在。绝大多数中小学教师改进日常教学的知识凭借经验积累，而不是学习教育科研方法。教师要"秉承科学方法论的指导，以避免盲目的实践和不必要的错误，进而更好地发挥自己的特长，更快地提高自己的科研能力和水平"①。

4. 创新精神

具备了创新意识和创新精神的教师，一般会对现实有诸多的想法，不愿受既往经验、固定模式等条框的束缚。教师创新意识主要体现在创新的愿望和动机上，具体为对新鲜事物有探索的欲望，喜欢探究查明问题的真实性，且愿意积极主动地承担开展有挑战性的教学工作，参与教改活动，能将新的技术、手段、方法运用到课堂上。教育科研是一项极具创造性的认识活动，要培养学生的创新精神，教师就要具有教学创新意识和创新能力。因此，要使教师真正承担起培养人的创新精神和实践能力的重任，就必须不断促进教师从传统经验型向主动研究型转变。

5. 合作与沟通能力

在传统的教学思想指导下，很多教师认为，教学是一种独立性很强的活动。据笔者了解，很多学校所谓的"集体备课"都徒有虚名，这说明很多教师还没有真正意识到集体备课的优势和力量。马卡连柯曾说："在一个紧密联结在一起的集体内，即使是一个最年轻的、最没有经验的教师也会比任何一个有经验和有才干的，但与教育集体背道而驰的教师能做出更多的工作。"② 由此可见，教师之间的合作对教学工作具有非常重要的作用。良好的合作与沟通能力是研究型教师必备的素质，这是他们之间相互支持、真诚合作、

---

① 姚利民：《论教师开展行动研究》，《湖南大学学报》（社会科学版）2001年第2期。

② 傅道春：《教师的成长与发展》，教育科学出版社2001年版，第160页。

共同研究并解决教育教学问题的基础。

三 主动研究型教师的成长

教师的成长与发展是一个连续的、长期积累的过程，有其自身的成长条件、成长阶段以及成长规律。主动研究型教师的成长也不例外。他们能够主动把研究作为教育教学工作的一种常态，以研究者的眼光审视日常的教育教学实践，自觉进行科学、规范的研究，进而促进其自身的专业成长。对主动研究型教师的成长条件、阶段及成长规律的探讨，有助于了解教师成长的关键因素，有效促进教师行为在较短的周期内得到优化。

（一）主动研究型教师成长的条件

主动研究型教师的成长与其自身自由意志主体精神的充分发挥有着直接关系，但它并不是教师的本然品性，其成长需要一定的条件和动力。

1. 教师专业发展的意识和要求

教师专业发展是指教师在他们的职业生涯中不断增强其专业意识，更新其教育观念，提升其专业水平，拓展其专业领域，完善其专业行为，适应新的教师角色的过程。

在教师的专业发展中，教师本人具有自我发展的自主性和能动性，在将外部因素转化为自身专业发展的过程中起着不可替代的作用，特别是教师自我专业发展的意识和要求更有其独特的作用。就人的一般发展而言，自我意识非常关键，因为它意味着人不仅能把握他与外部世界的关系，而且具有把他自身的发展当作认识的对象和自觉实践的对象，人能够构建他的内部世界。只有达到了这一水平，人才能在完全意义上成为发展的主体。教师自我专业发展的意识包括三个方面：对他过去专业发展过程的意识、对他现在专业发展状态和水平所处阶段的意识以及对他未来专业发展的规划意识。具有较强的自我专业发展意识的教师，会在他的专业发展中处于自觉状态，随时保持对他专业发展的关注，经常将教师专业发展的有关理论与自身发展现状相结合，对照他过去的专业发展轨迹和目前的实际提出今后的发展规划，并大胆实践。在实践过程中，自我发展意识会随时进行监控，及时调整教师的专业发展行为方式和活动安排，自觉利用、发现、创造各种机会和条件，争取规划的实现，从而最终获得理想的专业发展。

当教师的自我专业发展意识转化为自我专业发展要求时，就会增强对他专业发展的责任感，对他的专业发展负责。只有这样，才会在实践工作中通过自我反省、自我专业结构剖析、自我专业发展设计与规划的拟定、自我专业发展计划的实施和自我专业发展方向的调控等使他的专业发展永远处于"自我更新"的状态，通过由低级向高级动态发展的循环，不断朝积极的方向发展，促进专业化水平的不断提升。

2. 外部环境和机制

人是环境的产物，离开教师的生活环境，促进教师的专业化发展将会成为空中楼阁。主动研究型教师的发展总是处于一定环境之中的，他们也正是在与周围环境相互作用的活动中获得专业发展的。主动研究型教师的生活环境既包括时代背景、社会背景等大环境，也包括社区环境、校园文化、班级气氛等小环境。

（1）教育政策的推动

教育政策是党和国家为完成一定历史时期的任务所确定的关于教育工作的策略、方针和行动准则。教育政策对教育事业的发展具有直接影响，是学校变革和教师发展的重要向导和动力。自20世纪末以来，我国的教育政策一直推动着教育事业的改革和发展，也推动着教师从"教书匠"到"研究者"的转变。

1999年《中共中央国务院关于深化教育改革 全面推进素质教育的决定》指出，全面推进素质教育，培养学生的创新精神和实践能力，使学生生动活泼、积极主动地得到发展。同时明确提出了对教师政治、思想、道德与业务素质等方面的要求，指出教师要树立正确的教育观、质量观和人才观，增强实施素质教育的自觉性；要不断提高思想政治素质和业务素质，教书育人，为人师表，敬业爱生；要有宽广厚实的业务知识和终身学习的自觉性，掌握必要的现代教育技术手段；要遵循教育规律，积极参与教学科研活动，在工作中勇于探索创新。可见，要实施素质教育，促进学生主动发展，教师必须主动地树立符合时代要求的教育观念，并积极地参与教育研究工作。

为了贯彻执行中央关于素质教育的决定，教育部于2001年颁布了《基础教育课程改革纲要（试行）》，在课程目标、内容、结构、教学方式、评价和管理六个方面进行了全面改革，并在全国开始了实验和推广。基础教育课程改革的具体目标是：改变课程过于注重知识传授的倾向，强调形成积极主动的学习态度，使获得基础知识与基本技能的过程同时成为学会学习和形成正确价值观的过程；改变课程结构过于强调学科本位、科目过多和缺乏整合的现状，整体设置九年一贯的课程门类和课时比例，并设置综合课程，以适应不同地区和学生发展的需求，体现课程结构的均衡性、综合性和选择性；改变课程内容"难、繁、偏、旧"和过于注重书本知识的现状，加强课程内容与学生生活以及现代社会和科技发展的联系，关注学生的学习兴趣和经验，精选终身学习所必备的基础知识和技能；改变课程实施过于强调接受学习、死记硬背、机械训练的现状，倡导学生主动参与、乐于探究、勤于动手，培养学生搜集和处理信息的能力，获取新知识的能力，分析和解决问题的能力以及交流与合作的能力；改变课程评价过分强调甄别与选拔的功能，发挥评价促进学生发展、教师提高和改进教学实践的功能；改变课程管理过于集中的状况，实行国家、地方、学校三级课程管理，增强课程对地方、学校及学生的适应性。

以上具体目标成为21世纪以来我国基础教育课程改革的纲领，直接推动着基础教育的变革。对一线教师来讲，要想适应变革要求，必须主动学习、研究有关课程改革的思想。具体包括课程改革在课程目标、结构、内容、实施、评价、管理方面的基本理念；课程改革所倡导的重要理论，如三维目标理论，自主、合作、探究的教学理论、过程性评价理论以及校本课程理论等；课程改革的理论基础，如活动课程理论、建构主义学习理论、多元智能理论等。教师在学习这些理论的同时，还应思考如何在教育实践中贯彻这些理论，这也对教师的研究能力提出了新的要求。教师只有主动地进行研究和实践，才能使课程改革切实、有效地发生。事实也证明，课程改革极大地推动了广大教师的专业发展，而教师专业发展的重要体现就是其教育研究能力的提升。

2010年《国家中长期教育改革和发展规划纲要（2010—2020年）》指出，创造有利条件，鼓励教师和校长在实践中大胆探索，创新教育思想、教育模式和教育方法，形成教学特色和办学风格，造就一批教育家，倡导教育家办学。可以看出，新时期国家非常重视专家型教师乃至教育家的培养。而要培养专家型教师，实现教育家办学，培养研究型教师是基础，因为真正的专家型教师和教育家往往是从主动研究型教师发展而来的。

可以说，教育政策是教育改革与发展的动力，也是教师成长的动力。从《中共中央国务院关于深化教育改革 全面推进素质教育的决定》到《基础教育课程改革纲要（试行）》，再到《国家中长期教育改革和发展规划纲要（2010—2020年）》都十分重视教师的专业发展，尤其是教师的教育研究。这些政策的导向将为主动研究型教师的成长、成熟创造良好的外部环境。

（2）科研兴校，合作共享的学校氛围

学校氛围是一所学校内部所形成的，对其成员的价值观念、态度、信念、道德规范和行为产生潜移默化影响的心理环境。合作共享的学校氛围，可以促使教学资源的最优化利用及教师之间的良性竞争。

首先，学校要为主动研究型教师的专业发展创造民主、宽松、适宜创造的环境。教师依托学校，学校成就教师。教师与学校的发展是一种互动关系，为促进教师的共同发展，学校应当激发教师与学生质疑问题的探究精神，形成研究氛围。

结合主动研究型教师专业成长的要求来说，当前亟须树立教师专业自主权意识，保障教师拥有个人专业发展自主权。教师个人专业自主即教师依其专业技能来从事教学有关工作时，能自由决定，不受他人干扰、控制。特别是在当前课程改革中，教师不再是"旁观者""执行者"，而是课程改革的"参与者""开发者""研究者"，学校应鼓励和引导每位教师参与教育研究，使教师有机会对教学过程中所出现的问题进行公开自由的讨论，鼓励思维的独立性和创造性，防止任何形式的压制个人专业见解的做法，保护教师研究、创造的积极性，保证教师拥有专业自主权，能形成他们的教育理念和独特的教育风格，使课程改革的过程成为教师专业发展的一个重要途径。

其次，学校要成为学习型组织，提高教师的学习能力。未来的竞争是人才的竞争，关键是人的学习力的竞争。学习力包括学习的动力、学习的毅力和学习的能力，每个成员学习力的提高都不可避免地会带来组织竞争力的提高。当前，构建学习型组织，培养团队精神已成为国际管理发展的潮流。学习型组织的管理理论是20世纪末在知识经济条件下，在现代管理理论与实践中发展起来的一种全新的管理模式。它要求全体成员能全身心地投入学习，有能力不断吸收、处理和运用多种信息，不断改进和创新现有的工作，提升理论层次，提高工作质量和境界。在这样的组织里，学习是前提，思考是基础，创造是灵魂，通过学习促进每位教师不断处于"自我更新"状态，时时踏准时代的节拍，通过思考把握事物的本质，看准前进的方向。学习思考的最终目标是创造，要让每位教师都有创造的意识、创造的理想、创造的要求，在科学的管理制度和激励制度下，教师不仅能勤奋地工作而且能聪明地、有创造性地工作。在实践中学习，在学习中实践，教师间相互启发，相互观摩、剖析，深入交流和探讨，使学校成为教师成长的摇篮。

最后，建立"科研兴校"机制，提升主动研究型教师的专业化水平。"科研"作为"兴校"的手段是以提升教师专业化水平为中介的，传统的学校管理理念要求教师按照学校的规定和教师行为规范去教育教学，倾向于让教师照本宣科和遵循教学常规，教师的视野被狭隘地限定于教学内容和传授方式上,对教师的要求是以"胜任为本",这样的教师可以模仿别人的教学实践,但不能解释这些教学实践背后的原理或理念。而当"科研兴校"作为学校的管理策略来实施时,就对教师的专业水平提出了新的要求,要求教师成为研究者,能在日常工作中发现问题,提出问题,对问题进行分析和诊断,诊断其成因,进行科学的解释,给出解决的办法。这时候,学习、反思就成为必然的活动,教师会被迫进入积极主动的学习、研究状态。随着问题研究的深入开展,教师的知识得到拓展,经验得到丰富,教育的观念得到转变,教育的智慧得以开启,专业化水平随之得到提高。一旦全校教师的科研意识被激发,形成了"科研兴校"的氛围,就有利于教师的角色由"教书匠"转变为"研究者",将教师纳入奋发向上、勤奋学习、积极主动改革和勇于探索创新的发展中,从而促进教师专业化水平的提高,实现教师发展与学校教育改善之间的有效互动。

(二)主动研究型教师的成长阶段

每一个人的职业发展都要经过几个阶段,所处的每一个职业阶段都会影响个人的知识水平和对职业的偏好程度。主动研究型教师成长与发展的阶段性不仅表现在其知识、能力、人格特质上,而且表现在其不断追求自身专业发展水平时有创新意识、自主创造性及自主研究意识上。主动研究型教师的成长与发展伴随其职业生涯的个体社会化过程,在与教育环境的互动过程中,他们不断调整其思想观念、价值取向,丰富其专业知识技能,满足其自身各个不同时期不同层次的需要,从而表现出与特定发展阶段相适应的教师角色行为。简言之,主动研究型教师的发展是一个不断自我更新的过程,其成长大致可以分为以下三个阶段。

1. 适应期

参加工作的前两年是主动研究型教师的适应期。由于刚参加工作,一下子从读书多年的学生转变成教师,很多教师很难在短时间内适应这种角色的反差,不能较快地进入工作状态,许多教师对课堂教学的组织、专业知识的讲授感到茫然无措。在教学方面，由于刚刚走出校门，教学经验不足，需要认真学习教育教学理论等方面的知识，向有经验的教师请教，摸索出适合其自身的教学风格；在科研方面，由于刚踏上工作岗位，受任职年限和专业水平的影响，研究的课题大多是关于如何使其站稳讲台方面的。他们更关注他们在新环境中的生存适应能力，对如何管理好课堂的研究多于怎样教好课的研究。笔者认为，这一阶段是主动研究型教师成长与发展历程中最基础也是最关键的阶段。

2. 成长期

参加工作第3—5年是主动研究型教师逐步成长的时期，在这一阶段，他们已进一步适应和融入了学校文化和教师文化。教学活动和科研工作也逐步走向成熟，具体表现是：完成了角色转换，逐步适应了教师工作，并对教师职业产生情感；建立了良好的人际关系，为师生和领导所接受；在教学方面已积累了一定的教育教学经验，教学基本功日趋扎实，并初步形成了他们独特的教学风格，开始胜任教学工作。

这一阶段是教师教学观念、业务能力、心理素质等形成的关键时期，也是其能否成为骨干教师初见端倪的阶段。在这一时期教师对科研产生了较为浓厚的兴趣，科研水平得到快速提高，有一定的成果，但研究方向还不明确，科研功利性较强。

3. 成熟期

教师参加工作的第5—10年是完全适应学校教学和科研工作的时期，也是教学和科研工作基本成熟的阶段。在这一阶段，教师已有了很深的职业情感，有强烈的事业心和责任感。在教学方面，他们已有良好的心理品质，成熟的业务能力和深厚的教学功底，丰富的教学知识和经验，已基本形成他们的教育理念、教学风格，并成为学科教学的骨干；在科研方面，他们已有很强的科研参与意识，有较强的科研能力和创新能力，并取得了部分甚至是相当数量的科研成果，有些已在他们的学科领域具有一定的影响。

（三）主动研究型教师成长的规律

规律是自然界和社会诸现象之间必然、本质、稳定和反复出现的关系，它深藏于现象背后并决定和支配着现象的发生和发展。万物的发生发展都会遵循一定的规律，主动研究型教师的成长与发展也是如此。在认识主动研究型教师成长发展的条件、阶段的基础上总结、揭示其成长规律，对于加强师资队伍建设，提升教学水平意义非凡。

1. 主动研究型教师的成长与发展是一个主体精神不断发挥，外部资源不断开发，二者优势不断整合的过程

教师主体性的参与和外部环境决定着主动研究型教师成长与发展的高度。首先，教师需要明确自身作为参与主体的角色定位。对于教师职业的认识，并非只停留在"生存型"的存在状态上，教师只有在教育教学过程中找到自身的定位和生命的意义，才会有内心的自由和创新的欲望，才能体会到创造的乐趣，得到自我的发展与提升。其次，教师需要主动地进行创造提升。面对长期的教学实践，教师理应从教学中体验到研究型工作所带来的乐趣，从而实现人生价值，获得人格的升华。教师有主动提升自我和探寻专业成熟的欲求，也就坚定了主动研究型教师成长的信念。

教师主体精神的发挥是主动研究型教师成长与发展的内部因素，那么优厚的物质资源则是其成长与发展的基础条件。这是因为学校教育要培养适应社会发展需求的人才，就必须具有现代化的教育设施和条件。这主要包括完善的基础设施、先进的办公平台、发达的网络和资源库等。另外值得强调的是，和谐的民主氛围、创新的社会环境、良好的学校组织文化、开放的教学空间，对主动研究型教师顺利成长和发展有着巨大的保障和促进作用。

实际上，主动研究型教师的成长与发展需要教师主体意识的参与，不断调整心态和行为，督促其自身的内部因素和外部条件进行开发和整合，为自身的发展营造良好互动的氛围，从而实现自身的成长与发展。

2. 主动研究型教师的成长与发展是一个实践与反思相互循环，层次不断深化的过程

主动研究型教师以审视和反思的态度对自身教学过程进行回顾、检验和批判性的探究，之后将所学的教育理论实践化，将他们所获得的实践经验理论化，从而在多视角、多层面的审视下，在理论与实践的结合点上形成实践性知识。教师反思的过程是一种内省的过程，以反思来提升和丰富他们的实践性知识，对问题刨根问底，对教学活动进行体验、感想和启示，继而探寻创新教学方法，重组教学途径，凝结教育智慧，最终成长为主动研究型教师。

教师在教学中准确敏锐地发现问题，以批判的眼光分析问题，寻找策略解决问题，并在教学实践中对新思想与新策略进行实施、检验，最后反思教学实践，得出新结果和新问题。通过这种"问题—行动—反思—问题"的实践循环，教师自身得到螺旋式的发展，积累了教学经验，获得了新的教学技巧，更新了理论教学观念，继而成长和发展为主动研究型教师。因而，反思是创新的前提，只有通过反思才能明确创新的目标和方向，发现不足，弥补缺陷。因此，主动研究型教师的成长与发展需要遵循实践—反思—再实践—再反思的规律，将反思作为他们开展教学创新的杠杆和武器，继而达到一定的高度。

3. 主动研究型教师的成长与发展是一种渐进累积式的发展，是教育行为不断优化的过程

主动研究型教师的成长与发展不是一蹴而就的，他们的成长与发展是一个持续、长久、无止境的过程，是追求卓越、精益求精的过程，而且它是分阶段进行的。在这个过程中，主动研究型教师的成长与发展是通过教育行为不断优化和创新来体现的。这里的教育行为主要指的是外显的教师课堂教学形式和手段，包括教学方式方法的创新和教师评价的创新，在这里，主要讨论一下教师评价。教师评价是指对教育思想、教学方法、教育内容、教学效果、教学资源利用、专业水平、业务进修、道德水平、人际关系等方面进行的有目的或无目的的价值判断。在教师职业的预期成就和一名主动研

究型教师的成长过程中，教师评价起着至关重要的作用。因此，教师评价既是主动研究型教师成长中一个带有普遍性的影响因素，又是其成长和发展的条件。

在许多地方，用一把尺子来评价所有的学生，教育评价对个体发展的促进性功能逐渐弱化，反而成为制约和控制学生个性健康发展的异己力量。教育评价的本质就是鼓励学生不断超越自我，教师评价作为教学评价中重要的一环，在主动研究型教师的成长与发展中，该如何进行运用和优化呢？发展性教师评价制度是以促进教师的专业发展为目的的，在没有奖惩的条件下，通过实施教师评价，达到教师与学校共同发展、个人与组织共同发展的双赢结果。它始于20世纪80年代中期，应知识创新时代教育的发展要求，英国开始摒弃与之相对的奖惩性教师评价，在各地区和学校推行和实施发展性评价。

王斌华教授认为，发展性教师评价是一种评价方式多元、开放，评价主体多样，评价效果积极的教师评价。发展性教师评价没有绝对的奖励和惩罚，而是创造条件，促进教师专业发展，推动主动研究型教师的成长。可以看出，发展性教师评价主要针对评价方向，考虑过去，面向未来，而不是只着眼于教师的现有发展，更关注教师未来的阶段发展，为主动研究型教师的成长提供"催化剂"。发展性教师评价是教师取向、发展取向的教师评价，注重过程，及时反馈，主张不将评价结果作为奖惩的唯一标准，以此促进教师自觉、主动的发展和成长。

四 主动研究型教师的校本培养途径与策略

主动研究型教师的校本培养，是从教师个体成长和学校整体发展需要出发，由专家协作指导，教师主动参与，以问题为导向，以反思为中介，把培训与教育教学实践及教师研究活动紧密结合起来，充分利用校内外资源，倡导基于学校实际问题的解决，直接推动教师专业发展，以达到"科研兴教""科研兴校"发展目标的一种全员性继续教育形式。红桥区实验小学主动研究型教师队伍建设的总体思路是：以建立师德高尚的教师队伍为先导，以全面提高教师专业化水平为核心，以完善教师队伍管理机制为助力，以建立业务水平高、善研究乐创造的教师队伍为目标，以培训青年教师，培养骨干教师、名教师，提升教师队伍整体素质为重点，实现教师的和谐发展，打造一支实力雄厚、乐教善研，具有实验小学特色的教师队伍。

（一）主动研究型教师的培养途径

主动研究型教师的培养可以通过系统的理论学习、自觉的科学研究、科学的自我反思和相互合作等几个方面来实现。

1. 理论学习是培养主动研究型教师的基础

对学校来说，首先要定期组织全校教师学习教育科学理论知识及各地教改经验，力求把教师的目光由三尺讲台转向国内外教育改革的大舞台，以拓宽他们的视野，加深他们的认识；其次是建立和健全教育科研考评制度，对教师教学实践活动有计划、有步骤地提出科研要求，适时适量地给教师压担子，下任务，定专题，使其将教学与科研结合起来。这样，教师的教学和研究能力便能逐步提高。

对教育科研机构来说，首先应举办教育理论及教育科研讲习班。让教师了解一些教育科学理论，掌握并能运用教育科研方法，使教师提高他们的理论水平和科研水平，在独立从事研究时不至于束手无策。其次要对典型课题进行解剖。通过对某几个典型科研课题的分析解剖，使教师们真正了解到具体研究过程中的操作思路以及应注意的环节。由于这些典型课题都是来自教师身边的教育问题，因而教师比较容易理解和接纳，缩小了科研与教师之间的距离。

对教师来说，以往学科教学所要求他们拥有的知识，主要由专业知识、教育学知识、心理学知识、教材教法等要素组成，其中专业知识居于首要地位。而对于主动研究型教师来说，他们除了要拥有原有知识外，还应有针对性地充电，这些亟须补充的知识主要有与主动教育理论相适应的教育教学理念、常用的信息技术以及教育学、心理学知识等。因此教师应注意搜集国内外先进的教育教学理论以及教育改革的最新资料信息，进行认真学习和消化，把这些理论及信息转化成他们的东西，并付诸教育教学实践，进行研究探索。

2. 开展行动研究是研究型教师成长的现实土壤

教师的教学科研意识和科研能力最根本的还是在具体的教学中形成和发展起来的。理论学习只是观念上的掌握，教学管理只是提供现实的环境条件，主动研究型教师的真正建构是在教师自身活生生的教学活动中实现的，脱离了现实的教学活动的锤炼，主动研究型教师的培养只能是空中楼阁。边研究边实践，一方面可以检验所学理论和经验的正确性、有效性，增强自信心；另一方面又可以发现许多问题，督促其不断学习，不断钻研，不断探索，找到科学研究的正确道路和具体操作方法。

对学校而言，主要是制定教学研究的课题和管理制度，促进教师的研究，调动他们的积极性，给教师的研究以正确的规范和合理的引导。学校可以开展以下几方面的工作：第一，开展争当"主动研究型教师"先进个人活动，制定相应的科研型教师评选标准和办法，在全校宣传、推动；第二，创设主动参与的氛围和条件，做到人人有子课题，人人有课题计划，人人写实验日记，人人有发表的论文；第三，加强实验管理，做到统筹规划。

3. 提高反思能力是主动研究型教师成长的根本

教学反思是指教师以他们自己过去的教学实践活动为思考对象，自觉地对其自身的教学理念和教学行为进行自我审视和分析，从中获得感悟的一种心理活动过程。教育科研则是指教师运用教育教学理论对教育教学现象进行反思和探索的一种研究活动，其目的主要在于提升中小学教师的教育教学理念以便更好地指导教育教学实践。教育科研往往是以"课题研究"的形式出现的，教育科研专家一致认为"问题即课题"。当教师在教育教学实践中遇到了难以解决的问题时，就会从内心形成研究探索解决问题的需求和冲动。因此，教育科研所进行的研究课题从根本上说是源于教育教学实践中所出现的困惑，而这种困惑或问题正是教师对自身教育教学实践活动进行反思的结果。教学研究的本质在于追求更合理的教学实践。对教学实践活动的反思则是教师对合理教学实践追求的动力，因为教师的反思正是不满足现状、锐意进取和探索的表现。由此我们不难看出，教师的教学反思所形成的困惑或问题是中小学教育科研开展的动因和先导，教育科研则是教师进行教学反思的外在表现。离开对教育教学实践反思的教育科研必然是一种"空中楼阁"，是不可能有现实意义和生命力的。

4. 加强相互合作是主动研究型教师的重要手段

中小学教师还应加强教育科研合作，首先要加强与同事之间的合作，营造出一个互相激励、互相支持和互相帮助的科研氛围，学会用集体的智慧来研究和解决教育教学中的问题；其次要加强与地方教研部门和其他学校之间的协作，通过他们的指导和帮助，可以进一步明确其教研方向，丰富其理论知识，提高其研究能力。当然，中小学教师对学生各项素质的全面发展负有重要责任，因而不能在提高自身素质时顾此失彼，而应着眼于整体素质的综合提高，在思想素质、道德素质、业务素质、心理素质等方面成为学生的榜样，通过其一言一行对学生产生积极的影响，达到更好的教书育人的效果。总之，中小学教师只要勤学不厌，勤思不怠，大胆试验，努力开拓创新，就一定能不断提升其教育科研素质，把其培养成合格的研究型教师。

（二）主动研究型教师的培养策略

主动研究型教师的培养是一项长期的、复杂的系统工程，因此，要实现教师从传统经验型向主动研究型的转变，就必须从上到下，在各个层面采取有力措施，组织开展多种方式的教师自培活动，创设浓厚的研究氛围，实现有利于研究活动广泛开展的管理机制。

1. 描绘愿景 规划发展

在学校教师队伍建设工作中，红桥区实验小学通过描绘清晰的学校教师队伍建设发展蓝图，制定教师队伍建设发展规划，确定明确的发展目标，激发教师的工作责任心和进取心，让教师自我设计有目标引领，实践规划与学校发展相结合，感到工作有奔头。在学校队伍建设发展规划的基础上，学校注重教师个体发展方向的积极引导，激励教师产生发展内驱力，指导不同教龄，具有不同优势、不同发展愿望的教师制定个人成长规划，定位教师的个人职业追求。通过教师的不同定位，使学校教师队伍建设形成个性激扬、崇尚研究、智慧工作的百花齐放的局面。

在教师个人成长规划制定后，各学科教师还结合自身实际，制订出个人近期的专业发展计划，指出实现计划的目标与途径，并对学校工作提出建设性的意见和要求，同时学校还要求教师以发展手册的形式，记录个人每学期的工作情况。让教师的个人成长规划和学校工作规划融入教育教学的实践研究，成为教师专业发展的思想引擎，使教师朝着既定目标，在努力的道路上且行、且思、且进，稳步提升个人能力。

2. 建章立制 促进发展

"以人为本，以人的发展为本，由规范走向自律"，一直以来都是红桥区实验小学管理制度建设的出发点。我们结合学校的实际情况，广泛征求教职工的意见，召开教代会，虚心听取和接受教师对学校管理工作的意见与建议，建立有效的教育引导机制。首先以思想教育为切入点，加强形势任务、职业道德教育，使广大教师增强"爱与责任相依"的紧迫感和使命感。其次引导教师树立正确的教育观、质量观和学生观，强化"教育就是服务"的意识，倡导努力争当爱岗敬业、爱生勤业、爱教精业的模范。最后树立"尊重每个人，发展每个人"的人本服务理念，用科学的发展观建立教师评价体系。从思想素养、教学教研基本功、课堂教学水平、教学实绩等多个层面依据教师的现状，分层次提出要求，注重实践，跟踪考核，进而确立学校教师队伍培养的整体框架。

几年来，学校进一步完善和强化《教师教育教学工作量化考核细则》《教师行为准则》所包含的近十项教师规范，落实《教师师德修养八条》《实验小学教师责任状》《师德建设承诺》《骨干教师及学科带头人管理办法》《骨干教师及学科带头人认定标准》等一系列有关教师队伍建设的规章制度。教职工在他们的工作职责和行为准则方面进行自我约束，自我完善，逐步引导其由被动接受约束转变为主动自觉管理。教师受到尊重、信任和理解，自觉遵守规章制度，发挥、调动教师的主动性、积极性和创造性，做到人尽其才，才尽其用。

3. 提供平台 促进发展

在教师队伍建设工作中，红桥区实验小学重视为教师创造学习机会，搭建锻炼平台，营造良好的氛围，为教师的发展扶轮鼓翼，引领教师走向专业化成长。

（1）精抓细究，培德立品，实现队伍最优发展

红桥区实验小学倡导"深化师德内涵，营造教师幸福发展的场文化"，创建了"2+2"师德建设管理机制。首先，创建了两个层级的师德制度：一是制定师德自律制度，让教师明确应该做什么，做到什么程度，强调通过教师自律，将规范逐渐变为自觉遵守的行为；二是制定标杆制度，让教师知道应努力做什么，对全体教师进行激励。同时在管理中做到两个注意，让师德建设切合教师的发展需求。一是"系统设计，长效管理"，既突出师德表现，也关注责任感激发；既有年度考核，也有常态考评；既关注师德细节，也关注形势要求，做到抓好日常，着眼长效。二是"尊重民意，力求实效"，对每一项制度的建立健全，学校都充分尊重民意，征求教师、学生、家长、社会的意见，通过校长会、行政会、教代会的研究确立实施，增强教师对师德制度建设的认同感。

基于此，红桥区实验小学建构了"外因引导，内因提升"的工作策略，积极开展师德教育。一是让教师有"制度面前人人平等"的切身体验。学校为教师提供公正公平的工作环境，教师能以积极的心态投入工作。二是及时捕捉教师的闪光点。在组长会、全体会

上,在干部深入年级组时,善于发现教师的长处,及时给予肯定、激励与宣传,使教师在自我价值实现中找到自信与被尊重。三是营造有利于良好师德形成的氛围。学校开展了丰富多彩的师德活动:以"教育的理想与追求""新时期教师使命"的演讲不断刷新教师的教育认知;以"人生因思想而站立"的读书论坛提升教师的职业素养;以"感恩教育""感怀教育"的抒怀培育教师的教育情结;以教师专业标准的对照反思、细化教师的行为准则;以"实验小学教师每日四问"强化教师的师德意识;以"实验小学五好教师"的评选激励为师的自豪感和责任感;以和谐年级组的创建呈现教师间的互助互爱;以《教师成长手册》增强教师自我主动成长的自觉性;让"从教纪念写真集"成为教师爱不释手的职业生涯的永久珍藏;以连续十年不同主题的队伍建设汇报会,折射出教师奉献的无私、师爱的崇高,在凝聚中振奋人心。四是用活激励机制。学校对教师的劳动成果给予合理肯定和尊重激励,对于在教育教学领域取得成就的教师,给予大力表彰奖励,对于及时为学校发展建言献策做出贡献的教师予以积极弘扬,树立爱校榜样。五是健全完善约束机制。学校实行师德考核月评价、学期考核制,通过教师自查、学生评议、家长监督、学校检查等方式进行,将教师职业道德表现与教师的聘任、培训、奖惩及晋升挂钩。以学校管理与培训的外因引导激活教师的内因提升,使师德要求、职业价值、自身使命在潜移默化的感悟、欣赏、内化中得到再认识、再升华,提高精神境界,真正实现师德建设的飞跃。

(2)精抓细管,精艺善导,促进队伍多元发展

在学校日益推进的教师队伍建设中,从创造适合儿童的教育到适合"每一名学生"发展的背后,隐藏着一个重要的背景和基础,那就是"每一名教师"的发展,学校建立更多的机制来激励教师的多元发展。

第一,自主发展,激发成长"元动力"。学校注重在提高师能上做到导引、激励、提升并举,分析师情在前,设计培训在后;教研活动辅助,反思评价跟进。学校邀请教育专家学者来校讲学,引

导教师认同教育新理念，积淀追求教育的激情，认清理应承担的责任，探寻创新工作的策略。通过赛中推优，为高效课堂教学模式的实践与研究提供更有力的策略支撑。学校进行"特色教师申报与评选"活动，如幽默型、情感激励型、赏识型、启发导学型、理智型等，对之进行分类展示交流，在其中教师可以延展模式，凸显特色，整理经验，进行展示参评。展中推新，对于教龄不足5年的青年教师，开展"新起点、新发展"交流活动，在说课、做课、基本技能展示中，展现他们的进步点；在老师们的"品头论足"中，确立他们新的发展点。培中提能，分年段开展教师技能专项培训，以如何在研究学生的基础上开展教学工作为着力点，整理《学生学习能力培养的内容与策略》《错题档案》，全面提高每位教师的教学技能。让激情、责任、策略凝聚成适合"每一名教师"发展的"元动力"，从而为学生的发展提供一片沃土。

第二，校本研修，保障发展"持续力"。红桥区实验小学从重在组织活动到重在培育研修状态，健全完善了符合校情的包括校本教研在内的管理制度。从解决教师现实问题和应对未来发展的需要出发，积极变革校本教研活动的模式，将校本教研分层列项设计。

首先，红桥区实验小学在研究生成层面构建校本教研"三环路"，拓展研训一体化平台功能。根据学校实际，我们构建了学校校本教研的"内环""中环""外环"的"三环路"。"内环路"为同一学科、同一年级任课教师参与的教研。"中环路"为同一学科、不同任课年级教师参与的教研。"外环路"为学校行政处室规划、组织的全体人员参与的教研。"三环路"不仅研学生，研教材，研教法，还研究教研策略，研究教育理论学习如何学以致用，不仅形成了同年级同学科备课组有效教研方法与策略，而且形成了学校的有效教研策略。

其次，在促进教师发展方面，架构校本教研的"三维空间"，构建理论、案例、课例转化机制。"三维空间"指的是学习交流空间、实践反思空间、展示提升空间。实现理论学习"专家引领，专题研究"；备课组学习"骨干引领，理论结合实践"；教师个体学习,"同伴互助,自主研究"。"魅力课堂""课例剖析深化高效的评课""践行模式教学策略交流""组本教研展示""我的教学设计"等活动的开展,优秀教案展、精美板书展、微课成果展,班主任专业技能展等一系列的展示,让我们明显看到教师的专业化习惯已悄然形成。

最后,分层引领,创造成长"最佳路径"。青年教师有奔头,骨干教师有干劲,名特教师有追求,这是学校在实践中一直为之努力的理想境界,为此,红桥区实验小学在教师培养中坚持分层推进,让教师在相应的集团军中充满自信。

"名师发展共同体"引领教师成长。红桥区实验小学组建语文、数学、英语三个学科的名师研究室已坚持两年多,定期开展实践与研究,力求解决一线教师的工作困惑并为一线教师提供有实效性的教学方案;每月开放一次名师课堂,组织全体教师在听课、评课中梳理、研究名师的教学策略,用以指导个人的教学工作。

"师徒携手团队"助推教师成熟。学校以"师徒携手团队"建设努力探索有计划、有实践、有反思、有考核、有效果的师徒教育教学研究特色之路。如今,"师徒携手团队"正呈现出朝气蓬勃、师徒相长、教研互促、情感交融、成果凸显的态势,近两年走进学校的多位青年教师已经在区公开课上亮相并手捧奖杯。

"骨干示范团队"带动整体发展。每一位骨干教师都要总结自身的教学特色或教学风格,承担并实施专项研究课题,带领课题组教师一并展开研究,及时总结研究成果,实现教师间资源共享,带动整体教师队伍发展,享受成功和自我价值实现的快乐。

"青年教师研修"激发教师自信。红桥区实验小学采取确定师傅,传帮带研;系列培训,赛中展能;细节研究,持之以恒;搭建平台,加快成长等策略,脚踏实地地对青年教师的师德要求、教学基本功、基本技能、工作习惯、参赛技巧等多方面的素质进行培养培训,在指导与历练中,在研究与发现中,在温暖与感动中,形成学校关于青年教师的人文关怀与长效机制。

"课题研究"定位教师成长。红桥区实验小学现有区级以上课题 24 个，其中 22 个课题由教师主持立项研究，学年认定的校级微型课题 40 个，全部顺利结题，学校教师 100% 参与课题研究。在研究过程中我们努力做到五个结合，即课题研究与教学需要相结合，宏观研究与微观研究相结合，群体研究与个体研究相结合，教育研究与教学研究相结合，常规教育与特色教育相结合。构建了管理者、教育实施者全员参与的研究网，形成了"课题带动，专题研究，全员参与，注重实效"的教科研特色。课题研究使教师人人有目标，人人有团队，教师在专业成长上不再短视，能更清晰地看到其专业发展的方向。

在以师德建设为核心，以专业和研究能力培养为两翼的教师队伍建设中，红桥区实验小学坚持领导到位、制度到位、活动到位，紧紧围绕理论学习、青年培养、骨干建设、名师打造四个重点环节，实现了教师队伍持续的专业化发展。青年教师进步快，缩短了成熟期；中年教师追求进取，挑起教育教学的大梁；老教师努力超越自我，发挥示范引领作用，学校的办学质量在教师的发展中不断提升。

第五章

主动教育的课程体系

课程是人类知识的载体,是学校教育的核心和心脏,在学校发展中居于十分重要的地位。因此,每一所学校在发展中无不把课程作为重要的组成部分,通过课程建设形成独特的课程体系,从而促进学生的发展。学校的课程建设要从学校的实际出发,以学校的核心办学理念为指导并体现学校的办学理念和发展特色。红桥区实验小学在多年的办学实践中形成了主动教育的办学特色,以及"把发展的主动权还给学生"的办学理念。在主动教育这一办学实践中,红桥区实验小学始终把课程建设作为重要的组成部分,结合学校的办学理念和办学特色,通过灵活调整课程结构,增加校本活动,开发主动教育校本课程,加强课程建设。近年来,随着学校主动教育的不断发展和课程改革的逐步深入,我们又在严格执行国家课程和地方课程的基础上,结合学生核心素养的发展,积极开发校本课程,致力于形成主动教育的课程体系。

一 主动教育课程体系建设是主动教育发展的必然要求

教育是培养人的社会活动,是传承社会文化,传递生产经验和社会生活经验的基本途径。从历史上看,不同社会、不同历史发展时期的教育目的是有着很大区别的。党的十八大报告指出:坚持教育优先发展，全面贯彻党的教育方针，坚持教育为社会主义现代化建设服务，为人民服务，把立德树人作为教育的根本任务，培养德、智、体、美全面发展的社会主义建设者和接班人。全面实施素质教育，深化教育领域综合改革，着力提高教育质量，培养学生社会责任感、创新精神、实践能力。这就明确指出了我国的教育目的是培养德、智、体、美全面发展的社会主义建设者和接班人，为此要特别强调培养学生社会责任感、创新精神、实践能力。学校是教育的主要场所，是实现教育目的的基本场所。学校教育是教育的基本组成部分，它是教育者依据一定的社会要求，有目的、有计划、有组织地对受教育者的身心施加影响，期望受教育者发生某种变化的活动。课程是学校教育的核心，决定着学校教育的质量和教育的品质，在学校教育中居于核心地位，教育目的、价值主要通过课程来体现和实施。可以说，有什么样的课程就会培养什么样的人才，课程体现着学校的办学理念和校长的治学方略，蕴含着校长与教师的教育观和学生观。

课程在学校教育中的地位如此重要，那么，作为一所学校应该如何进行课程建设，才能充分体现其重要作用？我们认为，对这一问题不应该停留在对课程和教育目的一般规律的认识上，还要在一般规律的认识基础上进行适合学校发展特色的课程建设。教育的目的在学校层面体现为学校的培养目标，我们在主动教育的办学实践中，根据国家的教育目的确立了培养主动发展的学生这一目标，在学校多年的课程改革实践中，致力于主动教育课程体系的建构。当前，学校课程体系是教育理论界和实践工作者十分关注的重要问题，我们紧紧抓住这一研究和实践的热点，并不是赶时髦，盲目追求热点。我们认识到，主动教育课程体系建设对于主动发展的学校、主动研究型教师、主动发展的学生培养以及提升学校的课程品质都具有十分重要的意义。

（一）促进主动学校的发展

课程与学校发展的关系十分密切，一方面，学校课程建设要以学校的办学理念为指导，在办学理念的指导下进行课程建设；另一方面，学校发展离不开课程建设，课程建设既是学校发展的不可或缺的重要组成部分，也是学校办学理念的集中体现，只有通过课程建设才能促进学校的发展。特别是在当前学校发展已经进入内涵发展的阶段，"越来越多的学校开始将学校发展寄托在课程身上，并致力于学校的课程建设"①。红桥区实验小学在多年的办学实践中，形成了主动教育的办学特色，秉持"把发展的主动权还给学生"的办学理念，体现为"主动发展奏响幸福成长乐章"的核心办学理念。虽然表述上有所不同，但都是主动教育的具体体现。我们的主动教育课程体系建设，也是以主动教育的办学理念为指导进行整体设计和规划，根据学校办学理念和学生发展需求，对国家课程和地方课程进行校本化实施，开发校本课程，在这一过程中突出学生发展的主动权，通过课程体系建设促进主动学校的发展。特别是校本课程开发，更是从学校实际出发，基于学校，为了学校发展而进行的课程开发。可以说，主动发展的学校需要进行主动教育课程体系建设，而主动教育课程体系建设又能促进主动学校的发展，促进学校办学特色的形成。

（二）促进主动研究型教师的发展

主动教育课程体系的建设还能够促进主动研究型教师的发展。我们在主动教育的办学实践中，也把促进教师的主动发展作为重要目的之一。我们结合学校的实际，将教师发展确定为培养主动研究型教师，其主要的特征之一就是教师开展教育教学研究，通过教育教学研究促进教育教学质量和个人专业发展的提升，教师的教育教学研究当然也包括对课程的研究，以及参与课程开发，我们通过课程体系建设促进学校高素质主动研究型教师队伍的发展。然而，不容忽视的是，在我们传统的教育观念中，教师只是课程的执行者，

---

① 汪明、张睦楚：《迈向"课程改进——教学跟进"式学校发展之道》，《教育理论与实践》2015年第28期。

只需要考虑如何教，而对于教什么则不需要考虑，因为教材已经提供了教学内容。这样一种"防教师"的课程发展就把教师排除在课程开发之外，教师没有课程开发的权利，也缺乏课程开发的能力，当然更不用说进行课程体系建设了。随着课程改革的逐步深入，人们逐渐认识到，教师不仅需要考虑怎么教，还要考虑教什么，教师要从课程的忠实执行者转变为创造性的课程实施者，参与到课程开发中来，这样才能促进主动研究型教师的发展。课程开发与教师的关系更加密切，教师成为教育研究者。正如哈格里夫斯所言："好的课程发展途径，必须能认清教师与课程的不可分离关系，厘清教师的课程角色，视课程开发为教师再教育的过程，并透过课程开发，提供教师不断学习成长的机会，从中锻炼教师专业判断的能力，绵密起教师与课程的互动与关联。"[1] 教师在研究课程和进行课程开发的同时，还要积极参与课程开发，促进教师的专业发展是课程开发的重要途径和目的。因为"课程的变革，从某种意义上来说，不仅仅是变革教学内容和方法，而且也是变革人"[2]。教师参与课程发展，就需要具备相应的课程发展的知识，形成课程发展的意识，掌握课程发展的技能和能力，这些都需要教师在课程发展过程中通过培训、自我学习等途径逐步形成，只有这样才能真正参与课程发展。从我国的课程改革历程来看，2001年启动的基础教育新课程改革也赋予了教师课程开发的权利，实行国家课程、地方课程和校本课程三级管理，国家课程和地方课程的校本化实施，校本课程的开发，都需要教师具备相应的课程开发的知识和能力，而主动教育课程体系建设就是在此基础上进行的。这就需要教师在课程实践中不断学习、不断研究，而这也必将促进主动研究型教师的专业发展，提升教师队伍建设的综合素质。

---

[1] A. Hargreaves, "Curriculum Reform and the Teacher," *The Curriculum Journal*, 1991.
[2] 施良方：《课程理论：课程的基础、原理与问题》，教育科学出版社1996年版，第135页。

（三）促进学生的主动发展

促进学生的主动发展是主动教育课程体系建设的直接目的，也是最为根本的目的。课程作为学校教育的核心，直接关系到教育质量的高低，关系到教育目的和培养目标是否能够实现。一方面，课程能够促进社会的发展，主要体现在课程提高人的综合素质上，使其在社会实践中创造出能满足人的物质需要的价值，从而提高经济发展水平；另一方面，课程还可以通过传播主流社会价值观来促进社会精神文明的发展。课程是对文化的继承和发展，具有重要的文化功能，它是在继承和发展文化的过程中存在和运行的，是对社会主流文化和价值观念的继承与发展。促进人的发展是课程个体发展功能的体现，人的发展是社会发展的象征，社会的发展为人的发展创造条件。在学校教育中人的发展主要是指学生的发展。在课程发展史上，对于课程的社会功能和个人发展功能有着不同的认识，形成了社会本位和个人本位的流派之争。随着课程改革的深入，课程促进学生发展的功能日益凸显，新的基础教育课程改革确立了"以人为本"的课程理念，旨在每一个学生的发展。我们在主动教育课程体系建设中，结合学校主动教育的实际，通过课程理念、课程目标、课程结构、课程开发主体、课程评价、课程管理等多方面，致力于促进学生的主动发展。学生的"主动发展"就是要让学生主动地学会做人，主动地学会生活，主动地学会学习，主动地学会创造，使学生成为个性健康、全面发展的人。总起来说，就是使学生成为主动学会发展的人。[1] 这是对我国基础教育课程改革培养目标的具体化，我们结合学生核心素养研究的最新成果，通过国家课程和地方课程的校本化实施，校本课程的开发，以满足学生的兴趣、爱好，使学生在全面发展的基础上实现个性发展，从而实现学生的主动发展。

---

[1] 王秀兰、庞学光等：《主动教育理论构建》，天津人民出版社2000年版，第43页。

（四）促进学校主动教育课程的品质提升

主动教育课程体系的建设能够极大地提升学校课程的品质。课程改革的落脚点在学校，无论什么样的课程改革都需要落实到学校层面才能真正实施。我国的基础教育课程改革实行国家、地方和学校三级课程管理，赋予学校课程开发和管理的权力，要求每一所学校都从实际出发开展符合学校需要的课程建设。从整体来看，我国中小学的课程建设可以分为三个阶段：2001年之前是执行而不建设课程阶段；从2001年开始，中小学进入局部建设校本课程阶段；目前有些学校开始进入中小学课程建设阶段。[①] 就一所学校的课程建设而言，它要经过"优势学科—特色课程—课程群—课程体系"的阶段。主动教育课程体系建设就是学校主动教育在课程方面的探索，它努力突破优势学科和特色课程的发展阶段，在此基础上，以主动教育办学理念为指导，结合对学生核心素养的研究，加强课程的顶层设计，对国家课程、地方课程和校本课程进行整体规划，积极建设学校中的每门课程，最终形成促进学生发展的主动教育课程体系。这样，每一门课程都融入学校的主动教育课程体系中，在这一课程体系中根据学校发展实际和学生发展需求精心选择和开发每一门课程，提高每一门课程的质量，从而提升课程的整体品质。因此，进行主动教育课程体系建设能够提升学校课程的品质。

二 主动教育课程体系建设的基本理念

一般来说，理念就是观念，是指人们对一种事物或活动的基本看法。在不同的课程理念之下，就会形成不同的课程体系。课程作为实现学校育人目标的基本途径和载体，决定了学生学校生活的质量和发展的内涵，一所学校的办学理念和办学特色能否得到充分体

[①] 王本陆、汪明：《学校课程建设的三大趋向》，《天津师范大学学报》（基础教育版）2016年第2期。

现和彰显，课程是重要的体现。我国的新基础教育课程改革，把"一切为了每一位学生的发展"作为核心理念，特别强调要关注每一位学生，关注学生的情绪生活和情感体验，关注学生的道德生活和人格养成。当前我国经济社会发展面临着新的形势，经济结构转型升级，大数据、互联网＋现代信息技术正在改变着人们的生活观念，创新创业成为重要的推动力量，全社会在"四个全面"的战略布局和"创新、协调、绿色、开放、共享"的发展理念指引下，为实现"两个一百年"的奋斗目标而努力。那么我们在主动教育过程中应该树立什么样的课程理念？什么样的课程和课程体系才能促进学生的主动发展？应该怎样建设主动教育课程体系？围绕这些问题，我们进行了认真的思考和研究，根据当前经济社会发展的重要趋势，结合关于中国学生发展核心素养研究的最新成果，结合学校的发展实际，确立了"一切为了成就学生成长"的核心价值追求，明确了主动教育课程体系构建的"生本、生态、生活、生长"的基本理念。

（一）主动教育课程体系的价值追求：一切为了成就学生成长

课程的价值是基本理念的具体体现，人们的课程理念不同对课程价值的认识就不同，同样，不同的课程价值也反映出不同的课程理念。课程的价值指的是课程对人们某种需求的满足，是作为主体的社会和学生与作为客体的课程之间需要关系的反映。有代表性的价值取向有三种：突出伦理政治的课程价值取向，适应社会生活的课程价值取向和强调个人发展的社会价值取向。[①] 培养人是教育的最终目的，当前，学校课程的价值取向由关注课程知识的传授转变为关注学生自身的发展和完善，课程更加注重儿童的发展，注重儿童的自我发展和成长过程，课程要为每个儿童提供有助于个人自由发展的完满经验，从而促使其自我成长、自我实现，学校课程体系

---

① 靳玉乐：《新课程改革的理念与创新》，人民教育出版社2003年版，第27—29页。

成为增强个人适应能力的重要途径。① 基于这一理性认识,并以红桥区实验小学"把发展的主动权还给学生"的办学理念,"主动发展奏响幸福成长乐章"的核心办学理念为指导,我们将学校主动教育课程体系建构的核心价值追求聚焦于"一切为了成就学生成长"上,这与当前发达国家和地区课程改革的基本趋势是完全一致的,主要包括以下具体内容。

1. 促进学生的全面发展和课程目标的整体达成

尽管人们对课程有着不同的认识和理解,但无论怎样理解,课程为学生的发展服务这一根本目的是不会改变的,学校要为学生提供适合他们发展需要的课程。因此我们把促进学生的全面发展和课程目标的整体达成作为课程体系的重要价值,强调学生发展的全面性和课程目标的完整性,从认知类、技能类、情感类和应用类四个部分构建完整的课程目标体系,完善国家课程、地方课程和校本课程体系,从而实现新课程改革的知识与技能、过程与方法、情感态度与价值观在学生全面发展中的完整统一。

2. 适应学生自身发展需求和个性特长发展的差异性

在主动教育中人的发展不是指抽象的个人,而是指向现实学校生活中的具体学生和教师等一个个鲜活的个体。就学生而言,主动教育学生的成长既包括了全面发展,也包括了个性的发展,而个性的发展是学生之间差异发展的重要体现,从而使得学生成为个性鲜明的不同个体。21世纪以来,世界各国在课程价值追求上突破了知识本位的传统目标,逐渐凸显了学生个性的发展。我们的主动教育课程体系在建构中根据学生的需要进行了调整和改革,在促进学生全面发展的基础上,在确保学生的基础性上,深入调查和研究学生的身心发展特点和个性发展,通过调整课程结构,开发智趣、根趣、创趣校本课程,使其更加适应学生自身发展需求和个性特长发展的差异性。

---

① 靳玉乐、于泽元:《课程论》,人民教育出版社2015年版,第54页。

3. 满足学生主动学习，主动发展需求

我们在构建主动教育课程体系中还注重满足学生主动学习，主动发展的需求。学生在学校接受教育的时间终究是有限的，教育最重要的任务是让学生学会如何学习，培养其终身学习能力，而不仅仅是学习和掌握一些具体的知识。"授之以鱼不如授之以渔"，叶圣陶先生也说过：教是为了不教。教育的最终目的是不教，对这里的不教我们理解成学生的主动学习和主动发展，教育要实现学生的主动发展和自我发展，所以在课程中要适应学生发展的需要，构建适合学生个性发展的课程，通过创造条件和环境，使学生掌握并学会学习的方法和能力，从而达到主动学习，终身学习的目的。

（二）主动教育课程体系的行动理念

在"一切为了成就学生成长"这一主动教育课程体系的核心价值理念和追求的指导下，我们确定了课程体系建构的行动理念，也是我们的行动目标，即意义学习，学做融合。

1. 促进学生有意义的学习，发展学生核心素养

课程既是学科和教材，是学习的进程，同时也是学生所获得的教育性经验。从经验的角度来看，课程就是学生通过学校教育环境所获得的旨在促进其身心全面发展的教育性经验。[①] 这种教育性经验既是指教材等间接性经验，也是指学生亲身体验的直接经验，这些都通过课程实施和教学而成为学生的获得性经验，从而促进学生的全面发展。所以课程最终要成为学生的获得性经验，主动教育课程体系也是让学生最终获得这种教育性经验，促进有意义的学习，发展学生的核心素养，促进学生的全面发展。按照美国课程学者古德莱德的观点，课程分为理想的课程、正式的课程、领悟的课程、运作的课程和经验的课程。每个学生对事物都有其特定的理解，两

---

① 靳玉乐：《现代课程论》，西南师范大学出版社1995年版，第5页。

个学生学习同样的课程会有不同的体验或学习经验。[①] 在主动教育课程中我们注重课程对每个学生的意义，突出课程内容与学生生活、自然、社会的联系，回归学生的生活世界，来源于生活、自然和社会，使其符合儿童的需要、兴趣和本能，形成每个学生独特的体验和意义。因此红桥区实验小学的课程体系建构实施，是陶行知先生"生活教育"和主动教育办学特色指导下的立足学生、回归生活需要的课程思想及课程实施路径，是从学生出发，适生而做，以学而有智，根于润行，快乐创趣有机融合为基本的工作思路，促进学生有意义的学习，建构综合性的知识结构，发展学生核心素养。

2. 促进学生学做融合，实现多维度育人功能

在课程的学习中，每个学生都要在教师的指导下，运用其学习方式把课程转化为个体的经验，形成对个体的发展意义。这是学生在自主、合作、探究中不断亲身实践的过程，在学习中融入亲身做的过程，是学与做相结合，学习与实践相结合的过程。我们在主动教育课程体系中，特别强调学生个体的经验学习和个体动手实践过程，促进学生学做融合。学生也在这一过程中将学习到的知识运用于社会实践，为他们的成长与发展服务。这就充分体现了人民教育家陶行知先生关于"生活教育"的教学做合一思想。因此红桥区实验小学基于成就学生发展的学校课程体系的建构与实施，强调了国家课程的基础性及校本课程实施的选择性，建构起"一基三趣"学校课程体系，即以国家课程为基础课程，以智趣、根趣、创趣三项为校本课程，由此构成以国家课程为基础，以"三趣"课程为补充完善的学校课程体系，强调让学生学习从多层次、多维度展开，让课程学习互补而动，互促而行，由此形成学生"德智行"成长的磁力场，具有强大的求知、求行乐趣，有着无限探究发现的吸引力，实现多维度育人功能。

[①] J. I. Goodlad, *Curriculum Inquiry: The Study of Curriculum Practice*, New York: McGraw-Hill, 1979, pp. 60–64.

三 主动教育课程体系的内涵及特征

(一) 主动教育课程体系的内涵

课程体系建设是课程建设的重要内容，课程建设可以分为三个层次：一是1.0层次，以课程门类的增减为标志，体现在学校一门一门课程的开发上，增减校本课程的数量；二是2.0层次，学校围绕办学特色或项目特色，开发相应的特色课程群，如科技教育特色课程群、传统文化教育课程群、环境保护教育课程群等；三是3.0层次，学校在办学理念和培养目标的指导下，将课程、教学、评价、管理以及师生发展融为一体，体现在多维联动、有逻辑的课程体系上。[1] 由此可见，体系建设是一所学校课程建设的深化阶段和高级阶段，体现了学校课程的内涵发展。课程体系是指在一定的教育价值理念指导下，将课程的各个构成要素加以排列组合，使各个课程要素在动态过程中统一指向课程体系目标实现的系统，[2] 包括课程价值理念、课程目标、课程内容、课程结构和课程活动方式等。我们建构的主动教育课程体系，就是在主动教育理念指导下，为促进学生的主动发展，将国家课程、地方课程和校本课程的各个要素进行重新构建与整合，使不同层次的课程要素在学校层面统整为相互联系而构成的课程整体。这体现了红桥区实验小学如何构建符合学生发展需求的课程体系的思考。在实践中我们从以下几个方面全面准确地理解主动教育课程体系内涵。

1. 主动教育课程体系以主动教育理论为指导

学校的课程体系建设是学校整体建设的核心组成部分，除此之外，学校整体建设还包括教师发展、学生发展、学校教学、学校管理、学校德育、学校评价诸多方面。学校的核心办学理念和学生培养目标是学校课程体系建设的灵魂，是一切课程建设工作的出发点

---

[1] 杨四耕：《迈向3.0的学校课程变革》，《上海教育》2016年第12A期。
[2] 崔颖：《高校课程体系的构建研究》，《高教探索》2009年第3期。

和落脚点,构成了学校教育哲学的主要内容。① 在学校课程体系建设中以核心办学理念为指导能确保学校课程的价值理念与学校办学理念保持价值认同以及发展目标的一致性和连续性,同时课程体系建设也是学校课程文化建设与创新的过程,通过体现办学理念,实现引领并逐步实现对学校办学理念的优化。我们在主动教育课程体系建设中,以学校形成的主动教育理论为指导,根据多年形成的主动教育的办学特色,始终坚持"把发展的主动权还给学生"这一办学理念和"主动发展奏响幸福成长乐章"这一核心办学理念为指导,确立了"一切为了成就学生成长"的核心课程体系价值理念。主动教育理论的核心办学理念和培养目标是主动教育课程体系的指导思想,并贯穿于课程目标体系、内容体系、实施体系、评价体系与管理体系等的全过程。这样既促进了主动教育课程体系建设,也使得办学理念在课程方面得以贯彻落实。

2. 主动教育课程体系以促进学生主动发展为目的

我们在前面提到,促进学生的主动发展是主动教育课程体系的重要意义之一,也是课程存在的根本原因。课程是为了促进学生的发展而存在的,课程理念的形成、价值的追求、课程目标的设定、课程结构调整和课程内容的整合与选择,课程评价和课程管理,从根本上说,就是为了促进学生的主动发展,这里的主动发展的具体含义也随着我们的实践而不断深化,既要促进所有学生的主动发展,又要促进每一个学生的主动发展,促使每一个学生德、智、体、美、劳等方面的主动发展。在这一根本目的之上进而促进教师专业发展和学校发展,只有教师的主动发展才能促进学生的主动发展,最终目的还是要落脚到学生的主动发展上,所以主动教育课程体系是以促进学生主动发展为根本目的的。这是理解这一概念的关键点之一。

---

① 王明建:《学校课程体系建设的理论与实践研究》,中国社会科学出版社2017年版,第51页。

3. 主动教育课程体系把学校课程结构整合作为重要途径

新一轮基础教育课程改革实施以来，为了增加课程对地方和学校的适应性，我国的中小学课程实行国家课程、地方课程和校本课程三级管理制度，这就要求学校落实好国家课程和地方课程，积极开发校本课程。我们在主动教育课程体系建设中，把国家课程、地方课程和校本课程都看作学校课程，把课程整合作为切入点和主要途径，通过对课程的深度整合对学校课程进行全面系统的规划和设计，充分体现学校办学理念和办学特色。我们对课程设置进行了适当的调整，使课程结构尽可能合理，发挥促进学生主动发展的作用。早在20世纪90年代中期，我们就开设了适量的特色课程，所开设的特色课程主要是"双语一机一琴"，即英语口语、汉语说话、计算机、琴课；丰富活动课程的类型和内容，即学校将数学、语文分别减少一课时，增设活动性较强的，能最大限度地发挥学生自觉性、主动性和创造性的各种活动课程；探索综合课程，主要是开设创造性综合活动。[①] 进入21世纪，在实验新课程计划，使用新课程实验教材的同时，我们积极开发了校本课程，开设了以自主十分钟活动为特色的综合活动课和培养爱好特长为主的选修课，增加了英语口语课、信息技术课、说话课、综合实践活动课，编写校本《儿童道德教育》教材、《陶艺》教材，并开始实验，开展校园的"三节"即"体育节""艺术节""读书节"活动，"三周"即"科技周""数学周""英语周"活动。近年来我们又在此基础上开发了"一基三趣"课程，通过对课程结构的优化调整整合，形成了主动教育的课程体系。

4. 主动教育课程体系是有机的课程整体

红桥区实验小学的主动教育课程体系对课程进行整合重构后形成了有机的课程整体，从课程管理层级看，包括了国家课程、地方课程和校本课程，从课程的类型看，包括了学科课程、活动课程和

[①] 王秀兰、庞学光等：《主动教育理论构建》，天津人民出版社2000年版，第93页。

隐性课程，从课程建设的基本要素看，包括了课程理念与价值体系、课程目标体系、课程内容体系、课程实施体系、课程评价体系和课程管理体系等，这些都构成了促进学生主动发展的课程体系的有机整体，而不是将其杂乱无章地排列在一起，这就使得学校课程既贯彻落实了国家课程和地方课程的基本要求，又充分体现了学校办学理念和特色，体现了满足本校学生身心发展规律和兴趣爱好的特点。

（二）主动教育课程体系的基本特征

特征是某一物质自身所具备的特殊性质，是区别于其他物质的基本象征和标志。主动教育课程体系旨在促进学生的主动发展，优化课程结构要素，强调课程内容与学生自我、学生生活、自然、社会的密切联系，具有整体性、丰富性、选择性、开放性、发展性等明显特征。

1. 整体性

在现实中，很多中小学校课程结构单一，更多地注重学科课程，忽视活动课程和潜在课程，自新课程改革以来，又出现了另外一种倾向，即过于注重校本课程开发，忽视了国家课程和地方课程的实施。这两种倾向都是片面的，影响了课程体系的整体性。主动教育课程体系具有整体性，这体现在四个方面：一是整体性的课程目标，从知识与技能、过程与方法、情感态度与价值观三个维度进行构建，努力为学生的主动发展服务。二是在课程结构和体系的整体性上，包括了学科课程、活动课程和潜在课程（特别是环境课程），打破了单一僵化的课程结构，构建了合理的课程结构，使课程各个方面的比例达到平衡，为学生主动发展奠定了良好基础。三是在课程实施上的整体性，既注重教师课程实施方式和教学方式，也注重学生的学习方式和学生间的互动体验，更多地采用互动、活动和实践体验法进行学习。四是课程管理与规划的整体性。我们对课程进行了系统的规划，将国家课程和地方课程校本化，校本课程特色化，社团活动个性化，实现了不同课程在学校层面的完美统一。

2. 丰富性

"一切为了成就学生成长"是主动教育课程的核心价值理念，反映的是"把发展的主动权还给学生"这一办学理念。要想为学生的成长和主动发展服务，为学生的未来发展奠定良好的基础，就必须为学生提供丰富的课程，以便让学生根据他们的兴趣对课程进行选择，所以丰富性是主动教育课程体系的又一特征。我们所说的丰富性包括课程类型的丰富性和课程内容的丰富性。如果仅仅是学科课程，那么学生基本上就没有选择性，只要注重其理论基础性，他们在学习中的兴趣就得不到充分的满足。我们从学生的主动发展要求出发，根据学校实际和学生实际，对课程进行了全面规划，形成了以学科课程为主的基础课程、智趣校本课程、根趣校本课程和创趣校本课程体系。每一类课程又由丰富的课程内容组成，例如，智趣校本课程就包括了好习惯养成课程、英趣旅行课程、数趣五国游记课程与精彩语言交朋友等，这些丰富的课程为学生的主动发展奠定了坚实的基础。在课程的实施途径上我们也进行了全面拓展，特别是在校本课程实施中充分发挥学生社团和校外实践基地的作用，努力实现课程实施方式和途径的丰富性。

3. 选择性

每个学生由于成长经历、个人能力等方面的不同，呈现出发展的差异性。这种差异既体现为性别差异，又体现为个体差异。不同学生之间的身心发展、兴趣爱好也存在较大的差异。因此就需要在满足学生全面发展的基础上，增加课程的丰富性和可选择性，满足学生差异发展的需要，所以选择性是主动教育课程体系的又一重要特征。新一轮课程改革实行"国家、地方、学校"三级课程管理，给地方和学校留出了开发课程的余地，同时明确规定了必修课和选修课的比例，使课程从整齐划一走向了多样化，保证学生有机会自主选择和决定学习内容，给学生充分发展留有时间和空间，使学校办学更有特色，学生发展更有特长。主动发展既包括了全面发展，也包括差异发展和个性发展，所以我们在主动教育建设和规划中，对国家课程进行了校本化的改造，使其更加优质融通，更加适合学校和学生发展的实际，又根据学校的办学理念，开设了大量丰富多彩的校本课程，供学生根据他们的兴趣爱好自由选择，满足学生不同的发展需求。

4. 开放性

主动教育课程体系具有开放性的特征。课程体系只有具有开放性才能不断发展，适应学生主动发展的需要，僵化、封闭、一成不变的课程对学生发展的促进作用是十分有限的。主动教育的开放性一是表现在课程目标的开放性上，既有预设性目标，也有生成性目标，体现了预设与生成性的统一，课程方案的基本要求与学校实际相统一。二是体现在课程内容的开放性上，在国家课程、地方课程和校本课程三级课程管理体制下，我们开发的学科课程、根趣、智趣、创趣课程的具体内容会随着社会经济发展和学生发展的需要而进行灵活的补充和调整，增加学生发展需要的课程内容，以满足学生的兴趣和爱好。三是表现在课程实施途径和策略的开放性上，既有课堂教学，也有社会实践，亦有活动体验、活动方式的开放性。四是体现在课程资源利用的开放性上。我们的课程开发和实施，特别是课程资源的开发，向社会和家长开放，充分发挥家长和社会人士的积极作用，充分利用家长、社区和社会的资源，让学生走出校园，走进家庭，走进社区，走进社会，在社会大课堂中获得真实体验。主动教育课程体系的开放性使得学校、教师、学生焕发出生命的活力，不断探索开发适合主动发展需求的课程，促进学生的主动发展。

5. 发展性

课程的发展受到社会、政治、经济、文化的制约，在目标和内容上要根据时代的发展不断调整、补充和完善。红桥区实验小学的主动教育课程体系在多年的发展过程中，也是根据时代发展和学校发展的实际情况不断对课程进行调整、更新，从而确保课程反映时代发展的需要和学生主动发展的需求。在学科课程教学中，无论是学校总的教学模式还是学科教学模式都在不断丰富和完善。在校本课程开发中，类型和门类随着社会的发展而不断调整和完善，从最初的"双语一机一琴"特色课程到 21 世纪开设的以自主十分钟活动为特色的综合活动课和以培养爱好特长为主的选修课，新增加的英语口语课、信息技术课、说话课、综合实践活动课，《儿童道德教育》教材、《陶艺》教材再到目前的"一基三趣"课程，无论在课程的内容上还是在实施的途径和方式上，都说明了主动教育课程的发展性，也确保了课程的丰富性和选择性，从而促进了学生的主动发展。

（三）主动教育课程体系构建的基本原则

1. 基于学生

（1）尊重学生

在主动教育课程体系建设中，基于学生首先要尊重学生，在红桥区实验小学主要体现为尊重学生作为学习主体的经验和体验，尊重学生身心发展的规律和学习规律，让学生在发现需要和持续的兴趣中得到主动发展。

（2）激发学生

基于学生还要发挥学生在课程体系建设中的积极作用，特别是学习过程中的主体作用。我们注重研究学情，找准不同年龄小学生学习的起点、兴趣点、引领点和发展点，从而激发其潜能，让学校教育和学生一起面对家庭、学校、社会的三重生活，唤醒学生主动成长的内驱力，促使学生在已有水平上得到更加全面的发展。

2. 基于发现

（1）思维拓展

我们在主动教育课程体系建设中注重对学生的思维拓展，始终将"问题意识"贯穿学习的始终。在科目、主题、教学、学习中都体现发现、分析、探寻、解决问题的过程，并在学习与研究，交流与互补过程中，实现教与学、学与用、知与行的有机结合。

（2）关注人人

课程体系建设要促进每个学生的主动发展，我们在这一过程中有效转变学习方式，抓住小学生从直接经验向间接经验过渡更为显著的特点，科学地引领学生的学习方式，从学生认知规律和小学教育"全面性"的基本特征出发，深入研究学生为什么学——明确目标；学生学什么——内容设置；学生怎么学——师生角色定位和具体方法策略；学生学习成效——观测与评价。通过适切有效的学习，帮助学生学会如何做人，如何面对困难，如何善待生命，奠定学习、生活和发展的坚实基础。

四 主动教育课程体系的构建途径与策略

在主动教育课程体系建设中，我们遵循"一二三四五六"的构建思路和途径：（1）一个核心：我们依据学校办学理念和培养目标，将课程建设聚焦于"一切为了成就学生成长"这一核心价值追求上。（2）两大目标：我们在核心价值追求指导下，紧扣"促进学生有意义的学习，发展学生核心素养；促进学生学做融合，实现多维度育人功能"这样两大目标。（3）三个维度：着力打造"国家课程、校本课程、校本活动"三个维度。（4）四项实施载体：我们抓实"课堂教学、校本课程学习、学生社团实践、专题活动"四项实施载体。（5）五种评价方式：课程评价是课程建设的重要环节，我们用好"过程性评价与结果性评价相结合、自评与互评相结合、激励性评价与发展性评价相结合、单项评价和全面评价相结合、单项学力评价与1+×增值评价相结合"五种评价方式进行课程体系建设的评价。（6）六种工作方式，即六个注重：抓牢注重课程体系建设要有整体思考，杜绝简单机械的叠加；注重不同课程之间要有相互承接，不断追求1+1>2的整体效益；注重帮助学生赢取走向未来的"通行证"，赋予学生可持续发展的最强劲动力与可能；注重具有开放的视野，集思广益，群策群力，使课程结构呈现永在的活力；注重长期的坚守，追求课程体系的日臻完善，积累丰富；注重课程坚守中的创新，追求课程的创生价值。建构完善以"意义学习，学会融合"为关键词的"一基三趣"主动教育课程体系。在这样的思路之下，我们采取了以下几个方面的措施。

（一）制定学校课程规划

随着我国课程改革中"国家课程、地方课程、校本课程"三级课程管理体制的实施，学校有了课程开发的自主权，学生和教师成为课程开发的积极参与者。如何处理国家课程、地方课程和校本课程的关系，确保国家课程、地方课程的校本化实施，开发出好的校本课程，就需要学校进行系统思考，做出整体规划和设计，这就涉及学校课程规划。学校课程规划就是一所学校为了学校的总体发展而对学校的全部课程（国家课程、地方课程及校本课程）进行整体设计与安排的活动与过程。[①] 其实质是学校课程的校本化过程，体现在学校课程方案上。红桥区实验小学在"十二五"学校发展规划制定中，对校本课程的开发与实施做了明确的部署，提出了"三以三全"的工作方针，"三以"即以促进学生发展为根本，以素质教育为基点，以办学特色为特征；"三全"即面向全体学生，面向学生接受教育全过程，面向全体学生的全面发展，形成认识社会，认识科学能力提升过程，并以此为纲提出学校校本课程建设的总体设想。我们在每年的工作计划中都明确提出校本课程建设的计划内容，以确保校本课程扎实推进。2016年我们又制定了《红桥区实验小学学校课程体系建构行动方案》，从学校课程体系的核心理念、实践目标、总体思路、实施原则、基本结构与内涵、具体的实施路径等方面对学校主动教育课程体系建设进行了整体规划，奠定了课程发展的良好基础。

（二）明确主动教育课程体系的价值追求

红桥区实验小学主动教育课程体系在核心理念和基本价值追求上就是"一切为了成就学生成长"，体现了"把发展的主动权还给

---

① 和学新、乌焕焕：《学校课程规划的内涵与价值追求》，《教育学术月刊》2010年第5期。

学生"的办学理念,前面对此已有详细的研究。校本课程是为了适应学校实际和学生发展需求而由学校和教师以学生为主开发的课程,每一类校本课程都有其独特的理念和价值追求,在学校课程建设总的价值理念之下,我们在三趣(智趣、根趣、创趣)校本课程开发过程中,又明确了这三类校本课程独特的价值追求,形成了完整的主动教育课程理念和价值体系。

1. 智趣校本课程的价值追求

智趣校本课程主要是与学科课程有关的启发智育的课程,与学科课程有着密切的联系,在此基础上又根据学生兴趣和需求进行了适当拓展,力求引领学生走出"多学少做"的困顿,积极有序地通过智趣校本课程的实施,引领学生不断感知、感悟、实践,力求让学生知道、习到、做到。在课程实践中努力做到:由效引领学生感知——知道与了解是基础;由研调动学生感悟——习到是关键;由行提领学生实践——做到是根本,从而满足学生在不同学科上的个性化兴趣需求。

2. 根趣校本课程的价值追求

根趣校本课程主要是对学生的家乡——天津的历史文化、风土人情、建筑与风景、民俗风情、艺术绝活等地方性内容的学习,从引领到自探,由自探向交流提升,促进学生认识程度逐级上升,学习要求不断提高。学生的每一项学习既立足本土,又拓展开去,上下贯通,纵横连接,逐步培养学生认知家乡,亲近家乡特色,热爱家乡,报效家乡的意识,从而达到引领学生知根、寻根、爱根、护根的目的,激发起学生更加强烈地了解家乡,进入家乡内涵腹地的兴趣,提升学生爱家乡,爱祖国的热爱情怀。

3. 创趣校本课程的价值追求

创趣校本课程主要是与学生创新性素质培养相关的内容,它要体现一种品质、一种精神、一种追求的培养,而这其中以创造意识培养为核心。红桥区实验小学通过创趣校本课程的实施,为学生创设经常性地投入生活实践的机会,鼓励学生在发现和研究中大胆质疑,勇敢否定,深入探究更加广阔的天地。通过创趣校本课程,在学生中播撒创新的种子，让学生手脑并强——不光强大脑，也要增能力；文武兼备——不光有知识，也会用知识解决问题。

（三）构建完整的主动教育课程目标体系

学校课程是有一定的计划和目的性的，课程目标就是指一定教育阶段的学校课程力图促进该阶段学生的身心发展所要达到的预期程度。简言之，课程目标是指特定阶段的学校课程所要达到的预期结果。① 不同层次的课程目标相结合就构成了课程目标体系。红桥区实验小学在主动教育课程体系建设中所确定的总的课程目标突出学生的主动发展和创新素质。"主动发展"就是要让学生主动地学会做人，主动地学会生活，主动地学会学习，主动地学会创造，使学生成为个性健康、全面发展的人。创新素质具体包括学生的创造精神、创造思维能力和创造性个性品质。创造精神又包括创造意识、创造态度、创造情感；创造思维能力包括思维的流畅性、灵活性、独创性、精密性和准确性；创造性个性品质包括冒险性、挑战性、好奇心、想象力、开放性。② 这一目标很好地概括了红桥区实验小学多年来课程建设的主要目的，有效地指导了红桥区实验小学的课程体系建设。随着时代的发展和学校课程建设的深入，我们针对"意义学习，学做融合"这一行动理念目标，从两个方面进行了完善：一是对学生的主动发展结合中国学生发展的核心素养进行了梳理总结，形成了红桥区实验小学学生发展的核心素养；二是结合主动教育课程体系总的目标，确定了校本课程开发的具体目标。

红桥区实验小学的主动教育在主动学生的发展上确定了要让学生主动地学会做人，主动地学会生活，主动地学会学习，主动地学会创造四个方面。2016年9月发布的《中国学生发展核心素养》包括文化基础、自主发展、社会参与三个方面，有效整合了个人、

---

① 靳玉乐：《现代课程论》，西南师范大学出版社1995年版，第155页。
② 王秀兰、庞学光等：《主动教育理论构建》，天津人民出版社2000年版，第93—94页。

社会和国家不同层面对学生发展的要求。红桥区实验小学根据国家立德树人的目标要求和社会主义核心价值观，结合学校办学理念、办学特色、学生状况优化，整合学生主动发展目标，深入破解"培养什么人，怎样培养人"的问题，提炼出学生核心素养：人文素养（包括个人修养、社会关爱、家国情怀）、科学素养（包括科学知识、科学方法、科学精神）、创新素养（学会学习、主动适应、学会改变），重点培养学生的六种能力：问题生成能力、思维学习能力、对话学习能力、评价学习能力、自主学习能力、拓展学习能力。这些内容丰富和发展了学生主动发展的内涵。

我们结合主动教育课程体系总目标，确定了校本课程开发的具体目标。一是智趣课程目标：引导学生玩转所学，发现学与用的乐趣，促进学与用 $1+1>2$，搭设学习与生活桥梁，追求"意义学习，学做融合"，让学生在动脑、动口、动手实践中，走向学以致用。二是根趣课程目标：在引导学生寻根、知根、爱根、护根、承根的同时，引导学生了解家乡津门特色与传统，发现对传统的担当与传承乐趣，激发学生了解家乡，热爱家乡的情怀。铺设学习与祖先对话之路，帮助学生走向知根品、受根育的发现与成长，从而培养学生"善于学习，趣于生活，乐于担当"的完整多彩的成长样态。三是创趣课程目标：从整体课程建设和改革的角度，从社会发展需求出发，学校以创趣校本课程与社团活动、综合实践活动为载体，以创新知识技能教育，实践能力提升，学生自主发现创造为核心，以学生发展为本，培养具有观察生活，发现问题，运用研究，提出见解和主张或自己动手发明创造的有爱心、有责任的小学生，从而形成了总目标与具体目标相结合的主动教育课程目标体系。

（四）优化课程结构，选择合适的主动教育课程内容体系

课程结构就是课程内部各要素、各成分的内在联系和相互结合的组织形式，当前的中小学课程在结构上过于强调学科本位，科目过多，缺乏整合，因此课程结构的优化组合是课程建设的重要途径和关键环节。除此之外，还要选择适合学生发展的课程内容，也就是符合课程目标要求的一系列比较规范的由间接经验和直接经验组成的，用以构成学校课程的文化知识体系，这是课程的主体部分，包括科学知识、社会生活经验和学习活动。① 在主动教育课程体系建设中，我们在严格执行国家课程计划的前提下，不断优化课程结构，调整课程设置，选择合适的主动教育课程内容体系，主要从着力打造"国家课程、校本课程、校本活动"三个维度来进行，实现课程的均衡性、综合性和选择性。

1. 以国家课程为主的基础性课程

中小学的学校课程从管理层级上分为国家课程、地方课程和校本课程三级。国家课程是集中体现国家意志，为未来公民接受基础教育之后所要达到的共同素质而专门开发的课程，主要体现在国家委托教育部制定的各个学科课程标准和教科书，也就是我们平常所说的学科课程上，主要包括语文、数学、外语、美术、体育、音乐、科学、道德与法治（品德与社会）等，除此以外，还包括天津市地方课程，主要是一、二年级的《快乐英语》，每周两个课时，三至六年级的《天津与世界》《发现与探索》。这些构成了学校的基础性课程。

2. 智趣、根趣、创趣校本课程

校本课程是在具体实施国家课程和地方课程的基础上，通过对本校学生的需求进行科学评估，充分利用当地社区和学校的课程资源而开发的多样性的、可供学生选择的课程。② 红桥区实验小学在不同的发展阶段开发了不同类型的校本课程，在类型、内容上逐步深化和完善。20世纪90年代中期，我们就开设了"双语一机一琴"，即英语口语、汉语说话、计算机、琴课；21世纪初在此基础上又形成了三个系列的校本课程体系：一是德育校本教材，包括思品与习惯培养、科学视野拓展、传统文化的了解与进入三个系列。所编写的《儿童道德教育》校本教材采用螺旋式的编排方式，全套

---

① 靳玉乐、于泽元：《课程论》，人民教育出版社2015年版，第201页。
② 崔允漷：《校本课程开发：理论与实践》，教育科学出版社2000年版，第18页。

教材分为低（一、二年级）、中（三、四年级）、高（五、六年级）三个年级段，每个年级段的道德教育内容相同，但选择的寓言、故事、诗歌、剧本及其表述的语言，都力求充分考虑到不同年级段儿童的心理特点和接受能力，使之在难度上逐步提高，呈现螺旋式上升的特点。二是以学科课程标准为依据，开发学科校本教材，包括《拓展阅读》《曼妙数学》《足球》《益智英语》等。三是与主动教育特色相结合，研发特色校本教材。如经典品析、绘画、剪纸、泥塑、棋类、诗作等。近年来，我们对学校的校本课程进行整合，形成了智趣、根趣、创趣校本课程。

智趣、根趣、创趣校本课程是以"适生而设——给学生以选择和尝试；顺应天性——让学生亲历和体悟；开放包容——服务于学生成长和成才"为目标，以"适生、顺应、开放"构成校本教材的内涵特质。利用课程资源、地域优势资源、社会发展资源，重点开发建设三项校本课程。这三项校本课程在总体设计上遵循"适生而设"，在内容编排上强调"顺应天性"，在引思引探问题设置上采取了"开放包容"原则。这三项校本课程虽在内容上各有侧重，但皆以"激趣、筑趣、延趣"贯穿每一课程内容设置的始终，以保证师生"有趣、有品、有爱"地实施校本课程。

智趣校本课程在设计上遵循学生生理和心理的发展规律，结合学生的学习、生活经验，从学生的社会生活、学习阅历、学习知识等方面提取话题，通过实践活动，为学生提供体验和感悟的机会，从而促使学生研究、探索、发现兴趣的提升。在课程板块上，总体分为运用已知，触摸探索，人与未知，人与社会，人与自然，人与他人，人与自我等板块。具体板块则以学科学习所获为起点，以探索发现为跃点，以初步形成研究意识，以发现学以致用的乐趣为提升点。在课程内容上包括：（1）好习惯养成课程（共3册），包括习惯培养课程、课堂礼仪课程、行为礼仪课程。（2）英趣旅行课程（共4册），包括趣味英语课程、快乐英语课程、多彩英语课程、魅力英语课程。（3）数趣王国游记课程（共6册），包括聆听数学史话课程、体验数学之趣课程、解读精彩生活数学课程。（4）与精彩语言交朋友课程（共12册），包括用美文来做拓展阅读一；用拨动心弦做拓展阅读二；用流淌于心的歌做拓展阅读三；用妙笔寄情山水做拓展阅读四；用先辈的足迹做拓展阅读五；用景之美、人之采做拓展阅读六。智趣校本课程是红桥区实验小学对国家课程的拓展性开发，根据学生的需要进行了展开和深化。

根趣校本课程在课程设计上，确立教育的最终目的是"立德树人"，要使学生健康，有根基地站起来，其关键条件之一便是使学生根扎沃土，增加挚爱国家的因子。在所谓寻根、知根、承根的学习过程中，了解津城根深厚重的历史；明白津城浸润根汁的特色，通晓津城彰显根品的伟绩。在力求对国家课程做出必要补充和延伸的同时，开阔学生视野，将津门优秀品质元素融于学生的学习、生活之中。在课程板块上，帮助学生打开视野，了解津门特色、特品；学习、传承津门特色、特品；学习养成、累积知能，报效家国。具体板块使学生以学习了解为起点，以研究、发现、总结为跃点，以形成知根美、爱家乡；以有计划、见行动为课程学习的提升点。在课程内容上包括：（1）海河秀色——津门之特色，包括地域特色、建筑特色、文化特色、语言特色、饮食特色。（2）神州颂扬——津门之品格，包括前赴后继（抗击外侵），敢于斗争（反抗压迫），争取解放（平津战役），吃苦耐劳（建设家乡），勇于创新（科技兴城）。（3）技耀华夏——津门之绝活，包括传统游戏，健身独特之法，非遗绝活。（4）传承厉行——爱津之作为，包括赞津，感悟家乡之美；悟品，学做家乡小主人；传承，宣传津城，弘扬特色。

创趣校本课程在课程设计上，确立在日新月异的社会大发展中，培养学生的创新意识是学校教育的责任，是学校必须关注的问题。抓住学生对事物充满好奇和兴趣这一特点，将学生带到主动观察生活，发现生活，创造生活的大发展之路的入口处，是创趣校本课程的愿景。在所设"创造与世界的发展，创造与我们的生活，创造与我们的距离，创造与我们的发现"学习过程中，了解发明创造对世界发展与推动的典型事例及意义；明白发明创造与我们生活取得进步的关系；明晰发明创造的要义与方法；观察生活，产生创点，动手实践，让自我发现，服务他人，扮美生活，成为课程的核心内容。力求在调动学生知识与能力积累的同时，引导学生主动探究未知；在发现问题的同时，动手解决问题；在开阔学生视野，增加创新意识的同时，将主动发现，主动研究，主动实践的创造兴趣因素融于学生的学习、生活之中，逐渐养成生活习惯。在课程板块上，总体板块以典型事例引路，讲析发明创造与世界发展；以讲事论理的方式通俗地阐述发明创造在我们生活中无处不在；归纳方法与要义，引导学生走近发现、发明与创造；帮助学生以方法寻入口，在生活中找到创点；用交流、讲释、辩论等形式将创趣课程延伸。具体板块以学习了解为起点，以讨论交流为深入点，以探究发现为实践点，以调动已知研究为提升点。具体内容包括：（1）诗源观察与生活——诗之特点与创作。包括诗与生活，诗的类别，诗的要义，我以我诗抒我情。（2）开启发现之门——我的创造我做主，包括大发明源于小发现，打开生活之窗，俯身观察，我做研究的前中后。

3. 坚持开展特色校本活动课程

特色校本活动也是重要的课程形态之一，建立在活动课程的基础之上。在这方面，我们丰富了活动课程的类型和内容：学校将数学、语文分别减少一课时，增设活动性较强的，能最大限度发挥学生自觉性、主动性和创造性的各种活动课程，开设了以自主十分钟活动为特色的综合活动课和以培养爱好特长为主的选修课，增加了英语口语课、信息技术课、说话课、综合实践活动课。我们充分发挥兴趣小组的作用，开设了泥塑、剪纸、成语故事、硬笔书法、棋类、诗文诵读和美文欣赏等26门自选课程，供孩子们自主选择。每周三下午第三节课就是学生们的自主天堂，学生可根据其兴趣选择不同的学习内容，在修习中与经典对接，在行动中深化对经典传统的感性理解，让兴趣与认知在动手动脑中自然天成。注重利用传统节日开展教育，重阳节开展"敬老、爱老、助老"活动，在教师节献上"浓浓尊师情，款款爱生意"，在父亲节、母亲节回馈父母之爱。启发学生心的感应，滋养情的脉动，感受爱的温暖。开展校园的"三节"活动，即"体育节""艺术节""读书节"，组织"三周"即"科技周""数学周""英语周"活动。这些活动内容丰富多彩，形式活泼多样，深受学生喜爱。例如在读书节中，学校以"读圣贤书，立君子品，砺报国志，做有德人"为活动主旨，开展"品阅读之韵，塑博雅人生"的古诗阅读大赛，让学生领略到"书中乾坤大，笔下天地宽"的意趣。科技周以"关注环境，关注健康，创建绿色校园"为主题，开展"科技创新探索、科学创新展示、科学创新体验"活动。开展以"雾霾天气危害大"为主题的科技讲座，探索校园节能减排新举措，创设校园气象预报观测站，建设班级绿色长廊。开展"做实验园形象大使"活动，在孩子们心里播下礼仪的种子，丰满修养的枝叶，蓄积成长的营养。

我们充分利用社会资源开展特色活动，通过开发社会资源，建立实践基地，让学生走出校园，在实践中汲取更多的知识，滋养他们，提高他们的能力。我们与社区单位建立共建关系，成立了许多教育实践基地。如爱国主义教育基地——北空、平津战役纪念馆；爱心服务基地——八段养老院；科学实验基地——海昌极地海洋馆等。让孩子们在实践中增强爱国主义情感，在劳动中学会关爱，懂得感恩，在动手实践中培养探究精神。除本社区外，我们更着眼于社会大社区的教育融合。平津战役纪念馆等名胜古迹、革命史迹、爱国主义教育基地及各级文物保护单位等优秀的历史文化遗产也为我们提供了广阔的空间。我们带领学生走进全市多个社区组织开展了一系列的体验实践活动。

我们还先后组织学生前往天津西站参观并采访工作人员，感受西站建设的天津速度与质量，向过往旅客发放问卷，宣传天津精神；走进华明镇，看天津今日农村的巨大变化；走进地铁二、三号线工地，感受地铁给津城带来的快速发展；探访三条石历史博物馆，了解天津民族工业发展的历史，走进影视中心及天津儿艺学习表演，体验演员的苦与乐。

（五）完善主动教育课程实施体系

主动教育的课程实施是主动教育课程体系最为关键的组成部分，学校的主动教育课程，无论是国家课程、地方课程，还是校本课程及其特色化校本活动，都要通过课程实施这个环节以转化为学生个体的经验。课程实施是把新的课程计划付诸实践的过程，新课程计划总是蕴含着对原有课程的一种变革，课程实施就是力图在实践中实现这种变革。[①] 课程实施存在着三种取向：一是忠实取向。教师原原本本地按照课程方案或者课程计划的要求实施课程，很少做出调整和变化。二是相互调适取向。教师根据具体情况对原先的课程计划做出适当的调整，注重课程计划与课程实施之间的相互调整。三是创生取向。教师和学生的经验与课程相互融合，不断开发和创新课程，关注师生的课程建构，关注课堂上所发生的课程问题。充分发挥教师和学生的主体作用，坚持有效实施国家课程与积极开发校本课程、校园活动相结合的原则，从社会发展需求，学生成长需求，尤其是从不同层次学生成长需求出发，努力实现课程促进学生全面发展的功能，彰显学校办学特色，形成了"课堂教学，校本课程学习，学生社团实践，专题活动"四项实施载体的实施体系，充分体现出创生取向的课程实施原则。由于学生社团实践和专题活动在其他部分已有比较充分的讨论，这里我们着重对课堂教学和校本课程学习两种载体进行研究。

1. 国家课程校本化实施

国家课程是一个国家对其未来公民素质的基础性要求，也是公共性要求。我们严格执行课程计划，进行国家课程的校本化实施，主要途径是课堂教学。国家课程的校本化实施是在坚持国家课程改革纲要基本精神的前提下，学校根据自身性质、特点和条件，将国家层面上规划和设计的面向全国学生的书面计划的学习经验转变为适合本校学生学习需求实践的学习经验的创造性实践，包括教材的

[①] 靳玉乐：《新课程改革的理念与创新》，人民教育出版社2003年版，第134页。

校本化处理、学校教材的校本化处理、学校本位的课程整合、教学方法的综合运用和个性化加工及差异性的学生评价等多样化的行动策略。[①] 实际上就是学校根据实际情况对国家课程进行再加工从而创造性地实施国家课程，反映了课程实施的调适取向和创生取向。我们在主动教育课程体系的实施中，按照"优质+融通+特色"的要求以国家课程为基础，在国家课程框架下进行校本化开发。一是"优质"，即严格按国家课程标准实施并高标准地达成课程目标，将课堂教学建立在课程标准的基础上，强调基于课程标准的教学。课程标准是课程计划所设置的每一门具体课程进行总体规划和说明的课程文件，国家课程标准既是对基础教育课程的基本规范和要求，也是评价学校、教师和学生的重要依据，在每个学校都必须得到贯彻和执行。我们强调优质的标准和要求，强调高标准地达成课程目标。二是"融通"，即注重执行国家课程与教学方法、课程拓展的融合，达成课堂改革的实效与显效。也就是要对现有的课程进行整合。三是"特色"，是指根据学校教学实际，对国家课程内容进行延伸性、拓展性开发。

(1) 着眼课程标准的达成

我们严格执行国家规定的课时要求，突出学科的主干知识，在课堂教学有效性上下功夫，认真做到：把"课堂改革"作为国家课程校本化实施的主题词；立足于课程目标贯彻的全面性，教学内容的适切性和课堂上学生的主体性；以"深度备课、教研"为抓手，逐步落实"三个转化"：一是深入推进课程标准向学习目标的转化，二是深入推进课堂教学过程向学习过程的转化，三是深入推进课堂检测由"甄别"向"诊断与补偿"的转化。

我们把课堂教学作为国家课程校本化实施，落实课程标准的重要途径，在教学理念上坚持"把发展的主动权还给学生"，在教学目标上注重知识与技能、过程与方法、情感态度与价值观、学生素养培育与积淀的完整统一，在教学环境上注重教学的心理环境和物

[①] 徐玉珍：《论国家课程的校本化实施》，《教育研究》2008年第2期。

质环境，特别是心理环境的创设。在推进课堂教学过程中，注重落实好五个维度：一是实，上扎实有意义的课。教师在课堂教学中注重基础性目标的达成度，注重学生对必备学科新知识和技能的理解，掌握与应用达到了目标要求。二是广，学生主体在参与面上有广度。我们要求教师在课堂教学中要善于创造问题情境，使设问更具思维梯度和思维力度，引发学生好奇心，增进他们的体验和思考。三是深，强调教师启发学生思考的最好方法是"和学生一起思考"。注重学科特点，注重拓展理解宽度，注重思考力的培养，注重通过问题导引，实现学生真正意义上的理解。四是活，即课堂教学机制注重灵活性。在教材使用，内容呈现，方法运用，环节把握，时间分配，教学评价等方面体现教学的生本性、灵活性、创新性，多维度地激活课堂教学的活力。五是和，即为学生创设和谐的学习环境，包括心理环境和物质环境。追求学生与教师之间，学生与学生之间，学生与学习内容之间，学生与学习环境之间有充分的互动。允许学生冒险与出错，让每个学生都体验进步与成功。

（2）着眼国家课程内容的融通

在课程结构上，着力研究国家课程与校本课程的融合；在课程目标上注重工具性与人文性的结合；在教学组织上致力于建构教学方式与学习方式的匹配；在教学实施的空间上注重课内课外互补的优势，注意国家课程的系统性和自洽性。注重国家课程内容与学生生活的融通，与学生的生活世界建立密切联系，让课程的学习回归现实生活。

（3）注重对国家课程执行特色的培育

我们主要从以下方面入手开展工作：一是体现在课程的核心价值追求上：强调学生立场和融通思维两个维度的落实与体现。二是在课程执行上，遵循学生生理和心理发展规律，结合学生的生活经验提取话题，通过实践活动，提供学生体验和感悟的机会。三是在课程实施过程中，形成"一模带多模"的创生态式。以学校"探究式五环节"教学模式为引导基石，引导各学科把握学科课型特点，创设多形式学科教学模式，促进课堂改革的两方面转化：一方面是理论渗透性的"浸化",另一方面是实践丰富性的"类化"。四是在学生学习评价上,关注学生课堂表现、课后实践、活动参与三部分,着重引导学生的自我诊断行为,形成认知的改善和情感的发展。

2. 校本课程特色化实施

主动教育的校本课程就是在主动教育理念指导下,立足于学校实际,充分利用社区和学校资源开发多样性的、可供学生选择的课程。它是立足于学校实际,以学校师生为主,为了学校发展而开发的课程。学校实际上进行的是校本课程开发,校本课程是学校的产品,是实现学校育人目标和教育理想的个性化载体。围绕"一切为了成就学生成长"这学校价值追求和"意义学习,学做融合"这一课程建设行动关键词展开。学校将校本课程划分为"智趣、根趣、创趣"三个基础层面,通过这三个层面的实施达到"意义学习,学做融合",由这三个层面的相互影响来形成合力。"三趣"校本课程有三个特点:强调适生而设,在总体设计上强调适生性,给学生选择和尝试的机会;顺应天性,在内容编排上强调顺应学生天性,让学生亲历和感悟;开放包容,在引思问题设计上采取开放性,服务于学生成长成才的需要。这样,一方面将国家课程校本化的走势推向实效化、高效化,另一方面实现国家课程和校本课程的相互拓展和补充,由此最大程度地实现促使学生全面发展、整体发展、主动发展、个性化发展的学校课程建设的期待与追求。

红桥区实验小学在"三趣"校本课程开发中注重围绕两方面展开。

(1) 明确校本课程实施流程,用交互的活动构成课程开发主线

红桥区实验小学校本课程实施由 A、B 两大方法进行选择操作。A 法由三大板块组成:第一板块为目标引领,内容学习,导航学生进入。这一板块强调学习与引领,教师围绕教材与学情,尽可能地提供有关学习内容和相关资料,以引导学生有方向、有针对性地学习。第二板块为活动体验,问题探究。结合生活,拓展学生动

手动脑空间。这一板块强调收集与探究，引导学生尽情地走向广阔空间，通过多种途径收集相关事例、材料，既为学生研究创造提供条件，又锻炼学生实践活动的能力。第三板块为分享呈现，展示成果，总结提升。这一板块强调交流与总结。通过在规定的时间里，组织学生或学生自主组织，与其同学交流他们的发现和研究成果。以展一展、说一说、演一演、做一做、比一比、赛一赛等多种形式，以学生在真实问题解决过程中所获得的积极体验为总结内容，用精练的语言和关键词语形成格言式语言，帮助学生诵记，累积形成对他人的关爱和对社会的责任感等。

B法在课程实施上实行三式联动。三式联动是由三种教与学相结合方式组成的。这三种方式分别为前置课程、学研课程、后续课程，强调提出问题，生活发现，家庭访问，社区调查等。前置课程强调创设主干问题，收集相关现象与事例，由主干问题派生出分支问题，让学生带着问题走向课堂。学研课程包括交流发现，围绕问题，展开学研，总结事理。它强调学生交流生活发现，师生归纳问题主线；依课程学习与研究，对生活发现展开辨析；师生总结事情（事物）类别（所属），归纳事理，明晰发现。后续课程包括指导学生整理所学，以所学内容实践于活动，或制作小学报，或提出实验报告，或做实践小结，或撰写故事，进行剧本表演等活动。后续课程强调引导学生学以致用，研有目标，做有途径，努力将所学反馈于生活和学习实践，做到带趣而学，学以致用，用则有序，做而有果，果而提能。

"三趣"校本课程的两大操作方法在教学反思与评价上均强调导学之法，引思之道，合作设径，探究引导，从而确保了校本课程的特色化、个性化实施。

（2）保证校本课程的学习时间

校本课程的时间保障是课程实施的前提与必需。学校将开设点面结合的"长短"两节课，即每周五下午安排一节课40分钟，为校本课程专用课时。首先，依据学习内容，设立"长课"，一般为40分钟，立足教材，立足学情，开设（总结）一个学习内容。其次，将"短课"分为前后两个时段。其一，前20分钟依据学习内容让学生自设研究点，明确实践所设内容；其二，后20分钟展开小组交流，相互补充。每一个课题以长短两课为一个完成单位时间。即第一周为短课，进行启动学习，通过一个星期的实践活动，于第二周的长课进行汇报展示和学习归纳。

我们在校本课程开发实施的时间操作上注意使短课围绕一个主题，提出综合性实践活动的内容。要求提出活动建议，进行活动目标宣讲，学习主题揭示等。长课则注意师与生的互动与促进。在学生层面通过一周的实践活动，学生以各种方式汇报活动的收获与发现；在教师层面则根据课程内容，依据学生实际情况，进行有知识、有事例的讲解，并在学生理解与认识的基础上，归纳出相关事理，为学生后期有个性的实践选择提供认识基础。由此长短交叉，点面结合，既为学生学习研究提供方向，又为学生提供了广阔的认知天地。这一活动力求做到学做融合，成就学生的发展。

（六）构建主动教育课程评价体系

课程评价是课程建设的重要环节，是根据一定的标准和课程系统信息并运用科学的方法对课程所产生的效果做出价值判断。[①] 通过课程评价促进课程改进和学生学习的进步。主动教育课程评价体系包括对学生的评价、对教师的评价和对课程本身的评价，我们用"过程性评价与结果性评价相结合、自评与互评相结合、激励性评价与发展性评价相结合、单项评价和全面评价相结合、单项学力评价与1 + ×增值评价相结合"五种评价方式进行课程体系建设的评价，这一方面将在第十章里有专门的评价研究，评价的内容、主体和方式构成了主动教育课程评价体系。

---

① 靳玉乐：《现代课程论》，西南师范大学出版社1995年版，第425页。

（七）加强主动教育课程管理体系建设

课程体系的管理是课程体系建设的重要组成部分，实际上，每个学校都会有课程管理这项工作，但在很多情况下没有将之提升到足够的认识水平上，也没有纳入课程体系建设中去。课程体系的管理就是在一定的社会条件下，课程管理者对一定课程系统的人、财、物、课程信息等进行决策、计划、组织、协调和控制，有效实现课程系统预期目标的活动。[①] 在课程管理中，红桥区实验小学努力做到各项管理制度健全完善，建立了学校教学质量保障机制和以校为本的教学质量评价体系，注重在课程管理实践中做到"三到位一精细"。

1. 各项管理制度执行到位

多年来，红桥区实验小学一直坚持每年修改完善各项课程管理制度。我们采取自下而上、自上而下的双轮回形式，由全体教师、干部全员参加课程管理制度的完善与修改。我们充分发挥教师在课程管理中的主体作用，教师人人参与制定课程管理制度，人人有权提出修改完善意见，人人对制度有深度的理解，让课程管理制度成为学校教师自律自查的行动之纲，成为学校课程管理的基础之线。

2. 学校教学质量保障机制和评价体系建立到位

基于"以师生发展为本"的教育宗旨，红桥区实验小学从教与学双线出发，建立了教师教学、备课、师德、专业提升的教师评价系列和学生课堂行为表现，活动行为表现，以学评教的学生评价系列。以此为基础架构，学校建立了教学质量评价体系，对教师的教学工作和学生的学习与发展起到了全面的促进作用，对所有学科教学质量的提升起到了引领与促进的作用。

3. 学科授课计划与实施措施到位

红桥区实验小学认真落实课程计划，坚持做到"四个深入"，

---

① 廖哲勋、田慧生：《课程新论》，教育科学出版社2003年版，第447页。

即"听课深入",实行校长、主任、教研组长层级、随机听课制度,做到学期全校教师课堂全深入。"管理深入",实施课程管理台账制度,做到干部个体能解决的问题,当时、当天解决;干部个体解决有困难的问题,进行二级协商解决(与主管校长协商,每周一次行政会协商)。"教研深入",学校实行菜单式组教研,以听课与日常巡视工作表现中所出现的共性问题为每次组教研的主题,做到有主题发言,有全员研讨,提出解决问题的策略。"备课深入",学校实行三备成案制度,由教师个人备成初案;全组成员从教材分析、学法设计、教法设计、能力形成、教与学成果反馈等角度实现同伴互助互补;再由教师个体修改教学设计,形成完整教案。我们一直坚持要求各学科有详细的授课计划,班会校会,学生社团活动有课时活动方案。做到有安排明确的工作目标,有做好的相关记录,有及时反馈、明确的成绩与问题,有跟踪听课,明确问题的改善程度。实践中我们注重管理,追求工作计划先行细操作;目标引路有措施有成果。在不断坚持和促进下,学校已形成做即有效,效促学生发展,研即明点,研促教学质量提升的工作风貌。

4. 学校课程管理,从规范走向精细

多年来,红桥区实验小学一直立足于学校课程管理科学化、精细化的研究与实践,致力于对以工作流程图管理促进学校精细化管理的研究。经过团队的共同努力,《言行并融 启程未来》是关于学校管理的精细化研究与实践的集锦。这其中涉及教学管理的工作流程图34份,涉及教师教学工作的方方面面。工作流程图对教师每项工作的目标和每一个环节的工作内容与责任要求都做出明确的提示。教师在工作设计中,以流程图为蓝本,既找到了细化工作的起点,也找到了进一步提质增效的工作创新跃点,使教师在学校课程管理中,逐步由被管理者走向管理的参与者,形成实验教师的"主动研究 智慧工作"的品格。

在主动教育课程体系建设中我们采用六种工作方式,即六个注重:注重课程体系建设的整体思考;注重不同课程之间的整合衔接，不断追求 1＋1＞2 的整体效益；注重帮助学生赢取走向未来的"通行证"，赋予学生可持续发展的最强劲动力与可能；注重具有开放的视野，集思广益，群策群力，使课程结构呈现出永在的活力；注重长期的坚守，追求课程体系日臻完善，积累丰富；注重在课程坚守中创新，追求课程的创生价值。除此之外，我们还在学习方面、制度方面、队伍建设方面、设备与资源方面、教育科研方面和校本培训方面加强建设，为红桥区实验小学的主动教育课程体系建设提供了有力的保障条件。

第六章

主动教育的教学

教学是学校教育的核心工作。主动教育的实施主要依赖于教学。主动教育的教学理念倡导学生在学习中的主体地位，把发展的主动权还给学生。为贯彻主动教育的教学理念，红桥区实验小学积极开展全校整体教学模式探索，形成了"探究式五环节"教学模式，教师们在各个学科中进行了灵活运用和积极探索，形成了各科具体的教学模式。在学校引领以及教师自身积极贯彻和研究教学模式的过程中，一些教师的教学特色逐渐凸显，经反思和提升形成了颇具特色的教学风格。红桥区实验小学课堂教学改革之路经历了"建立与实践学校教学模式，激励与创造学科教学模式，激发与引领教师探求教学风格"的三级递进。

一 主动教育的教学理念

教学理念是有关教学活动的理性认识，是"教学应该怎样以及为什么需要如此"的理想化认识，反映了人们对教学实践的价值期待和理想追求。[①] 主动教育是以调动和发挥学生的主体性为手段，旨在培养全面发展的有健康个性的人的教育。主动教育教学理念的

---

① 段作章：《教学理念的内涵与特点探析》，《教育导刊》2011 年第 11 期。

核心是把发展的主动权还给学生,培养学生主动发展的能力,提升学生健康成长的综合素质,在此过程中也促进了教师的发展。

(一) 教学是师生互动、共同发展的过程

长久以来,学生在教学中常处于被动地位,其主体性没有得到足够的重视。学生的主体性体现在其能动性、自主性和创造性上。能动性是指学生能够调动自身潜藏的生理、心理能量,并使之指向一定的目标,在活动中处于积极、主动、活跃的状态,具有目的性、计划性和选择性。自主性是指学生具有支配自身活动的意志和能力,具有自我调节、自我控制、自我完善、自我实现的能力。创造性是以探索和求新为特征的,它是对现实的超越。对学生的学习而言,其创造性更多的是指学生具有强烈的创新意识,善于自主学习,具有一定的创造思维,善于把所学知识运用于实践。[1]

正是由于学生具有能动性、自主性和创造性,教师在教学中要处理好传授知识与培养能力的关系,注重培养学生的独立性和自主性,引导学生质疑、调查、探究,在实践中学习,促进学生在教师指导下主动地、富有个性地学习。教师应尊重学生的人格,关注个体差异,满足不同学生的学习需要,创设能引导学生主动参与的教育环境,激发学生的学习积极性,培养学生掌握和运用知识的态度和能力,使每个学生都能得到充分的发展。

同时,我们还需注意到,教学过程不仅是促进学生发展的过程,也是师生交往并且共同发展的互动过程,是师生一起对知识共同探究的过程。它的重点在于教师与学生间的互动交往、相互交流沟通、相互启发和补充。通过这个过程,教师与学生可以一起分享经验和知识、交流各自的情感和体验,从而促进教学相长和共同发展。[2]

---

[1] 刘平秀:《主体性教学的五大特征》,《教育探索》2000年第10期。

[2] 刘冰、徐娅蓉、赵丽:《主动研究型教师的校本培养研究》,天津教育出版社2015年版,第44—45页。

（二）加强课程内容与生活的联系

我国新一轮基础教育课程改革把"改变课程内容'繁、难、偏、旧'和过于注重书本知识的现状，加强课程内容与学生生活和现代社会科技发展的联系"作为重要的改革目标之一，从课程内容的角度确立课程改革与学生生活的联系。为实现这一目标，各科课程标准无不强调从学生的已有经验出发，密切课程内容与日常生活的关系。

与国家基础教育课程改革相一致，长期以来红桥区实验小学主动教育注重课程内容与学生生活的联系，以激发学生学习的积极性和主动性，让学生感受到学习的课程内容对于其生活的意义。加强课程内容与学生生活的联系主要有两种途径：其一，在新的课程知识的学习中，要尽可能地联系学生的生活；其二，引导学生将学习到的知识运用于生活，这既包括对生活的理解，也包括对与生活相关问题的解决。

总之，课程内容不应是单一的、理论化的、体系化的书本知识，而是向学生呈现人类群体的生活经验，并把它们纳入学生生活世界中加以组织。所以，学生在学校的学习不再只是单一形式的训练或机械记忆，课程内容也不再只是死记硬背一些对实际生活毫无用处的抽象知识，而是着重培养学生日常生活中所必须具备的基本能力和正确的生活态度。[1]

（三）重视自主、合作、探究的学习方式

主动教育重视自主、合作、探究的学习方式。自主学习是与传统的接受学习相对应的一种现代学习方式。以学生作为学习的主体，通过学生独立的分析、探索、实践、质疑、创造等方法来达成学习目标。自主学习具有主动性、独立性、自控性的特点。合作学

---

[1] 全国十二所重点师范大学联合编写：《课程论》，教育科学出版社2007年版，第144页。

习是指学生为了完成共同的任务,有明确的责任分工的互助性学习。合作学习具有交往性、互动性的特点。探究学习是学生在主动参与的前提下,根据其猜想或假设,在科学理论指导下,运用科学的方法对问题进行研究,在研究过程中获得创新实践能力,获得思维发展,自主构建知识的一种学习方式。探究学习具有问题性、过程性、开放性的特点。

在教育教学活动中,我们应充分发挥学生的能动性,通过"自主、合作、探究"的学习方式,引导学生学习方式的变革。这有利于改变以往过于强调接受学习、死记硬背、机械训练的问题,引导学生主动参与,乐于探究,勤于动手,培养学生搜集和处理信息的能力,获取新知识的能力,分析和解决问题的能力以及交流与合作的能力。同时,我们要认识到,自主、合作和探究学习仅仅是多种学习方式中的三种,不能把自主、合作、探究学习形式化、绝对化,要学会全面辩证地看待自主、合作、探究学习。[1]

(四) 建构平等共进的师生关系

在信息化时代,学生可以通过各种各样的途径获得知识,甚至在某些方面学生所具有的知识已超越了教师。在此背景下,传统上学生只能从教师那里获得知识的状况得到了彻底的改变,而教师在师生关系中长期延续的支配性地位受到了冲击。这也意味着传统权威和支配型的师生关系急需被平等民主的新型师生关系所取代。在此背景下照本宣科、灌输式的教学方式也必须被摒弃,教师应更多地激励学生独立思考和自主决策,将其转变成教学顾问或与学生交流意见的参加者或帮助他们发现问题的人,并让学生认为教师是他们潜能开发的促进者和供他们合理利用的学习资源,而不是直接拿现成的真理灌输给他们的人。[2]

---

[1] 余文森:《论自主、合作、探究学习》,《教育研究》2004 年第 11 期。
[2] 刘冰、徐娅蓉、赵丽:《主动研究型教师的校本培养研究》,天津教育出版社 2015 年版,第 40—41 页。

在信息社会里，学生通过大众传媒，可以越来越多地获取教师在课内外未传授的知识，获取对教师所传授内容起到补充与深化作用的知识，获取他们认为比教师传授的更具吸引力或更有意义的知识，教师传播给学生的信息量在学生可接收到的信息总量中所占的比重逐渐减少，甚至学生通过大众传媒可以越来越多地获取教师本人尚未占有的知识。在教学过程中，教师事实上也在从学生身上学习，进而不断提升他们的知识素养和教育素养。因此，我们需要从传统静态性的"师教生学观"向动态性的"师生互学观"转换。[①]教育过程不仅是学生的成长与发展过程，同样也是教师的成长与发展过程，教师和学生是一种平等共进的关系。

(五) 重视教学评价对师生的发展功能

长期以来，中小学的教学评价过于关注学生的学业成绩尤其是考试成绩，过于强调其甄别与选拔的功能，对于评价促进学生发展，教师提高和改进教学实践功能的关注不够。

主动教育注重通过评价来促进学生的全面发展。我们认为，评价在关注学生学业成绩的同时，更要发现和发展学生多方面的潜能，了解学生在发展过程中的需求，帮助学生认识自我，树立自信，从而发挥评价的教育功能，促进学生在原有水平上的进一步发展。在学生发展的评价活动中，要还学生评价以主体地位，遵循多元性评价、发展性评价、重过程评价的原则，使评价真正起到激励、引导学生发展的作用。

在关注教学评价促进学生发展的同时，我们还需关注教学评价在教师发展中的价值。教师应重视对自身教学行为的分析和反思。在以教师自评为主的基础上，校长、学生、家长、其他教师多方参与评价，能够使教师从多种渠道获得信息，不断提高教学水平。

[①] 吴康宁：《学生仅仅是"受教育者"吗？——兼谈师生关系观的转换》，《教育研究》2003年第4期。

(六) 重视现代信息技术在教学中的应用

随着时代的发展，现代信息技术广泛应用于社会生活和家庭中的各个方面，在教育中的应用也日益广泛。现代信息技术在课堂教学中的运用已是必不可少。现代信息技术在课堂教学中的应用，能"放大"课堂教学空间，"延长"课堂教学时间，不但能很好地解决学生参与教学活动量的增强与教学时间不够的矛盾，还能够增强学生所学内容的直观性，激发学生的学习兴趣，在一定程度上减轻学生过重的学业负担，提升学习质量。

大力推进信息技术在教学过程中的普遍应用，促进信息技术与学科课程的整合，有利于推动教学内容的呈现方式、学生的学习方式、教师的教学方式和师生互动方式的变革。充分发挥信息技术的优势，能够为学生的学习和发展提供丰富多彩的教育环境和有力的学习工具，也为学生的自主学习和主动发展提供了无限可能。

二 主动教育的学校整体教学模式探索与建构

随着新课改的推进，红桥区实验小学教师的教学理念在一定程度上得到转变和更新，但由于缺少行之有效或高效教学方法的实践操作和行动研究，一些教师的课堂存在"低效率，高耗能"的现象。在一些课堂教学中师生关系还没有得到真正的转变，还没有把学生放在课堂教学的主体地位上，课堂上学生被动地学，学习的主动性和能动性不足。为贯彻主动教学理念，立足学校实际，2009年秋季，红桥区实验小学开始了教学模式的探索。经过学校提案、专家指导、学校领导及教师研讨几个历程的修改、完善，红桥区实验小学于2010年秋季提出了"探究式五环节"教学模式并开始组织实施操作。

(一) "探究式五环节"教学模式的主要环节

红桥区实验小学的"探究式五环节"教学模式在教学中按照

"定向、激趣→引议、启学→探究、导思→训练、延伸→反思、改善"五个基本环节来组织实施（见图6-1）。

1. 定向、激趣

主要是指课前先学环节，教师在理清教材主要内容、知识结构的基础上，依据课程标准、教材要求和学情，制定适应学习的三维教学目标，据此设计预习学案，指导学生动口（阅读教材，初步了解即将学习的内容）、动脑（运用旧知发现新知，争取掌握本节课的基础知识）、动手（记下已会知识，理出发现的问题）。这是有效教学的起始点。

2. 引议、启学

主要是指在新课伊始阶段，教师组织学生汇报预习成果，通过交流、讨论、互补，教师适时点拨，明确学生已会知识及存在问题。教师根据学情调整教学目标，启动新知教学，创设出围绕学习重点启思启学的教学情境，使学生产生学习的兴趣，并使学生带着问题进入学习。这是教学的关键点。

3. 探究、导思

是指针对学生深入学习中所出现的困惑及问题，教师临近学生"最近发展区"，引导学生在易错易惑之点处展开探究，诱发学生思考。在此基础上，反馈学生主动探究、亲身体验的结果，帮助学生发现知识的规律和解决问题的方法。这是教学的深入点。

4. 训练、延伸

是指通过教师点拨，生生互动，将本节课需要掌握的知识、技能、规律、方法等加以总结，再引导学生依相关学法展开举一反三式的训练。通过交流、评价、反馈，教师有针对性的点拨，达到学生既掌握知识又形成能力的目的。这是教学的落脚点。

5. 反思、改善

是指课末师生回顾学习内容完成情况，努力做到师生双向对学与教过程的反思与完善。首先是启发学生反思并简要回答本节课我学到了什么（反思知识重点）？怎样学会的（反思学习方法）？还存在什么问题（反思需加强之点）？其次是教师站在学生学习的立场

◈ 第六章 主动教育的教学 ◈

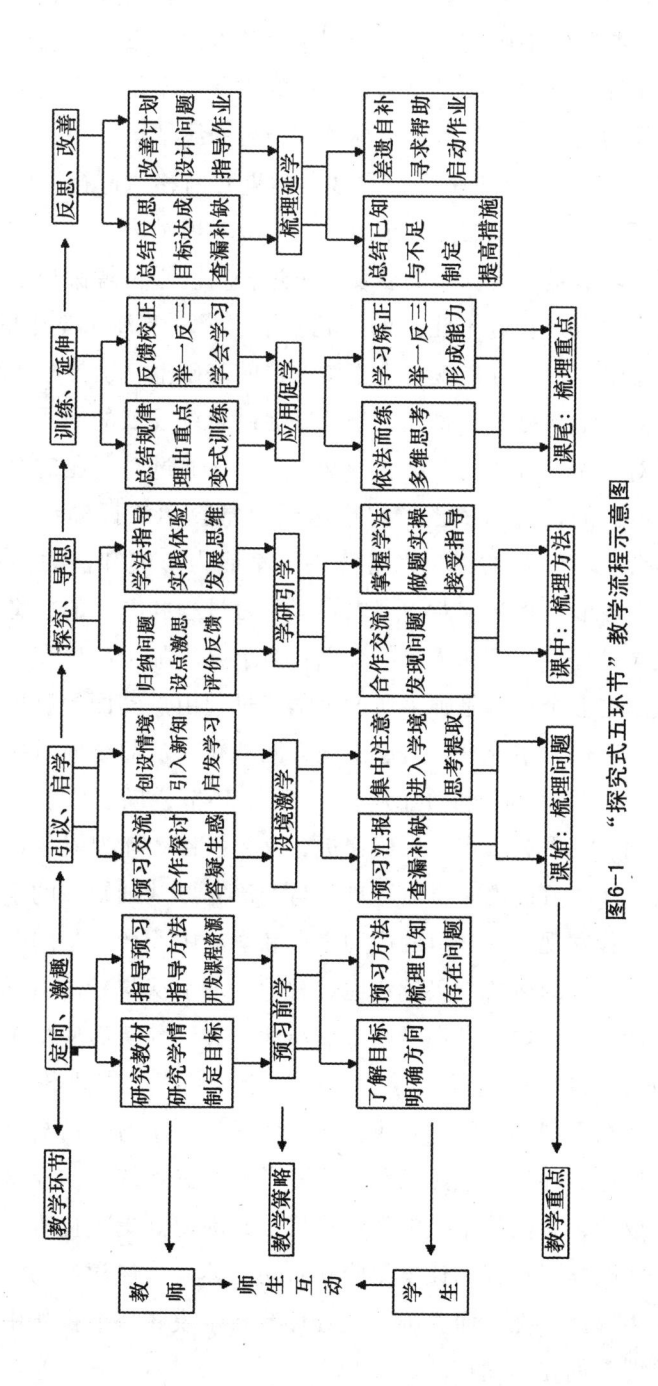

图6-1 "探究式五环节"教学流程示意图

上反思教与学的得失，对该节课的有效性进行自我评价，做到得失明了，查漏补缺措施明了，不断调整教学方法。重点突出分层布置作业，指导学生善于反思总结学习中的收获与不足，建立起问题与思路之间的联系。这是教学目标落实与否的终结点。

"五环节"中的第一环节是教学的重心前移，进行课前准备是有效、高效教学建设的探究重点，是解决学习动力、兴趣的起点问题。第二环节是落实教学的启发点拨过程，注重情境激思引学，着力解决学生学习应着重注意的问题。第三个环节注重学生的体验、探究和感悟，在充分体现学生主体地位的基础上，引导学生参与探究，由发现走向分析与思考，是解决促进思维发展的问题。第四环节是针对规律、方法的总结、归纳、延伸，通过对问题的验证、反馈，对能力的训练、矫正，初步达到课堂教学掌握知识，形成能力，学会主动学习的目标，是解决学生能力形成和能力拓展的问题。第五环节注重学生对学习内容、学习过程和方法的反思以及教师对教学过程、方法和不足的反思，力求解决师生反思和改善能力的问题。这五个环节是师生通过对学习过程由点到面的反思，解决教师扬长避短，指导学生有层次地查漏补缺，从而全面掌握知识形成能力，师生共同进步的问题。这五个环节，以引学、引思、引探、归纳、拓展为重点，层层递进，互为条件，互为依存。

在整个学习过程中，通过自学与交流完成基础知识的学习，引导学生自我发现主动学习的成功之点和学习中所产生的问题，从而激发学生学习的热情与兴趣；通过教师设境引探与精讲引学，引导学生在带问而学中，发现新知重点与学习方法，从而使学生的学习热情与兴趣延伸；通过引导学生在易错、易惑之点进行进一步探究，发现知识规律和问题解决方法，使学生的学习热情与兴趣持续升温；通过引导学生依照已获学法，举一反三地练习，让学生感受学习的成功，从而使学生的学习热情与兴趣得到更大提升；通过引导学生回顾学习过程，让学生收获真切的体验，使学生的学习热情与兴趣生成持久性。而教师则从五环节教学模式环节操作中，寻找到高效课堂创建的途径。

(二)"探究式五环节"教学模式的基本特征

作为一种教学模式,"探究式五环节"体现出一些与其他教学模式的不同之处,这些不同之处就是这种模式的基本特征。红桥区实验小学教学模式的基本特征可概括为"一二三四"。

1. 一个主体

课堂教学是为了促进学生的全面发展服务的,那么在课堂教学中谁是主体?学生还是教师?在红桥区实验小学的教学模式中,学生是课堂教学的主体,教师是课堂教学的组织者和学生学习的引领者。教师把充分发挥学生的能动性、积极性作为一切教学设计的出发点。

2. 一种平等民主的师生关系

在"探究式五环节"教学模式中,师生关系发生了根本的变化。课堂是师生互动的场所。教师在课堂上为学生营造一种安全的心理氛围,让学生敢想、敢说、敢做,不怕出错,在课堂上大胆展示自己,积极与他人合作交流,教师则善于为学生创造条件,在耐心倾听、适时点拨中参与学生的学习活动。

3. 两条主线

红桥区实验小学的教学模式强调用两条主线贯穿课堂教学的始终。一是以教学理念为主线,即课堂教学关系是伙伴学习关系,也就是教师和学生、学生和学生在课堂中互为伙伴。学生在没有心理压力的前提下,主动汲取知识,互帮互助,个性得以充分发展。二是以探究为教学活动行为的主线。通过师生间互动、讨论、质疑、答疑、分辨等多元化教学方式,促进学生创造思维与主动学习意识的形成。

4. 三种教学方式

我们在传统的教学方式基础上突出了三种教学方式:一是以预习导学案为载体,突出学生学习的自主性。教学就是要解决学生学习中的问题的。学生通过预习导学案,提出他们的问题,在课堂上带着问题学习,教师在教学中把学生反映比较集中的问题作为教学重点。二是以创设教学情境为核心,突出学习的启发性。三是以交流互动为方式,突出学习的互动性。在教学中充分调动学生的积极性,开展多种形式的师生互动、生生互动,特别是通过生生互动交流进行合作学习。

5. 四种学力

四种学力即教师通过课堂上的教学模式操作实践,致力于学生自学能力、思维能力、探究能力、运用能力四种学习力的培养。课堂围绕"学"展开,教师引导学生学,学生依靠自己学,活动促进学生学,合作互动要求学生学,让学力培养成为课堂成长的支点。

可以看出,红桥区实验小学的"探究式五环节"教学模式是让学生在学习过程中主动动手、动口、动脑,主动地与老师、同学不断进行交流,置身于浓厚的学习氛围之中的一种教学模式。在教学过程中教师要让学生主动参与,以学生主动学习为特征,其本质与核心是发展和体现学生的主体性与主体作用,培养学生主动学习的能力,使学生的学习活动真正成为一个主动学习的过程、主动创新的过程和个性化发展的过程。

三 主动教育的学科教学模式探索与建构

"探究式五环节"教学模式是一种综合的教学模式,对各个学科都具有指导性,但每个学科在具体使用上又不能生搬硬套,必须根据各个学科的特点进行调整和完善。红桥区实验小学教师在学校整体教学模式的基础上,在各个学科都探索出适合他们自身学科的模式。以下主要介绍红桥区实验小学语文、数学、英语、品德、科学、综合实践活动六个学科的教师对教学模式研究的成果。

(一) 语文"四四五调节式"(调节式四环节)教学模式

红桥区实验小学全体语文老师以学校主体模式为框架,创造性地践行模式要求,梳理总结出既有学科特点又科学高效的"调节式四环节"语文教学模式。它强调依三情(课标、教情、学情)的

第六章 主动教育的教学

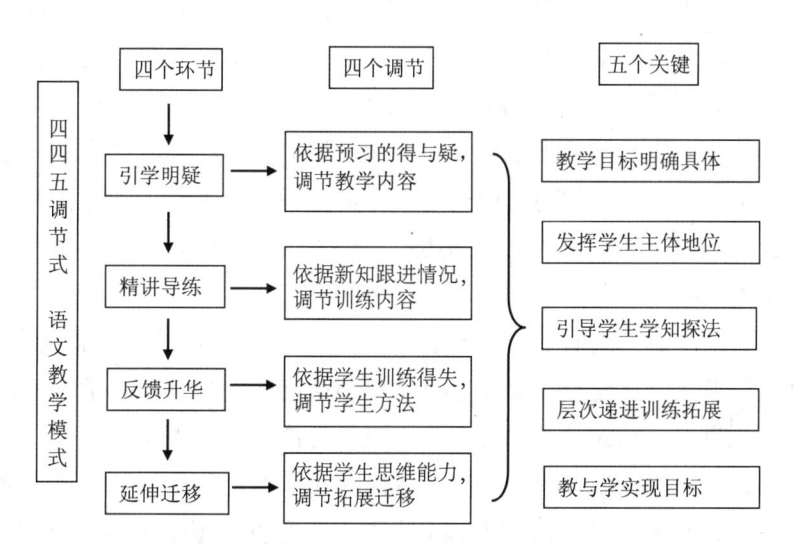

```
┌─────────┐        ┌──────────┐       ┌──────────┐        ┌──────────────┐
│         │        │ 四个环节 │       │ 四个调节 │        │  五个关键    │
│ 四       │        └────┬─────┘       └──────────┘        └──────────────┘
│ 四       │             ↓                                  ┌──────────────┐
│ 五       │        ┌──────────┐    ┌──────────────┐       │教学目标明确具体│
│ 调       │        │ 引学明疑 │──→│依据预习的得与疑,│       └──────────────┘
│ 节       │        └────┬─────┘    │调节教学内容    │       ┌──────────────┐
│ 式       │             ↓          └──────────────┘       │发挥学生主体地位│
│          │        ┌──────────┐    ┌──────────────┐       └──────────────┘
│ 语       │        │ 精讲导练 │──→│依据新知跟进情况,│       ┌──────────────┐
│ 文       │        └────┬─────┘    │调节训练内容    │       │引导学生学知探法│
│ 教       │             ↓          └──────────────┘       └──────────────┘
│ 学       │        ┌──────────┐    ┌──────────────┐       ┌──────────────┐
│ 模       │        │ 反馈升华 │──→│依据学生训练得失,│       │层次递进训练拓展│
│ 式       │        └────┬─────┘    │调节学生方法    │       └──────────────┘
│          │             ↓          └──────────────┘       ┌──────────────┐
│          │        ┌──────────┐    ┌──────────────┐       │教与学实现目标 │
│          │        │ 延伸迁移 │──→│依据学生思维能力,│       └──────────────┘
│          │        └──────────┘    │调节拓展迁移    │
└─────────┘                          └──────────────┘
```

图 6-2 语文"四四五调节式"教学模式

需要,调节不同的教学方法与学习方式,以调节明确"核心主题"为中心,以调节学习"循序问题"为线索,以调节师生"互动依托点"为具体内容;以引思会思为前提,以脑、口、手并用,促进能力提升为目标,由"明确重点,由点拉线,由线构面"形成一种主题鲜明,各环相扣,充分调动师、生两个主体的有效互动、互促的课堂教学模式。它的具体操作流程如图 6-2 所示。

语文学科"四四五调节式"教学模式中的核心内容是"四个环节""四个调节"和"五个关键"。

1. 四个环节

该模式主要的操作程序是"引学明疑—精讲导练—反馈升华—延伸迁移"四个环节。

(1) 引学明疑。"引学明疑"是指教师在教学中引导学生预习、学习,交流学习中的疑问并尝试加以解决,让学生的学习从有疑问处开始。这一环节又分为两步。

第一步是引学预习。"引学"是指教师在充分备课,明确教学目标的基础上,用思考题或引学提纲等形式对学生预习进行有效的引读、引思、引做、引探。"预习"是指学生在老师引领与点拨下所开展的课前自主学习。预习的内容依据课上学习需要而决定,基本内容有自读课文,梳理课文主要内容,准确把握作者的写作意图;自查字典,学习生字词,初步理解相关词语在文中的含义;学生尝试确立文中喜欢的语段或句子,自探课文的主要表达方式及写作特点,尝试用自己的语言阐述看法和主张;找出并记下预习中所产生的疑惑和问题,准备与同学、老师交流。

第二步是交流明疑。"交流"侧重于学生预习收获与问题交流。其组织形式,一是可在课前通过学习小组交流、总结,由学生代表课上汇报。二是课堂开始时全班交流,讨论。三是由小组承担专题汇报,一人主讲,其他人补充。依照课时学习内容交流的主要方面分别是:明确生字词的正确读音与含义,学生畅谈课前阅读发现;课文主要内容是什么?从何看出?学生认为课文的脉络是什么?如何排列?学生认为课文围绕主要内容而采用的主要表达方式和表现方法有哪些?最有感染力的语段、句式有哪些?理由是什么?学生提出预习中所遇到的问题,等等。

"明疑"指教师在参与学生交流的同时,首先注意记下共性、关键的问题,并依据学生预习的收获和所存在的问题,调节其教学设计;其次简要评价学生预习中的优点与不足,提醒学生调节其自学方法,学习他人的好方法。

(2)精讲导练。"精讲导练"是教学中最重要的环节,也分为两步。第一步是"精讲重点",即教师围绕本节课的知识重点,结合学生预习中所提出的问题,从学生生活积累、知识积累、认知积累出发,创设相关教学情境,引导学生进入思考新境地,教师注重对知识的特点、形成规律、分析方法等内容进行重点突出的讲解。主要教学步骤体现为结合重点(知识)创设情境——引生兴趣,引发学习动机——由情境及重点,建立知识联系——揭示知识规律、特点,明确分析方法——引生接受新知,形成独立思考能力。

第二步是"训练强化",侧重于教师引领学生运用所学知识、所学方法尝试性地、独立地解决问题。重在培养学生独立思考、学而能用的能力,独立解决问题的能力。练习的主要形式为师问生答,生问生答,一生问多生答。训练主要内容为填空作答,或有感情的朗读,或简析评述,或造句仿说,或排列组合,或对比评析等。在训练过程中,教师要抓住知识与思维的关键点,有的放矢地进行设计,做到抓住主要问题练,重视对比分析练,着眼激发思维练,在训练中依据学生的实际情况,调节训练内容的深度与广度,引导学生从知识学习向技能形成转化。

(3)反馈升华。"反馈升华"是教学中必不可少的环节,也可以分为两步。第一步是"反馈查遗"。"反馈"主要集中在训练操作过程之后,是针对学生训练表现而进行的学生知识掌握和能力形成状态的反馈。要求反馈及时,以有利于进行调节。这种反馈是双向的,一是学生对教师"教"的反馈,这是教师在课堂上及时调节教学的主要依据;二是教师对学生"学"的反馈,这是学生对他们的学习或肯定,或改进,或矫正的依据。同时重视这两种方向的反馈,课堂教与学的互动互促。反馈的主要方法有提问、抽查、学生互查、个人自查、小组互评、评析学生板演等多种形式。

第二步是"矫正、补遗、升华"。"矫正"要强调重点突出,直切问题要害,指出问题原因,明确解决方法。"矫正"的形式可以有单独矫正,部分矫正,统一讲解矫正,同桌相互矫正,小组讨论矫正等。操作中教师应注意,对出现的问题尽量让学生自查而出,讨论而出,分辨而出,继而寻找病因,教师应注意依据学生的学习水平调节教学内容,讲明针对问题的分析方法与分析思路,引导学生真正起到查漏补遗的作用。

(4)延伸迁移。"延伸迁移"是学生对所学知识的拓展与运用,是语文教学中的提升环节。也可以分为两步。第一步是"延伸提能"。"延伸"是在矫正基础上展开的,针对学生出现问题的分析、理解程度,教师再次进行有针对性的练习,或提问,或板答,或学生相互出题问答等,以帮助学生调节他们的分析方法,归纳最佳学习方法,促使学习能力的提升。延伸训练应追求虽练的量少,但却能提高练的针对性与深度。

第二步是"知识迁移"。"迁移"是在学生已掌握本节课所学知识与方法,已初步形成能力的基础上,教师引导学生进一步将单一知识综合起来运用。其组合要素包括字词综合训练,体味朗读训练,分析思维训练,复述训练,写作训练,课文解白发散思维训练等。与此同时,也可以学生熟悉的生活现象为背景,创设相关情境,让学生运用课堂所学描述、讲解、写作,从而实现引领学生学则会用的目的,使其进一步掌握知识的内在联系,为促进学生主动学习打下坚实基础。

2. 四个调节

语文教师教学中要做到"四个调节":一是依据学生预习的得与疑情况,调节教学内容。要学会做到"一讲两不讲"。即学生有疑问的问题重点讲;学生已会、已懂的问题不重复讲。二是依据学生对精讲内容的理解与跟进情况,调节训练内容。三是依据学生训练反馈情况,调节矫正学习方法。四是依据学生掌握知识与学法情况,调节拓展,形成语文能力。

3. 五个关键

该教学模式有"五个关键":一是教学目标明确具体。教学目标明确具体与否直接影响着学生预习的成效,以及课堂教学的方向和质量。二是充分发挥学生的主体作用。学生是学习的主体,在教学中应最大限度地发挥学生的自主性、能动性和创造性。三是引领学生掌握知识规律与分析方法。教师在教学过程中不仅要教给学生具体的知识,而且要引领学生学会思考,掌握思考的方法,探究规律性的知识。四是要当堂完成反馈,矫正拓展。当堂反馈并矫正拓展有利于及时解决学生的问题,进一步扩展学生的知识和能力。五是教与学实现教学目标。在关注和解决好以上四个关键问题的同时,教与学的目标将得到最大程度的实现。

(二)数学"三段五环"课堂教学模式

红桥区实验小学数学学科组教师在教学中以教师为主导,以学生为主体,以训练、引思、探究、发现为主线,以调动小学生兴趣

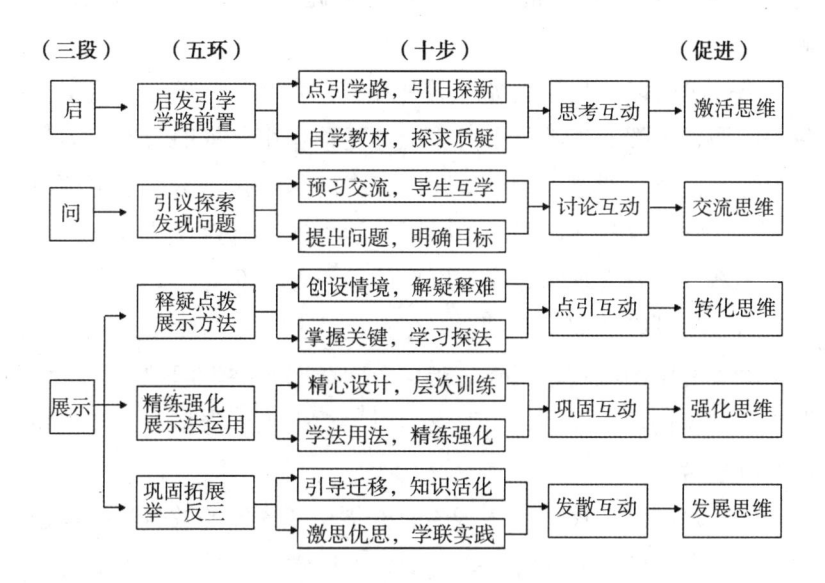

（三段）	（五环）	（十步）		（促进）
启	启发引学 学路前置	点引学路，引旧探新 自学教材，探求质疑	思考互动	激活思维
问	引议探索 发现问题	预习交流，导生互学 提出问题，明确目标	讨论互动	交流思维
展示	释疑点拨 展示方法	创设情境，解疑释难 掌握关键，学习探法	点引互动	转化思维
	精练强化 展示法运用	精心设计，层次训练 学法用法，精练强化	巩固互动	强化思维
	巩固拓展 举一反三	引导迁移，知识活化 激思优思，学联实践	发散互动	发展思维

图 6-3　数学"三段五环"课堂教学模式

为先导，以引导学生积极参与，主动探究，发展思维力、学习力和研究力为目标，面向全体学生，引导他们在学会学习的过程中学会探索和思考，在"学数学"过程中，探究其内在规律、知识内涵、学习方法等，形成了"三段五环"课堂教学模式。其具体操作程序如图 6-3 所示。

在这个教学模式中"三段"指在数学教学中把整个教学过程分为"启发""问题""展示"三个阶段，"五环"指"启发引学，学路前置——引议探索，发现（提出）问题——释疑点拨，展示方法——精练强化，方法运用——巩固拓展，举一反三"五个环节，每个教学环节包括两个教与学相呼应的步骤。

1. 三个阶段

该模式总的特点是：先学后导，以学为主，以导为引，学导互动，两条主线互促，循环往复，即以"思"为核心组织教与学双边活动。教师在教学过程中把"引"与"探"有机结合起来，主要着眼于"引"，启发学生"探"，激发学生求知欲望，促进学生通过探究找到解决问题的方法，从中掌握发现问题，解决问题的规律。

第一阶段以"启"为始。教师在充分备课的基础上，给学生准备预习题，发挥学生学习中旧知识的迁移作用，依旧引新，为学生预习铺路搭桥。通过出示尝试题以解决问题引路，引导学生预习自学，在课堂上寻找解决问题的线索。学生通过有效阅读教材，有效温故知新，有效发现问题，为以后的学习做好准备。

第二阶段以"问"为课堂教学的切入点。通过生生交流，与同学交流练习中的收获，明确对错与质问，归纳共性问题。教师以问题为基础，创设相关的教学情景，引导学生进入与本节课知识相关的问题思考。

第三阶段以"展示"为线索，开展由浅入深的教与学的双边活动。"展示"有三个方面：一是指教师以学生在教学情景中所受到的启发为基础，引导学生探究新知识形成的规律与分析方法，并加以明确展示。二是指教师指导学生依照分析方法，边练习边总结，展示方法运用的得与失。做到边练习，边运用，边查漏补遗。三是教师运用发散思维方法，引导学生结合生活发现，展示分析方法与多角度思维的结合与运用，引导学生在了解与掌握数学知识与分析方法的同时，建立起正确的数学思维方式。

2. 五个环节

数学教学过程既可以分为三个阶段，又可以按照不同环节划分为"五个环节"，在每个教学环节中包括两个教与学相呼应的步骤。第一环节：（师）点引学路，引旧探新；（生）自学教材，探究质疑。第二环节：（师）预习交流，生生互学；（生）提出问题，明确目标。第三环节：（师）创设情境，解惑释疑；（生）掌握关键，学习探法。第四环节：（师）精心设计，层次训练；（生）学法运用，精炼强化。第五环节：（师）引导迁移，知识活化；（生）激发优思，学联实践。

（1）启发引导，学路前置。该环节教学重点为：教师在备教材、备学生、备课标的基础上，依据教材内容特点，以尝试练习题为思维引线，引导学生进行行之有效的预习。

教师在教学中首先把教学重点分成几个问题提出来，让学生阅读教材，从正面找出重点，做圈点，加批注。从反面推敲关键字、符、句，尝试若删去某字、符、句，看概念的内涵与外延有何变化或公式（法则）是否还成立。通过这样的方式帮助学生找到学习的切入点，逐步学会梳理和感悟。

其次教师运用心理学中的"学习迁移"方法，引导学生用学过的知识尝试分析新知识，或把学生作业中的突出问题作为问题之源。教师精心设计以旧知探新知的尝试练习题，通过尝试一至二题的练习题铺路搭桥，引导学生从侧面掌握联系旧知识，比较和理解新知识的承续性和特点。

最后是在实践前两点的同时，注重培养学生的问题意识，让学生找出存在的困惑与问题，带入课堂提出并解决。让学生提前尝试，形成"前有联系，后有伏线"循序渐进的学习态势，引导学生探索、思考和质疑，为后续学习做好准备。

（2）引议探索，发现并提出问题。这一环节包括两个步骤：其一，教师引导学生预习交流，生生互学，通过问题反馈，调整确立教学目标。其二，学生通过交流总结收获，提出问题，从而明确学习目标。操作中教与学有两项主要任务：一是教师采取适当方法，引导学生交流预习收获，促进生生互学互补，鼓励学生自我发现，激发学生的动机，将学生引入学习状态。二是帮助学生梳理归纳主要疑惑和问题，从而明确本节课的教学双向目标。

这个环节重在激发学生的兴趣，因为充满兴趣的学习，始于学生自我发现，学生发现通过何种方法解决了什么问题？通过交流与同学比较发现自己的优势和不足是什么？通过预习发现自己了解了将要学习的主要内容是什么？存在的困惑和问题是什么？在教与学目标确立后，整节课教学活动都围绕着目标进行，目标成了本节课教学的出发点和检测标准。

（3）释疑点拨，展示规律方法。这是课堂教学的重要环节。教师在掌握学生的预习成果与问题的基础上找准教学切入点，引领学生寻找教材的规律和解决问题的方法,培养学生整体思维的习惯和解决问题的能力。

在这个环节教师需要注意创设情境,解疑释难,学生学习则应注意掌握关键的学法探法。教师要做到三个明确:第一,明确教学内容。教的内容应该是学生预习交流中发现的有代表性的疑难问题,是本节课知识的关键点,对学生通过预习已学会的就不要再重复了。第二,明确教学情境创设的意义。教师应结合教材特点和学生问题,通过语言材料、视频图像、生活实践素材,现实中的特殊情形、特殊条件等创设教学情境,以由浅入深,由简到繁,富有启发性并且有明显目的性的系列设问,引导学生通过思考分析议论,对新的知识学习有所启迪。学生由一个一个地解决教师提出的问题,最后进入新知识领域。第三,明确知识的规律与学习的基本方法。通过层层深入引导思考,学生对知识有了基本了解,但还不系统,教师要注意引导学生在实践中发现、总结、归纳知识的规律和方法。通过明确的语言表述出来,给学生展示,让学生看得懂,能够掌握,使思维得到升华。

(4)精练强化,展示方法运用。这一环节是课堂教学的关键,是一节课能否有成效或高效的关键所在。在此环节中,教师应注意精心设计,进行层次训练;学生应注意学法用法,精练强化。

教师的精心设计应建立在面向全体学生,关注层次性,运用相关学习方法和建立正确的思维方式基础之上,按照"前有联系,后有伏线"的要求,练习题设计要关注"铺垫练习、基本练习、变式练习"的层次性,使不同层次的学生进行"再现、针对、辨析"练习,通过运用学习方法获得认识过程的连续与巩固,从而通过基本练习帮助学生强化理解方法和知识,强化思维,再以变式练习帮助学生提高能力,通过师生间围绕"巩固"而进行的互动,使学生的学习水平从"理解"上升为"掌握"。

(5)巩固拓展,展示举一反三。这一环节是课堂检查、巩固反馈教学成果的阶段,主要是发展学生的思维,培养学生思维的灵活性和创造性。教师注重"引导迁移,知识活化",引导学生"激思优思，学联实践"。这一环节是在师生对一节课知识重点和学习方法总结、归纳的基础上，教师运用启发方法，以拓展练习题为基点，指导学生运用学法，归纳类比，设疑联想，一题多变，一题多解等形式，为学生创造独立发展和显露才能的机会。

在这一环节，教师应注意所编制的拓展题应以教学目标为依据，以本节课知识为重点，对新、旧知识的相互关系进行科学处理，由单一到综合，由浅入深，避免训练的盲目性。既有巩固强化知识技能的基础题，又有一题多解的综合题，还有灵活较难的创造题等。选题要紧扣教材，题量适当，力求知识覆盖面要全，题型要多样化。具体训练步骤可按"总结学法—出示算题—学生解答—讨论评价—纠误改错"进行。这五步综合为一个完整的训练过程，既要有学生自做自查，也要有学生交流互评和教师针对性的交流评价。引导学生在学习、理解、转化能力的过程中，通过动口、动脑、动手实践找出成功与失误的原因，确定问题解决方法，学会正确思维方式，做到当堂学习当堂会，当堂解决问题，形成能力。

（三）英语"情境激发"教学模式

红桥区实验小学英语学科组教师依据英语学科特点和小学生认知特点、心理特点与教学实际需要，运用建构主义教学思想开展英语教学活动，形成了英语"情境激发"教学模式。该模式下的课堂教学从创设有利于学生意义建构的情境开始，合理引出话题内容，巧妙引导学生在情境中观察与思考，形成个性探求；学习与总结，形成学习方法认知；探索与归纳，形成知识基础；拓展与延伸，形成学习能力。该模式的重点是让学生带趣而学，让学生明点而学，情境线和探索线贯穿课堂。其操作程序如图6-4所示。

"情境激发"英语教学模式包括四个环节：引思质疑，激活背景——以旧引新，激活新学——引导建构，激活智趣——创新情境，激活拓展。每一个环节都有着相应的操作程序。

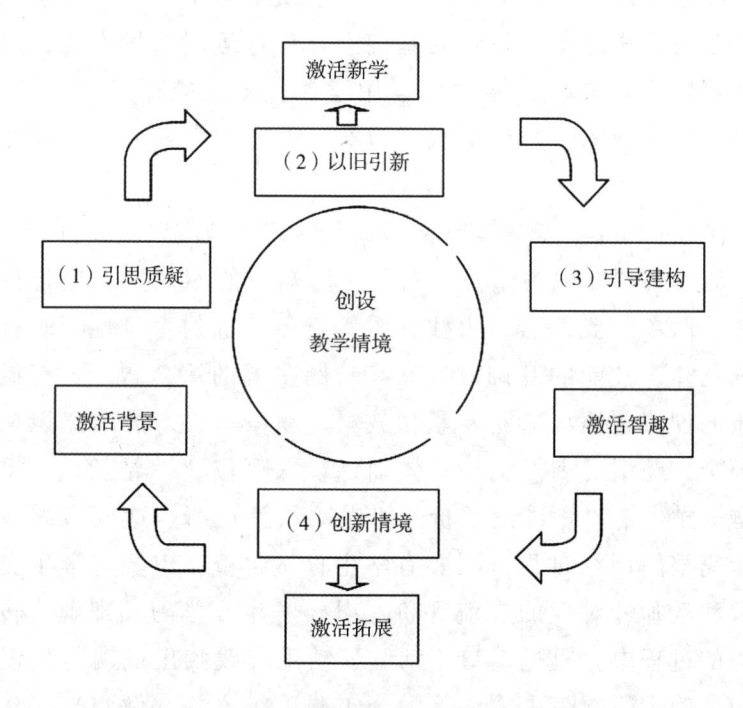

图 6-4 英语学科"情境激发"教学模式

1. 引思质疑，激活背景

这一环节教与学的重点包括两个方面：一是呈现教学情境，设问引思置疑；二是激活学生背景积累，交流启发问题意识。在具体操作中，主要包括以下方面的情境创设。

一是多媒体情境的创设。形象、生动、直观的情境，可以帮助学生由画面观察引发思考，也有利于教师一境多用，在学生分析表象问题而引发思考的同时，教师也可设下伏笔，为后面环节所用，使情境设置出现连续性或多维镜头，增强学生对旧知运用的针对性和对新知接触进入的连续性。

二是问题情境的创设。教师连续设问启发诱导是问题情境创设的主要手段。通过教师有针对性地步步为营，层层深入问题，激起学生思索和表达的欲望，引领学生渐入佳境，在分析对比中，在思考体验中，实现新知的进入与建构。

三是任务情境的创设。教师根据学生年龄特点和生活经验，为学生创设一个或多个任务情境，让学生在"因为什么，出现什么，对此你如何说，你如何做"等熟悉的生活情境中展开思考，产生问题，开展英语交际活动，在完成任务过程中进入新的学习与探究，主动建立新旧知识的联系。

教师在教学情境创设过程中需要注意的，一是所创设的情境要紧扣教与学所需，观察指向要清楚，设问信息要明确，让学生能够观察清楚，想到位，说明白。二是情境用时要简短（5分钟左右），任务下达要明确，提问与回答过渡应自然，应彰显出情境作用与功效。三是注意运用旧知引新知的方法，引导学生产生问题意识。

2. 以旧引新，激活新学

这一环节教与学的重点一是梳理学生已知与问题，明确学习目标；二是尝试激活新学兴趣，精讲知识与方法引学。教师在引导学生列举归纳情境所引发的分析与问题的基础上，明确本节课的学习目标，由旧知铺垫而起，进行新知教学建构。

（1）导——激活学生会读。教师在教学中依据教学目标，设计几道尝试题，引领学生带着任务读教材。学生要做到"读、画、联"，即自读教材内容，画出单词、词组、句型等知识重点；运用旧知识展开联想，经过初步比较，发现新旧知识之间的联系点和不同点，尝试解决问题。

（2）讲——激活学生会学。教师在学生归纳自读所收获的知识的基础上，以学生已提出和发现的问题为起点，以尝试题做例子，展开新知讲授。其主要形式包括：一是学生质疑，教师解惑，或教师质疑师生互动解惑。对于学生所提出的问题，情境所引发的问题，学生读课文所发现的问题，教师要写在黑板上，根据难易程度，或由学生自选解答，或由教师解答。二是边讲边练。教师在讲解一个知识重点后，应让学生做相应的练习，如此一讲一练地循环下去。三是先讲后练。教师要让学生依据教材做老师所布置的练习，然后老师根据学生所做练习的情况，再重点讲解。四是看图讲解。教师利用图表，从视听入手，由浅入深，先讲解，后归纳方法和练习。

3. 引导建构，激活智趣

这一环节教与学的重点有两个方面：一是教师引领学生建构知识规律与方法，激活智力的高效运用。二是学生依学法带着兴趣做练习，自查互评地达成能力反馈。

引导建构主要指教师在备课、授课过程中，对学生的学习方法与学习能力形成引领作用以及经历学习过程后，师生归纳出学习方法与知识规律。教师要在备课时思考下面的问题：在学习该课之前，学生已经具备了什么？还需要通过何种方法获得什么知识？怎样构建学生能够记得住，学到手的学习方法？由此产生在知识讲授的同时对学习方法与学习策略的引导与建构。例如，在引导学生学习一篇文章的过程中，让学生学会根据上下文去猜测某些新单词的意义。在对一篇对话或短文进行归纳总结的时候，引导学生学会抓住关键词，这样可以提高学习效率。本环节的学法引领与建构应建立在学生已知、已会（语言知识与语言技能）和所思所想（情感态度、思维过程）之上，这样才能使学生听得懂、记得住、会运用，在练习中由尝试走向内化。

在这一环节里，教师在课后练习中要注意引导学生"带智而练"，让学生在"已知"的基础上，以小学英语教学所倡导的"听、说、做、玩、唱、演"等活动形式为练习选择方式。首先鼓励学生大胆运用学法尝试自己解决问题。其次让学生通过合作交流，肯定对错，总结问题，进行自我评价。教师在席间巡视，收集信息。最后教师依据信息反馈，对练习进行评价，对仍存在的问题给予讲解，理清疑惑。

4. 创新情境，激活拓展

这一环节教与学的重点：一是呈现相关情境，运用新知分析问题。二是依境设问，引导拓展，促进综合学习能力的形成。教师应引领学生向思维深处迈进，催生出新认知，引导学生在已形成的认知水平基础上，在适当的语言情境中展开知识拓展，收获自我建构知识的快乐。

教师创设情境的主要表现形式，一是接续课始教学情境，提出新问题，激发学生运用已知，拓展语言交际能力、运用能力和表达能力，增强知识实践的深度、密度、广度。二是创设与新知学习拓展相关的教学情境，如生活情境、体态情境、游戏情境等，让学生带着生活积累在情境分析中快速通过问答、对话、复述、造句等形式对新知进行复习。在此基础上，结合已设教学情境，进行"两扩容"练习。首先是语言知识的扩充，运用叠加式使句式等在朗读、语法、用法等方面表达得更加具体、深刻、全面。其次是情境情节扩充。教师在学生已掌握新知的基础上，变换情境，引发学生联想与想象，为学生创造性使用已有的知识创造条件。

这一环节内容的设计要依情（学情、教情）而定，可作为课堂内容进行，也可延伸至作业的设置上。在练习的同时，要注意评价的跟进。教师要做好"推动者"工作，做好情境设计，问"好"问题，搭好举一反三的递进阶梯，帮助学生"学而会用，学而成能"，成为乐学、好学、会学的学习者。

（四）品德学科"体验式"教学模式

在"探究式五环节"教学模式的引领下，红桥区实验小学品德与生活、品德与社会学科历经数年课堂改革实践，结合品德课程学科特点构建了"体验式"教学模式。这一模式让学生在"生活现实"这个真实的教学情境中学会辨别，学会选择，学会生活。引领学生从课堂上学到品德"法宝"，回归到生活中去运用，逐渐确立起正确的价值观和人生观，用更积极的生活态度去直面"生活现实"。其具体的操作程序如图6-5所示。

品德"体验式"教学模式共设五个环节：设境导入引情→学文明理激情→实践探究用情→体验评价固情→延伸拓展扩情。这五个环节在操作中共分两个时段，其中1—4环节为课堂教学时段，第5环节为课后实践时段。五个环节在操作中以先后为序，依次递进，形成促新学习，促实践体验，促情感发展，促延伸拓展的教与学双向行动流程。这五个环节具体如下。

1. 设境导入引情

这一环节的重点是创设情境，导入新课，引发情趣。作为课堂教学的开端，恰当的破题导入，不但提出了本课的教学重点，而且能集中学生的注意力，激发起学习情趣，形成心理最佳预备状态。教师要根据学生的年龄特点及教材的不同要求，采取不同的方法，激兴导入，把学生带入相应的情境之中，为后续学习做好铺垫。

导入新课创设情境的方法有很多，如问题启发、影视片段、小品表演、讲故事、故事补白（续说）、学格言、历史人物讲述等。创设情境重在给学生提出一个悬念，使他们产生浓厚的求知欲，为主题教育奠定良好的基础。

2. 学文明理激情

这一环节的重点是辨析文本，对话明理，激情移入。这是思品课的主体部分。它的主要任务是学习课文，辨析、获得课文所揭示的道理，提高道德认识水平。因此教师指导"学文"时，应围绕

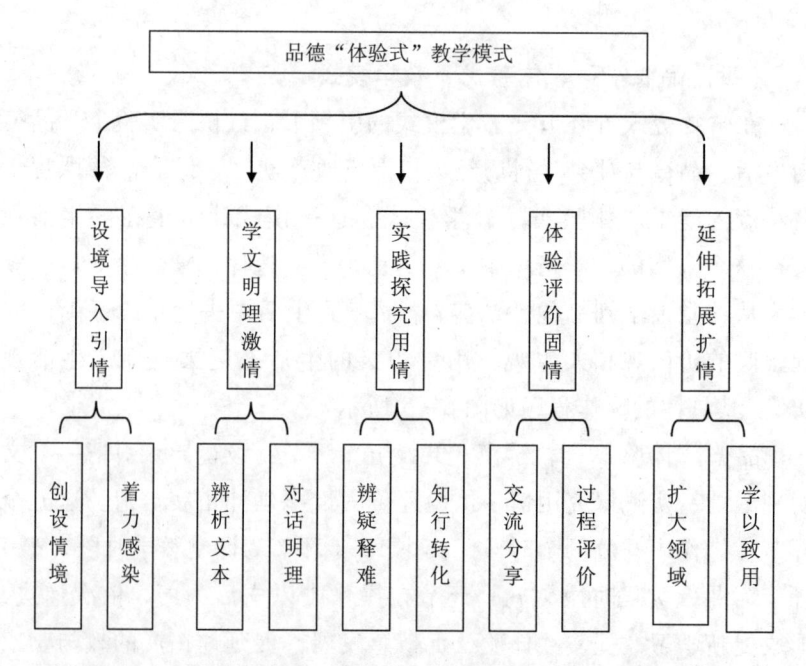

图6-5 品德与生活、品德与社会学科"体验式"教学模式

"明理"下功夫。

学文的方法因年级不同、课文类型不同而学法各异，但都是在设问、启读、启思的前提下，引导学生"明点""引悟"。其中"明点"指由所点出的学习的知识点，达到点燃学生学习的火花。"引悟"指让学生通过知识点学习，悟出其中的道理，在此基础上，通过生生互动、师生互动，使课文内容"理准""情真"。"理准"就是要准确找出道德要求，通过学生讨论，辨清其义。"情真"就是教师在引生学习课文时，要善于捕捉文中所表达情感的聚集点，把教材中的情感、教师的情感、应激起的学生的情感，三点连接，由文引读，由文设问，由文引发学生的联想，激发学生的学习热情，让学生的心灵被教师的适当教学方式所打动，兴奋情绪油然而生，强化学生的行为动机，促进知行的转化。

3. 实践探究用情

本环节是品德课堂教学的重要环节，指教师引导学生将所学到的知识联系学生的思想生活实际，及生活中经常遇到的问题举出事例让学生辨析、探究，促进知行转化，达到以知导行的品德课程教育目标。实践探究的方法有很多，但要注重引源头活水打开学生的思路与话题，探究的事例从学生生活中来，到学生生活中去。

实践探究的形式是多样的，可以是情境体验、角色扮演，也可以是主题引议或综合实践活动等。实践探究活动要突出学生的参与性和主动性，在具体活动方式上可采用辨一辨、演一演、说一说等。活动可以是学生独立体验，也可以是小组合作。实践探究活动的创设要围绕所学知识，通过互动探究，不仅要使学生知道何为正确，应该怎样做，还要让学生明晰不应该怎样做，将学生参与学习的热情充分调动起来，由此培养学生的品德评价能力和自我教育能力。

4. 体验评价固情

这一环节是巩固教学成果的阶段。学生在实践探究的基础上，开展学习汇报，结合实践或探究主题进行学习成果交流汇报活动。在汇报形式上，可采用小组代表交流，也可采用全班学生分别交流的形式。在交流内容上，不仅关注知识的获取程度，还应注意引导学生对学习方法进行总结。应关注学生通过学习和实践探究所获得的情感体验与学习态度、能力的提升。

对于学生的评价，应关注学习全过程中学生的多角度表现，教师的评价应在鼓励和肯定的同时，指出突出的问题和今后努力的方向。在评价主体上可以是学生自评、互评、小组评。评价应围绕学生的知识学习与所达成的认识和行动是否相统一而设点进行，引导学生做到知行统一。使课堂所学知识与探究收获在思想认识上得到强化，帮助学生将学习过程中所收获的愉悦之情加以延续。

5. 延伸拓展扩情

40分钟课堂教学任务的结束并不意味着教育活动的结束，教师应指导学生将实践体验活动延伸到学生的课后生活中，运用"以课带育"的教学策略做到三个结合，即将品德知识与各科学习经历或体会相结合，将品德知识与班队活动经历或体会相结合，将品德知识与家庭社会经历或体会相结合。针对具体的三个结合实践与研究，教师要在提出相关要求的基础上，倡导学生展开个性化的实践研究，以活动跟踪卡等形式，在促进学生学以致用、主动学习与良好品德习惯养成的同时，增加学生学习的热情，有效地将课堂实践引向课外，引向深入。

（五）科学"激趣引探"教学模式

红桥区实验小学科学学科组在科学课堂教学中以培养科学素养为宗旨，注重课堂上对学生的科学启蒙和培养学生的科学素养，把"探究"作为学生学习的主要途径，引导学生亲身经历探究活动，形成了科学"激趣引探"教学模式。这种模式的具体操作程序如图6-6所示。

科学"激趣引探"课堂教学模式包括"提出问题——活动探究——归纳结论——拓展活动"四个环节。在这四个环节中，以先后为序，递进形成以教为引导，学为主体的课堂教学全过程。

第六章 主动教育的教学　　213

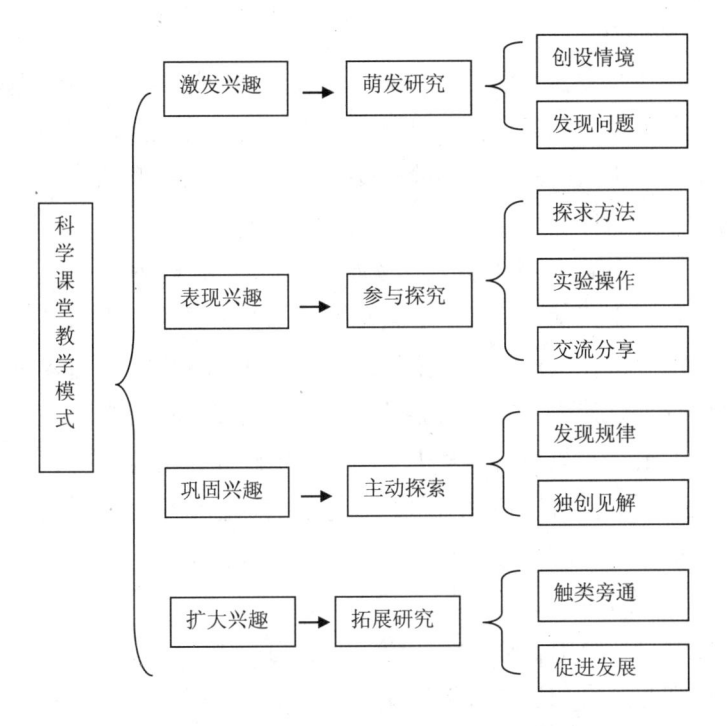

```
                          ┌─ 激发兴趣 → 萌发研究 ┬─ 创设情境
                          │                      └─ 发现问题
                          │
                          │                      ┌─ 探求方法
                          │── 表现兴趣 → 参与探究 ├─ 实验操作
科学课堂教学模式 ┤                      └─ 交流分享
                          │
                          │── 巩固兴趣 → 主动探索 ┬─ 发现规律
                          │                      └─ 独创见解
                          │
                          └─ 扩大兴趣 → 拓展研究 ┬─ 触类旁通
                                                 └─ 促进发展
```

图6-6　科学学科"激趣引探"教学模式

1. 提出问题

教师在这一环节里有两项任务：一是采取适当手段，激发学生的学习兴趣，将学生引入学习状态；二是明确本节课学习目标，确定相关探究学习的方法，引导学生明确目标，有方向性地进入，参与学习。问题是学生进行科学探究和发现的源泉。教师应在深研教材的基础上，根据学生学习基础、生活积累、心理状态确立教学重点和导入点，由引发学生认知冲突激发起学生的好奇与兴趣。教师在课前可以让学生通过预习课本了解将要学习的内容，准备与实验相关的简单材料，与教师材料准备相呼应，做好实验的物质准备。新课伊始，教师在其所创设的教学情境中，通过师生、生生互动，共同梳理出本节课的学习目标和将要研究的问题，从而明确教与学的出发点和检测标准。

2. 活动探究

这一环节中的"活动"是指学生在教师的指导下，主动进行实验验证的活动。它是学生动手实践、用眼观察、用脑思考的过程，是师生、生生讨论并交流实验感受的过程，是培养和训练学生探究能力的主要途径。

这一环节包括提出方法、实验操作、交流点拨三个过程。首先，通过师生互动，归纳提出实验方法，实验方法的来源可参考教材提供的方法，也可鼓励学生发现新的方法。其次，教师将所涉及的教学内容设计成实验，引导学生在动手实践的过程中认真观察实验现象。最后，教师引导学生交流动手实践和认真观察的收获，教师再因势利导，讲授相关知识，促进学生修正认识上的片面性，建构起新的科学概念。

3. 归纳结论

在这一环节中教师要注意两个方面的操作。一是教师要注意帮助学生架起原有知识与科学认知之间的桥梁，引导学生在实验操作与观察分析的基础上，将他们的探索结果与事先的猜想、假设加以比较，发现矛盾之处，从而积极建立新的科学概念。二是教师重在引导学生将已获得的认识用他们的语言表达出来，通过学生之间的相互交流、启发、补充、争论，使学生已有的感性认识上升为理性认识，从而形成具有一定水平的科学概念。

4. 拓展活动

这个环节可以是教师针对学情设计练习题，将课上所学与生活、大自然、社会等某一现象联系起来，将其设计成实验形式，引导学生运用课上所学知识去解决实际问题，从而使科学概念得到巩固和正迁移。还可以是全班学生动手设计拓展活动，用"找一找""想一想""说一说"的形式，让学生探索有价值，学习有方法，解答少误差。其中，"找一找"是让学生找出与已学到的科学概念相关联的生活现象、自然现象。"想一想"是让学生通过联想的方法，设计出实验预案。"说一说"是让学生说出实验设计的理由。通过这些充满学生个性的练习设计，不仅让学生所学知识得到巩固，还可以帮助学生激发持久的学习兴趣。

（六）综合实践学科"段进式"教学模式

在学校"探究式五环节"教学模式的引领下，我们在教学实践中探索出促进学生个性发展，落实素质教育的"综合实践课堂教学模式"。该模式研究的主题是学习与行动，引领学生一边学习，一边研究，在行动中研究。在实践操作中致力于"生活实践式，活动整合式，学习延伸式"三种学习与实践平台的挖掘与建构。综合实践课堂教学模式由"三段五环十步"组成，具体如图6-7所示。

```
                    (三段)        （五环）              （十步）
                              ┌─ 确立课题 ──┬─ 激趣导入，确立主题
                    准备阶段 ─┤            
                              └─ 制定方案 ──┼─ 小组合作，制定方案
                                            └─ 交流评价，修改完善
综
合                                         ┌─ 合作探究，明确方案
实                  实践阶段 ── 调查、收集资料 ┼─ 收集资料，不断完善
践                                         └─ 阶段交流，组内补充
课
堂                            ┌─ 归纳、整理资料 ┬─ 研究、分析、完善
教                  展示阶段 ─┤               └─ 得出研究结论
学                            └─ 展示、总结、拓展 ┬─ 多样方式展示
模                                              └─ 总结得失，引新思考
式
```

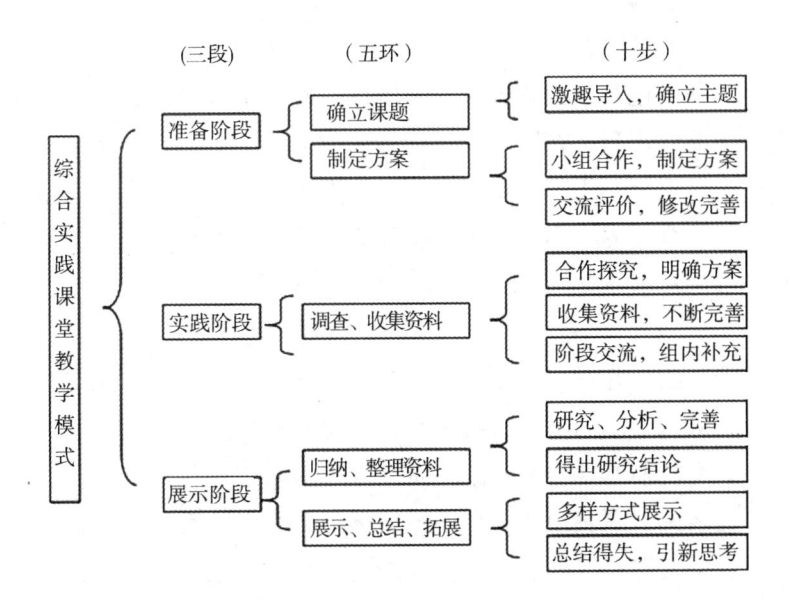

图6-7 综合实践学科"段进式"教学模式

红桥区实验小学综合实践学科"段进式"教学模式中的"三段"指综合实践教学的三个阶段：准备阶段、实施阶段、展示阶段。三个阶段构成了综合实践活动以充分准备为前提，以实施探究为保证，以展示成果为提升的完整进程。"五环"指综合实践活动教学的五个环节：确立课题，制定方案，调查、收集资料，归纳、整理资料，展示、总结、拓展。这五个环节在准备、实施、展示三

个阶段分不同环节逐步落实，拓展教学内容，促进教与学目标的达成。"十步"指教学五环节中的十个教学步骤：激趣导入，确立课题；小组合作，制定方案；交流评价，修改完善；合作探究，明确方案；收集资料，不断完善；阶段交流，组内补充；研究、分析、完善；得出研究结论；多样方式展示；总结得失，引新思考。这十步明晰了"综合实践活动"的过程和步骤，也突显出该模式培养学生主动探究，自我发现的教学主线。它强调教学过程中教师应以引导为主，引导学生进行有效准备，有针对性的实践，有目标性的总结与拓展。该教学模式的五个环节及步骤具体如下。

1. 确立课题

确立课题是综合实践活动的第一步。它必须从学生兴趣和需要出发。教师可通过创设相关教学情境，明确一个主题，并对这个主题进行相关的解释。在明确主题内容的前提之下，可由学生个体或由学生自愿组成小组，根据各自的爱好设定课题，老师要注意帮助学生纠正不合理的，不符合生活实际的课题，让课题成为学生研究的正确方向和起点，形成学生学习研究的巨大动力。

2. 制定方案

在求知欲和好奇心驱使下的研究性学习，应有一定的深度和广度。学生可以预测问题的解决出路，预想调查的途径和方案。这就需要在研究之前制定研究方案。研究方案的制定应包括以下基本内容：课题名称、课题组长、课题组成员、课题指导教师、调查内容的预设、调查路径或方法、发现和结论。教师应注意引导学生在制定方案的过程中，不仅锻炼他们自身的逻辑思维能力，还要学会与其同学团结协作，潜移默化地树立起合作精神。

3. 调查、收集资料

在课题调查阶段，教师要注意引导、帮助学生以问题为纲，即用研究的课题贯穿调查的全过程。它是激发学生求知欲的前提，更是学生理解知识的前提。

教师要引导学生在掌握方法的基础上，开展有效调查。如观察事物要从表面到内里，从结构到特征，从特点到可为人类服务之点。再如，调查某一事理要注意明确它的主要内容是什么？对人类的正反影响是什么？从某一科学角度我们应怎么样看？我们提出的主张是什么？引导学生在一定方法下展开调查，不仅可以充分发挥学生的思维能力，也可以让学生收集到的资料更加充实，充分让学生在获取新知的同时，养成在现实生活中发现问题的好习惯。

4. 归纳、整理资料

综合实践活动的学习是开放的，是没有标准答案的，教师要引导学生通过他们亲历的调查、研究、搜集活动，分析得出其结论。只要学生能够有逻辑、较清楚地表述他们的看法，就应予以肯定。让综合实践活动课给学生以自由空间，让他们在活动中发现大千世界，同时发现他们的能力与进步，而教师也应该注意发现学生的点滴进步，及时给予鼓励。

5. 展示、总结、拓展

这一环节是学生自我展示的舞台，学生课题结论的展示应有很多种，如办小报，搞展览，开辩论会，宣读调查报告等。通过展示成果，激发学生产生一种成就感，体验整个活动过程，积累学习策略，并注意在已有研究课题基础上，拓展学生思维，引发新的思考，以促进学生学习经验的熟练化和知识的结构化，促使学生的学习视野不断得到扩展。

四 主动教育的教学风格

伴随着学校整体教学模式和学科教学模式的不断探索和推进，教师的教学价值取向、教学方式和学生的学习方式都发生了重大变革，课堂教学面貌变得充满生命活力，学生得到了积极主动的发展，教学效益和质量显著提高。教学模式的建构过程，不仅是促进学生发展的过程，也是推动教师自身成长的过程。学校骨干教师在用心探索、推行教学模式的过程中，不断结合学科特点和个人特点，边实践、边积累，经过坚持不懈的实践和反思，凝练和发展形成了他们的教学特色，并进一步发展形成特定教学风格，从而实现了他们自身的专业成长。

（一）主动教育教学风格的内涵和特征

1. 主动教育教学风格的内涵

当前，"风格"一词被广泛地用于一切艺术领域，以说明艺术作品达到高度成功时方具备的重要标志。所谓教学风格，是指教师在一定的教学理念指导下，经过长期的教学实践过程所形成的，创造性地运用各种教学方法和技巧所表现出来的一种稳定的个性化的教学风貌和格调。从对教学风格的界定中，我们可以看出以下几点。第一，教学风格绝不仅仅是教学语言、教学方法和手段等形式方面的东西，其背后蕴含着教学理念的支撑。第二，教学风格是教师教学个性和创造性的凝结，只有教师的教学具有了突出的个性和创造性，我们才会承认这位教师真正拥有了他自己的教学风格。第三，教学风格具有稳定性，它就像人的气质一样。譬如一个具有优雅气质的人，无论穿什么样的衣服，无论什么时候，都会显得十分优雅，而具有某种教学风格的教师，无论教什么课程内容，无论面对什么样的学生，他都能够鲜明地体现出他的教学风格。

在对教学风格概念认识的基础上，我们认为，主动教育教学风格是教师基于对主动教育教学理念的主动研究和领悟，在教学实践中创造性地对主动教学理念加以落实和升华，从而形成独特且稳定的教学风貌和格调。对于主动教育教学风格而言，我们重点要把握其背后的主动教育教学理念，这是主动教育教学风格的灵魂。在主动教育教学理念的引领下，教师对教学进行个性化和创造性的探索，会形成他们稳定的教学风格。

2. 主动教育教学风格的特征

有研究者指出，教学风格具有独特性、多样性、稳定性和发展性等特征[1]，我们认为，主动教育教学风格在具有以上特征的同时，还具有自身的一些突出特点。

---

[1] 李如密：《教学艺术论》，人民教育出版社2011年版，第473—481页。

（1）主动教育教学风格是教师将主动教学理念转化为教学实践的过程中形成的。红桥区实验小学一直把主动教育作为学校的特色，并形成了系统的教育教学理念。主动教育教学理念的核心是"学生是学习的主体，具有自主性、能动性和创造性，教师在教学中要把发展的主动权还给学生"。许多研究表明，教学理念和教学实践是两个不同的系统。教师即使认同某种教学理念，也未必能够有效地在教学实践中落实这种教学理念。这样，教学理念和实践之间的中介日益受到人们的重视。在主动教育教学理念的引领下，红桥区实验小学进行了学校整体教学模式和学科教学模式的探索和实践。学校教学模式是主动教学理念转化为教学实践的重要中介。

学校大力推行主动教学理念和模式为教师们开展个体性的教学探索提供了良好的平台。教师们在内化主动教学理念，实践主动教学模式的过程中，其主动教育教学风格的孕育成为可能。教学风格的形成不是一蹴而就的，教师只有经过长期的实践、执着的追求，才能够在贯彻主动教学理念的过程中，逐步形成他们的教学风格。

（2）主动教育教学风格是教师在教学中个性化和创造性地实施主动教育的结果。虽然存在共通的主动教育理念和教学模式，但是在实施过程中，又必然会打上教师个人的烙印。教师的个人经验、知识结构、思维特点、个性特征及其自身的主观追求等都会使教学体现出个体性的色彩。这也为教师教学个性的形成提供了可能。教学个性是教师教学主动性、独立性乃至创新性的集中体现。具有个性的教学是与众不同的教学，也是具有重要教育价值的教学，因为它体现了教师本人的独立思考、主动探究，也常常体现出与司空见惯的教学不同的令人眼前一亮的新意。个性是艺术的生命，教学个性是教学艺术和风格的核心要素。主动教育教学风格是教师个性化教学艺术达到相对稳定的状态。

主动教育教学风格还是教师在主动教学理念的引领下，创造性地运用各种教学方法和技巧的结果。我们不能把主动教育的教学风格等同于具体的教学方法和教学技巧，它是在实施主动教育的过程中，对教学方法和教学技巧进行深入研究之后的创造性运用。教学方法和教学技巧显示着教师所达到的教学艺术水平，是教师教学风格产生理想效应的技术性保障。

（3）主动教育教学风格具有多样性。在教学中，每个教师由于他们的思想、气质、知识结构、审美情趣和教学能力不同，在针对不同教材和学生实际从事教学活动时，都会有他们的选择和侧重的角度，采取他们得心应手的教学方式方法，体现出他们的教学风格。这种艺术创造反映着各种独特的个人教学特点，从而形成了教学风格的多样化。①

在实施主动教育的过程中，红桥区实验小学许多教师基于自身的特点，主动探索，形成了鲜明的教学风格。如齐鹏老师的教学备受学生的欢迎，上课时学生的思维非常活跃，认为他的课有意思、不累。为发展教学特色，齐老师阅读了大量关于教学艺术和教学风格的著作和案例，并坚持撰写和反思他认为的有个性和特色的教学案例。他先后撰写了近50个教学案例，在总结和提炼案例，不断反思实践以及专家的引领下，逐步形成了幽默活泼型的教学风格。红桥区实验小学教师比较典型的教学风格还有常丽颖的导引型教学风格，李子健严谨型的教学风格，刘虹美感型的教学风格，杨旭智慧型的教学风格，周德艳赏识型的教学风格，袁秀华情境激励型的教学风格，等等。这些教学风格体现了红桥区实验小学主动教育教学风格的多样性，也呈现了主动教育"百家争鸣""百花齐放"的景象。

（二）主动教育教学风格的形成阶段

教师从开始教学到逐渐成熟，再到形成独特的教学风格，是一个主动探索，不断发展的教学艺术实践过程。这个过程又可分为模仿性教学、独立性教学、创造性教学和风格性教学四个阶段。②

---

① 李如密：《教学艺术论》，人民教育出版社2011年版，第476页。
② 同上书，第490—491页。

1. 模仿性教学阶段

教师刚开始教学时，往往会模仿他人的教学设计、教学方式方法、教学语言、教学风度和精神，经常搬用他人成功的教学经验。这是教师成长的必经阶段。

红桥区实验小学主动教育文化、领导的关心、师徒结对制度、名师的教学风范以及青年教师自身的进取心都推动着他们向身边的榜样学习。如红桥区实验小学特级教师刘虹在工作中，有过迷惘、困难与挫折，也有过退缩，但来自各位领导和老师的示范和引领，为她指明了方向。李玉存校长对教学的投入精神，马国琴校长对学生深厚的爱，李伟老师对教学的琢磨精神都感动和激励着刘老师。他们的人格魅力和敬业精神感召着刘老师，他们还帮她奠定了扎实的业务基础，树立了职业理想。崔慧敏老师刚调到学校时，面对新的教学理念力不从心。为落实"自主、合作、探究"的教学理念，她主动请求听老师们的课，看她们怎样进行教学设计，怎样驾驭课堂，怎样布置有趣而又有实效的作业。通过"先听课，后分析，再实践"以及网络学习，她很快熟悉了新课程的理念，渐渐有了思路和设计。

在教学初期，积极的模仿是必要的，但是不能停留在这一水平上，必须向独立性教学迈进。陈颖老师曾作为周德艳老师的徒弟，连续一年听周老师的常态课。周老师的教学设计理念蕴含着深厚的文化底蕴，重视对学生自主学习能力的培养，赏识学生并用心发掘学生的优点，想方设法调动学生的积极因素，使学生在情感上得到陶冶，知识上得到启迪。这些都给陈颖留下了深刻的印象，也成为她学习的榜样。她积极主动地学习，不断提高自身的专业素质，逐步成长为一名能够独立承担教研任务并胜任教学工作的卓有成效的骨干教师。

2. 独立性教学阶段

在这一阶段，教师基本摆脱了模仿的束缚，能够独立完成教学的各个环节，如备课、上课、布置和批改作业、课外辅导等，能将别人成功的经验消化吸收，变为他们的东西。这个阶段是从模仿性教学向创造性教学的过渡阶段,但它在不同的教师那里存在的时间长短是不同的,有的教师能够在很短的时间内进入创造性教学阶段,而更多的教师则在这个阶段停滞不前。这个阶段蕴含着创造性教学的萌芽,一旦条件成熟,教学创造性之花便将怒放。

如陈颖老师在经历了模仿性教学阶段之后,为了备好一节课,她苦苦思索,备教材,备学生,不断推翻原教案并重新备课,直到满意为止。为了上好第二天的课,在夜深人静时,她还在对着墙壁一遍又一遍地"试教"。她把她的每一节课都当作公开课来准备,不断地超越她自己。经过刻苦的努力,陈颖老师不但能够独立胜任教学工作,而且体验到每一次课都不一样并产生新的收获和体验新的乐趣。

形成教学模式是教师的教学走向独立和成熟的标志。一个教师拥有了他的教学模式,就说明他不仅在教学中有了一套稳定的教学策略和方法,而且表明其对教育教学形成了他的认识。[①] 红桥区实验小学许多教师通过努力探索,形成了他们的教学模式。如王丽萍老师的教师主导、学生主体的教学模式。为激发学生的主体性,她在教学中设计"达成共识""交际游戏""完成故事""扮演角色"等多种教学活动,让学生真正地"动"起来。这表明王老师的独立教学已经走向成熟,并蕴含着教学创新的可能。

3. 创造性教学阶段

经历独立性教学阶段之后,教师的创造性就会不断表现出来,突出体现在教学方法的革新、教学效果的优化、教学效率的提高上。这一阶段教师成为教学艺术的自觉追求者,不断地超越他人,也突破了他们自己,初步具有了各自的教学特色。

如红桥区实验小学崔莹老师注重在数学课堂上激发学生的学习积极性,引领学生在自主探索和合作交流中主动体验,感悟知识,放飞他们的思维,促进他们的全面发展。在教学中,她为学生提供

[①] 刘冰、徐娅蓉、赵丽:《主动研究型教师的校本培养研究》,天津教育出版社2015年版,第87页。

大量"做"的机会，鼓励所有学生参与，使学生在"做中想，想中学"，让学生在操作中体验，在体验中激活思维。在课堂上她经常会交给学生一些具有挑战性、富有探索性的实践任务，引导学生小组合作，在操作中师生互动体验数学知识，体会数学方法。例如，在教学"圆锥的体积计算"时，崔莹老师就打破了传统做法，引导学生利用手中的学具，如各种容器、水、沙子、橡皮泥等证明"圆锥的体积是与它等底等高的圆柱体积的三分之一"这一数学知识。通过小组合作，动手操作，学生的认知水平大大提高，有的把橡皮泥捏成等底等高的圆锥和圆柱再变形为长方体后进行计算比较，以获得验证；有的则用"倒沙子"的方法得出同样的结论；还有的选用了不等底等高的圆锥和圆柱做"倒水"实验。

可见，崔老师重视引导学生对理论问题进行实验探索，学生在实践中对圆锥体积的概念和计算方法获得了清晰的认识和理解。使数学知识不再那么抽象，也激发了学生主动体验的欲望，激活了学生的思维，提高了学习的实效性。这也充分体现了崔老师的教学特色尤其是教学方法的创新性。而当独创性成为教学过程中呈稳定状态的标志时，崔老师就会形成她独特的教学风格，其教学就进入了风格性教学的阶段。

4. 风格性教学阶段

教师的教学特色在教学实践中经过历练和升华，会逐步发展为教学风格。教学艺术风格在教学过程中的各个环节、各个方面都有独特而稳定的表现，教学呈现出浓厚的个性色彩。教学内容和形式独特而完美地结合起来，使教学真正成为塑造人们灵魂的艺术。

在实施主动教育的过程中，红桥区实验小学许多教师结合自身的特点，在教学上不断探索，形成了他们的教学风格。如刘虹老师的美感型教学风格注重在课堂教学中通过显现美的教学内容，优化美的教学手段，体验美的文章语言，感受美的人物形象等途径，构成一个多向折射的"审美心理场"，使学生在审美愉悦中获得全面和谐的主动发展。

周德艳老师的赏识型教学风格注重发现和发展学生的优点和长

处，让学生在"我是好孩子"的心态中觉醒。在教学中，她以赏识学生作为切入点，让自己从情感上贴近学生，让自己所讲的内容靠近学生的生活，把自己与学生在课堂上融为一个有机的整体，用心发掘学生的优点，想方设法调动学生的积极因素，使学生在情感上得到陶冶，知识上得到启迪。针对学生的不同特点，她采取不同的做法，赞美赏识学生，让每一位学生在课堂上都能察觉到他是被重视的，从而拥有归属感、安全感，获得成就感，把课堂当作师生共同开拓的一方田地精心、细心地照料。

以上每个教学的发展阶段，都有其自身的特点。各个发展阶段的顺序不能颠倒，并且从一个发展阶段到下一个发展阶段，都要有一定的主客观条件。在这种循序渐进的发展过程中，教师教学的模仿性越来越少，而独创性越来越多，最终形成他们各自的教学风格。在主动教育理念的引领和实践的推动下，红桥区实验小学教师在教学的专业性方面迅速成长，越来越多的教师开始具有他们的教学特色和教学风格。红桥区实验小学教师教学风格的"百花齐放"促进了教师的专业成长，提升了教学质量，也彰显了主动教育的硕果。

第七章

主动教育的德育：主动德育

"德"是做人的根本，是一个人成长的根基。古希腊著名教育家、哲学家柏拉图说过，一个人从小所受的教育把他往哪里引导，就能决定他以后往哪里走。德育的根本功能就是帮助学生树立正确的人生观、世界观和价值观，为其今后的发展指引正确的方向。学校是进行系统德育的重要基地，因此，学校德育的效果如何，不仅关系到学生未来发展的方向，更直接关系到国家和民族未来的发展。

德育是学校教育的重要组成部分，也是小学生素质教育中的一个重要组成部分，对提高学生的思想道德认识水平和个人思想品质大有裨益。苏霍姆林斯基说："能够促进自我教育的教育才是真正的教育。"因此，调动学生主动参与德育的积极性，是实现学生自我教育的开始。红桥区实验小学一直高度重视学生的德育，紧紧围绕"把发展的主动权还给学生"这一办学理念，以"立德树人"为核心，以养成教育为重点，以活动为载体，注重体验教育，创新德育形式，丰富德育内容，增强德育合力，探索出符合红桥区实验小学主动教育理念的德育特色——主动德育。

一 主动德育的基本理念

理念指导行为，有什么样的教育理念就会有什么样的教育行为。[①] 当前，我国德育正进行着由传统向现代、由重"教"向重"学"转变的时代变革。而任何德育变革都必须以德育理念的更新和转变为先导，"德育理念是德育的根本指导思想，提升德育理念是德育深层次改革的需要，是德育改革的最高境界"[②]。学校德育要想真正走出传统德育实效性低下的困境，就必须从德育理念层面进行必要的反思与重建。

（一）立德树人理念

"立德树人"从其字面含义上讲可以分为两个层面："立德"是要求培养人的品德、道德及品质；"树人"的含义是培养人成才。现代学校的根本任务是立德树人，立德是树人的前提，树人是立德的结果，两者相互联系，彼此作用，贯穿于德育全过程。

2004年，国务院颁发的《关于进一步加强和改进未成年人思想道德建设的若干意见》明确指出：进一步加强和改进未成年人思想道德建设已成为我国公民生活当前和今后相当长一段时期内的重要工作，是一项重大而紧迫的战略任务。[③] 党的十七大报告提出，"要全面贯彻党的教育方针，坚持育人为本、德育为先，实施素质教育，提高教育现代化水平，培养德智体美全面发展的社会主义建设者和接班人"，首次明确提出"育人为本、德育为先"的教育理念。2010年，《国家中长期教育改革和发展规划纲要（2010—2020

[①] 周国正：《学校德育理念从哪里来——对学校德育工作存在问题的思考》，《思想理论教育》2012年第7期。

[②] 班华：《德育理念与德育改革——新世纪德育人性化走向》，《南京师大学报》（社会科学版）2002年第4期。

[③] 中共中央国务院：《关于进一步加强和改进未成年人思想道德建设的若干意见》，2004年2月26日。

年)》把"坚持德育为先"作为我国教育的战略主题之一。党的十八大报告又进一步指出，要"把立德树人作为教育的根本任务"，这是对十七大报告所提出的"育人为本、德育为先"教育理念的深化，指明了今后教育改革发展的方向。"立德树人"的有效路径包括课程育人，文化育人，实践育人。

党的十八大以来，教育部认真贯彻习近平总书记系列重要讲话精神和中央有关决策部署，先后出台了《完善中华优秀传统文化教育指导纲要》《关于全面深化课程改革 落实立德树人根本任务的意见》《关于培育和践行社会主义核心价值观 进一步加强中小学德育工作的意见》《关于在各级各类学校推动培育和践行社会主义核心价值观长效机制建设的意见》《关于教育系统深入开展爱国主义教育的实施意见》等一系列文件，对中小学德育工作进行了全面系统的部署。要求各级各类学校结合当前德育工作所面临的新形势、新任务，加强领导，深入贯彻中央精神，进一步增强中小学德育的时代性、规律性、实效性。如何落实立德树人的根本任务，践行社会主义核心价值观，把学生培养成为具有良好品德的高素质人才成为基础教育所面临的一项重要任务。

"育人为本、德育为先"这一理念的提出，既是全面落实科学发展观的本质要求，也是推进学校德育科学发展、创新发展、和谐发展的内在要求。基于这一根本理念，红桥区实验小学进一步解放思想、与时俱进，进一步明确了学生在德育中的主体地位，即德育必须以学生为中心，准确把握小学生的成长特点和发展规律，以促进学生全面发展为目标，在尊重人、关心人和理解人的基础上开展各项德育工作。

首先，主动德育应尊重学生的主体地位，将学生看成一个不断追求进步、不断完善自我的个体，为其创造出自我教育的良好条件。其次，主动德育要突出师生的平等地位，教师充分尊重学生的思想、情感和人格，在平等对话与自由交流中增进互信，使他们从内心深处真心实意地接受教育。再次，主动德育要尊重学生的个性特点，注重从学生的个体素质和不同发展需求出发，做到因人制宜，因事制宜，促进学生主体个性化、差异化发展。

（二）生命关怀理念

在生命教育视野下，德育与生命的疏离是传统德育实效性低下的原因之一。21世纪是人的生命凸显的时代，因此小学德育必须践行生命关怀理念，构建生命化德育，切实提升德育的实效性。因为生命关怀既是学校德育的本质要求，也是以人为本的科学发展观在学校德育中的具体体现。

生命关怀理念的德育以生命为对象，以人文关怀为着力点，以实现人的全面发展为终极目标，其最根本的指导思想是坚持以人为本。生命化德育强调生命是德育的出发点，认为德育必须对个体的生命持尊重的态度，从而唤醒生命，通过满足生命的需要来关怀生命，最终提升生命的意义。让生命在德育中诗意地栖居，是生命化德育的核心表达，也是生命化德育的最高境界和追求。[①]

主动德育是一种基于生命关怀理念下的教育活动，以学生全面发展为目标，坚持以人为本，真正从"人"的视角来看待学生，对待学生，在正确把握个体生命的基本特性和内容的基础上，对学生的生命予以切实的高度关注。这里的生命不仅指学生个体的自然生命，也包括对学生生命价值与人生态度等方面的引导。主动德育反对强制和灌输这种传统的德育方法，认为只有学生在生活与情感等各方面都接纳与认同，德育才算真正地发挥了作用。因此，主动德育充盈着思想的碰撞、情感的流动和生命意义的构建。它关注每一个生命的生成和发展，强调追寻个体生命的意义，实现个体的生命价值。师生双方作为德育主体平等参与对话并达到理解，理解与对话的过程也是师生双方个体生命成长的过程。

主动德育以追求人生幸福为终极目标，强调德育的个体功能，关注个体的道德需要。它反对传统德育只强调培养"政治人""社

[①] 解如华：《基于生命关怀理念下的高效德育实效性探究》，《教育与职业》2013年第8期。

会人"的目标定位，以学生个体生命活动为基础，重视学生主体的道德情感和自身体验，以情感的激发为重要过程，既注重在生活中让学生体验道德情感，又将德育与学生生活实际紧密联系起来，积极引发学生的道德体验。因此，主动德育更加富有感染力和亲和力，也更容易被学生所接受，进而达到它的目标，完成它的使命，最终体现德育的价值与实效性。

（三）生活德育理念

"道德始终存在于人的整体生活之中，没有脱离生活的道德。"① 生活德育是当代德育理念的一个理论创新，主张德育内容来源于生活并回归于生活，德育方法既要融入生活又要贴近生活，将学生主体体验的一贯性和认知的整体性作为德育实践的出发点，强调在学生的生活世界当中开辟更广泛的德育空间，进行有效的灵魂深处的教育。② 生活德育不是要将德育消解在生活中，而是要通过具体道德的生活来学习道德。具体说来，生活德育是从生活出发，在生活中进行并回到生活的德育。从运作形态上看，生活德育着眼于学校日常生活，强调学校作为一个社群的价值取向的德育作用和学校教育氛围、同伴关系、同伴群体等非制度的、日常的社会关系与互动的德育意义。③

"生活德育"理念还原了德育的本质，强调将学生的道德教育与生活相融合，但这种回归生活并不是要回到实存的生活，而是要给生活以教育，创造一种相比实存生活更好的生活。因为学校有责任从现实环境中排除它所提供的那些坏东西，选择其中最优秀的东西，努力强化它们的力量，从而"建立一个净化的活动环境"④。主动德育重视小学德育应"以学生为中心"，回归学生真实的道德

----

① 鲁洁：《中国小学德育课程的创新》，《中国教师》2004年第1期。
② 王敏：《"生活德育"理念与高校德育创新》，《思想教育研究》2006年第4期。
③ 高德胜：《知性德育的超越——现代德育困境研究》，教育科学出版社2003年版，第34页。
④ 杜威：《民主主义与教育》，王承绪译，人民教育出版社2001年版，第22页。

生活。这样的回归包括实然和应然两个向度:"一是实然向度的回归。从现实生活的角度出发,确保德育与生活的内在关联,即德育的生活化。二是应然向度的回归。生活化了的德育要能够反哺、引导和建构生活,即德育的生活实践取向。"[1] 生活化的主动德育主要包括三层含义:第一,"道德存在于儿童的生活中,德育离不开儿童的生活";第二,"良好品德的培养必须在儿童的生活中进行";第三,德育课程要特别注重引领学生过更好、更有意义、更有价值的生活。[2]

主动德育基于"生活德育"这一理念基础,以学生生活为依托,以学生主体为中心,充分尊重学生的认知能力、感知能力和道德领悟能力,以人性化、生活化的方式进行德育;而且主动德育尊重学生道德体验的一贯性,强调德育要具有直观性、本真性、体验性,强调用生活唤起和触发学生对道德现象的情感体验,让学生作为参与德育活动的主体,了解生活,认识生活的意义,学会热爱生活,在这一过程中,积极主动地认识、体验和践行道德规范。

二 主动德育的内涵与特征

红桥区实验小学在探索实施主动德育的过程中,主动更新德育理念,遵循教育规律、学生身心发展规律和小学德育教学规律,积极推进培育和践行社会主义核心价值观。主动德育注重恢复和强化学生在德育工作中的主体地位,激发学生主动发展的主体精神,积极培养学生在德育价值、思想修养和实践创新中的自主判断、选择、反思和践行能力,引导学生树立远大志向,涵养美好心灵,健康成长成才。

---

[1] 檀传宝、班建武:《实然与应然:德育回归生活的两个向度》,《教育研究与实验》2007年第2期。

[2] 陈光全、高琼:《生活德育理念的三维解读》,《中小学德育》2012年第6期。

(一) 主动德育的内涵

主动德育是通过优化德育教学条件，充分发挥学生自身的主体作用，引导学生积极、主动、有效地参与到德育教学过程之中，增强学生的道德主体意识和自我意识，充分相信学生，教会学生主动地内化德育知识，养成良好的道德习惯，自觉主动践行道德行为的一种德育活动。

学生是具有主体性的德育对象，因此学校德育活动只有以调动和发挥学生的主体性为前提才能发挥其应有的作用，实现预期的德育目标。人的主体性，是指人作为活动主体所具有的属性，从根本上说，就是指人在同客体的相互作用中所表现出来的能动性、创造性和自主性。[①] 在德育活动中尊重和弘扬学生的主体性，实际上也就是把学生视为德育活动的能动性和创造性源泉，重视学生在学习和自我发展、自我教育过程中的自觉性和自主性。

1. 主动德育重视发挥学生的自主性

自主性是人的主体性的一个重要内容。只有给学生以充分的自主性，才能使学生的主体力量得以表现出来，使他们的主体地位得以确立。如果学生缺乏自主权，他们就不会把学习活动看成是他们自己的活动。因此，在具体的主动德育活动中，我们应充分发挥学生的自主性。如红桥区实验小学已坚持十余年的"自主十分钟"活动，即在每天早晨第一节课前安排十分钟晨会，让学生设计和组织学习活动。各班学生采取内容自选的方式进行活动设计，学生人人自主设计，设计内容丰富多彩，每个环节齐全，时间用足用满，每天保质开展，充分体现对学生自主性的高度重视。

2. 主动德育重视激发学生的能动性

主体之为主体，就在于他是"能动的自然存在物"，具有"自觉的能动性"，这是主体与非主体最基本的区别。在主动德育活动

[①] 王秀兰、庞学光等：《主动教育理论构建》，天津人民出版社 2000 年版，第 20 页。

中发挥学生的能动性,就是要使学生的学习和发展过程具有明确的目的性和计划性。如在"自主十分钟"活动中,我们让学生对其学习进行自我计划,提出目标,制定出实现目标的保障措施等。每学期末,红桥区实验小学都会制作德育"自主十分钟"特色主题片,通过观看主题片让学生特别是低年级学生知晓如何开展"自主十分钟"活动,怎样开展好"自主十分钟"活动等,充分体现了主动德育对学生主体能动性的尊重。

3. 主动德育要重视发挥学生的创造性

主体不仅是能动的,而且是富有创造性的,创造性是主体自觉能动性的最高表现。因此,学校德育尊重学生的主体地位,满足学生自我实现的创造性。在主动德育中,教师特别强调让学生乐学、会学、主动地学,鼓励和引导学生敏锐地发现问题,创造性地解决问题。同时注重满足学生的兴趣和求知欲,鼓励学生大胆提问,积极向老师设疑问难,鼓励学生主动、富有创造性地解决问题。

(二) 主动德育的特征

苏霍姆林斯基曾经说:"道德教育是从儿童有意识的生活刚刚一开始就进行的。"[①] 小学阶段是学生人生观和价值观形成的重要时期,同时也是儿童道德成长最重要、最敏感的时期。主动德育注重回到德育工作的原点,坚持将每一个学生作为教育的出发点和落脚点。这里的每一个学生都是活生生的、具体的生命个体,而不是抽象意义上的"学生"。主动德育关注学生主体生命,重视学生在德育活动中的"生命在场",以新的理念指导具体的德育实践。

主动德育区别于传统德育的本质特点即在于将学生主体视为德育的出发点,尊重小学生的身心发展规律,符合小学生的道德认知特点,注重激发学生主动的道德情感体验,培养学生掌握基本的道德判断,潜移默化地内化道德品行。学生在德育活动中不是"被动"地接受道德理念的灌输,而是以充分调动和发挥学生主体性为

---

① 单中惠:《外国教育思想史》,高等教育出版社2007年版,第339页。

手段，实现德育目标，并真正提高学校德育的针对性和实效性。

1. 主动德育基于学生的真实生活

鲁洁教授曾指出："道德规则和规范既然不是来自于人自身生活的需要，这样的规范和规则教育也就难于深入人的心灵，去激起人的道德需要，丰富和发展人自身的道德品行。"[1] 2011年版《小学品德和生活课程标准》和《小学品德与社会课程标准》都强调"德育离不开儿童的生活"，"德育要珍视儿童生活的价值"，更要"以学生的生活发展为主线"。因此，主动德育重视将德育活动回归学生真实生活，良好品德的培养必须在儿童的生活中进行。生活德育理念下的主动德育，以生活为本原，以学生的整个生活环境为背景，将课堂内容与学生的现实生活相融合，将学生课堂学习的间接经验与现实生活的直接经验结合起来，将课堂学习与生活实践统一起来，构建学生感兴趣并且能够主动进行的各种学习活动，使学生在现实世界的撞击、交流中进行探索和思考，产生对世界、对生活的爱，并在主动的活动中构建他们的知识体系。同时，主动德育重视学生的自主管理、自我展示、自我评价，让每一个学生成为最好的自己。主动德育的终极目标就是引领学生过更好、更有意义、更有价值的生活。

陶行知先生"做中学，做中教"的课程方法观强调，"事怎么做就怎样学，怎样学就怎样教；教的法子要根据学的法子，学的法子要根据做的法子。"陶先生认为，以"做"为中心的"教学做合一"的过程是亲知的过程。我们认为，陶行知先生的观点恰恰切中红桥区实验小学德育工作的要义。德育工作的终极目标是教会学生积蓄美德，从而形成高尚的德与行，形成健全健康的人格。而这一过程的实施与完善，仅仅靠说教式的德育教学是难以实现的，因为没有"做"、没有行动，学生只知教师所授，仅仅停留在认知表层，是不会获得真知的，更不能完成由道德认识到实践，由实践到

---

[1] 鲁洁：《边缘化、外在化、知识化——道德教育的现代综合征》，《教育研究》2005年第1期。

提高，再到内化为自觉道德品行的质的转变。

因此，我们探索德育教学要向"教学做合一"转化，这既是教育理念的转变，更是以生为本，培养主动追求真知，追求真、善、美品行德育方法的变革。对于德育内容的选择，要充分关照学生生活，在低年级阶段可以主要侧重学校生活教育，帮助学生尽快适应学校生活；在中年级阶段应侧重家庭生活教育，帮助学生形成健康的家庭生活态度；而在高年级阶段则应侧重社会生活教育，通过主动参与和亲身体验，使学生学着做个社会人。如红桥区实验小学对低年级学生着重进行礼仪教育，注重学生的行为养成；对中年级学生则着重进行感恩教育，让学生通过自身情感体验，心怀感恩；对高年级学生，重点进行诚信教育，关注学生自律自觉，内化品德。

2. 主动德育基于学生主体的儿童立场

"教育的立场应有三条基准线：教育是为了谁的，是依靠谁来展开和进行的，又是从哪里出发的。毋庸置疑，教育是为了儿童的，教育是依靠儿童来展开和进行的，教育应从儿童出发。"[①] 主动德育坚持以学生主体为核心的教育立场，明确儿童道德发展是按一定阶段顺序由低级向高级发展的，根据儿童的发展特点、认知规律，小学生无论是认知还是情感和意志都是由低到高发展的，道德认知是从具体到抽象，从片面到全面的发展，道德认识和道德动机也逐渐从具体到概括。因此，主动德育需要依据小学生的身心特点、品德形成规律，将德育目标、内容分解到小学6年的教育之中。同时，各年级的德育内容并非完全独立，而是一以贯之、相互承继的完整体系。

主动德育的关键在于引导学生把外在的道德要求和行为规范内化为自身的道德标准，使学生的道德行为成为自主、自律的自觉行为。主动德育的目标定位在把学生培养成为主动学会做爱人之人，成为心中有他人，有祖国，有集体的人；主动学做文明之人，成为讲文明，懂礼貌，有道德行为的人；主动学做负责之人，成为敢于

---

① 成尚荣：《儿童立场：教育从这儿出发》，《人民教育》2007年第12期。

克服困难，有进取心和责任心，敢于创造，乐于进取，勇于担当责任的人。

参照这一总体目标，主动德育对不同年级学生的德育目标进行了分解，并采取具体操作措施来确保各阶段具体德育目标的实现。如红桥区实验小学非常重视学生道德习惯的养成，从一年级就开始使用《习惯培养手册》，让学生们在明目标、多元评、重激励中逐步养成良好的行为习惯。此外，红桥区实验小学还明确了中、高年级学生具体的习惯培养目标，如中年级要培养学生高质量地完成作业，认真倾听，完整表达等习惯，高年级要培养学生学会思考、交流、总结等习惯。通过明确不同学段学生养成教育的培养目标，制定了具体可操作的培养方法，一方面使品德润化到学生的内心世界里，进而使其成为学生的内在气质；另一方面也使养成教育的成果外显到学生的行为中。

3. 主动德育基于学生主体的道德体验

主动德育以儿童的情感体验为基础，因为，只有学生获得切身体验的东西才能入脑入心。依据美国教育学家布鲁姆关于认知领域的教学目标分类理论，我们把教育教学活动在认知领域的目标划分为认知、领会、运用、分析、综合、评价六个层次。它们由简单到复杂连续排列，其中"认知、领会、运用"属于引导学生认知过程中的心理初步接受，使其产生自动验证的心理过程。"分析、综合、评价"属于引导学生体验、内化的高级心理过程。这一理论具有超脱性的理论框架，可以用于指导德育活动的开展，有利于以学生为中心的学习与实践。让学生结合他们的认知进行多元化思维，确定努力方向。实现学生由被动接受，只会识记，转化为主动参与。通过学生自主参与学习实践，增加情感体验，进行思想道德的主动建构，完成道德内化。

因此，主动德育与学生生活相联结，从学生实际生活中来，积极构建德育的体验点，以学生主动探索、发现和解决问题为立足点，让学生在一定的道德情景中体验道德，发展道德思维，提高思想素质。德育体验的全部过程都伴随着学生道德情感的涌动和生成。在实施道德教育时,教师应组织有效的道德实践活动,创设富有感染力的道德情境,促发学生对道德的切身体验。如对低年级学生应注重情境教育,可以通过故事形式来呈现教育主题内容,图文结合,注重实践操作环节的设计;对中年级学生应注重自我教育,通过道德行为的辨析,道德情感的体验,道德水平的测试等环节进行自我剖析、自我评价;对高年级学生则应注重情感教育,可以通过角色体验,在培养道德情感的基础上形成道德品质。这样关注学生主体情感体验的德育就充分做到了"润物细无声",使学生在不知不觉中生成道德情感,提高道德判断能力和实践能力。

三 主动德育的基本模式

德育模式是指建立在一定的德育理念和德育理论基础上,可以参照模仿的、具有操作性的结构性整体。具体而言,德育模式是在一定德育理念和德育理论指导下,德育的内容、方法、手段、途径等有机融合而成的比较稳固的程序及一整套策略体系。德育模式不仅可以表现为某种德育理论的简约化,运用简明解释或象征性符号反映其所依据的德育理论的本质特性,也可以表现为对某些德育经验的总结、加工、抽象、概括与优化,是连接德育理论与德育实践的纽带和桥梁,能给德育实践者提供一整套可供参照、借鉴与操作的标准德育式样。[1]

为了探索如何更好地在德育工作中,通过施教者适情适性的有效启发,引领学生内在的道德教育需求,帮助学生进行多元化的情感体验,由道德认识产生道德情感与道德动机,进而实现由道德认识到道德行为的内化过程,达到思想品德在原有基础上的整体推进与提高,红桥区实验小学在多年实施主动德育探索经验的基础上,提炼形成了"三维度、四环节"主动德育的基本模式。

---

[1] 周卫东、张典兵:《论德育模式的本质、分类及现代建构》,《教学与管理》2014年第6期。

(一)"三维度、四环节"德育基本模式的内涵

"三维度、四环节"德育基本模式是通过以"辨、思"为核心,以"导思、明理、践行、评价"为主要教育策略,激发学生探究兴趣,引导学生在"明理"基础上,加以实践验证,获得真实的情感体验,并通过总结比较,提炼出实践经验,进而内化为学生道德的主动行为,最终实现学生逐步完善健全人格的一种德育活动模式。

所谓"辨思",就是把德育活动的主动权真正还给学生,让学生从教师的引导中进行独立思考,进行多方分辨,明确事理或规范意义;让学生在心理接受状态下,思考、分辨他们学习事理的最佳实践方法;让学生通过操作,获得最直接的道德情感体验,并将实践中所获得的情感体验归纳为他们的道德行为准则,构成学生今后生活中的道德主动行为。

所谓"导思、明理、践行、评价",就是把学生看成一个独立自主的人,一个发展中的个体。教师注重创设多元德育氛围,在德育活动中,引导学生多思而明事理,接受品德教育而不盲目;通过实践加以验证,知事理而不空谈;提炼内化自我道德准则,在实践中获得体验而不自流。教师真正做到在关键知识、关键问题、关键时刻能给学生以恰当的启发,引而不替代;诱导学生开启多元思维去发现、体验、分析、归纳,探索道德规范所在;帮助学生在学会多元思维的同时,能够明辨是非,从而逐步构建健全的人格。

(二)"三维度、四环节"德育基本模式的内容

1. 主动德育"三维度"

在"三维度、四环节"德育基本模式中,"三维度"即"养成学生良好习惯,建构多元思维方式,形成学生健全人格"。这三个维度的提出,是红桥区实验小学对德育目标的理性思考,我们认为,学生个性良好形成的前提是必须遵守做人做事的规范、规则,从小养成的良好习惯是一个人成长的基础,而良好习惯最终是为了

形成健全人格，但健全的人格除了要有良好的行为习惯外，还应包括正确的思维方式。只有在德育工作实践中注重这三个维度的递进，交互培养，红桥区实验小学学生才能获得真正意义上的进步和发展。故此这三个维度既是红桥区实验小学主动德育的最高目标，也是出发点和落脚点。

2. 主动德育"四环节"

围绕"三维度"德育目标，红桥区实验小学以"引导启思，明理践行，弘美培德"为德育活动主线，以高尚的思想引领学生，以真、善、美诸多元素润泽学生，诱导学生主体由接受教育到明辨成识，再到实践体验，将学到的道德知识转化为分析问题和解决问题的能力，并能自觉内化为其弘扬美德的思想与行为，最终促进他们养成良好行为习惯，拥有健康的道德准则和形成健全的人格。在实践中，教师提炼出德育模式的"四环节"，即"点启、激趣——引疏、悟理——实践、体验——评价、内化"。

（三）"三维度、四环节"德育基本模式的操作

在"四环节"中，第一环节是德育活动的准备、谋划与铺陈、设计环节。在进行德育活动前适应生情的充分准备，是德育活动能否有的放矢地引生乐知乐行，唤起学生心理响应的前提条件。第二环节是德育活动启发思维，分辨梳理，明了事理环节，是引生缘事而议，议中有辨、辨中明理、知行目标的关键之处。着力解决学生感知事理、学习辨析、进行初步情感体验的问题。第三环节注重学生的实践体验，这是德育工作的重点。充分体现学生的德育主体地位，使其知理并用于行，在实践中加深认知，使德育活动可以育人之心，导人之行，累积人品。这个环节是着力解决学生以知促行，行中感悟，主动参与实践探究以获得发展的问题。第四环节是引导学生个体针对德育实践活动中的实践体验进行总结、归纳，教师对其加以激励引领性评价，是德育活动收获成果，学生由道德认识逐步内化为道德自觉的阶段。通过对问题的实践验证，反思得失，帮助学生多元化地观察思考问题，总结经验，明辨是非，明确规范，

明了今后他们的行为目标，形成道德成长的总体德育努力目标。这个环节要着力解决学生道德能力形成和道德能力拓展问题。

1. 点启、激趣：充分准备德育活动的起始环节

在德育活动的准备环节中，教师要进行充分谋划与铺陈，做好适应生情的准备，这也是德育活动能否有的放矢、顺利引导学生乐知乐行，有效唤起学生心理响应的前提条件。在这一起始环节中，教师所总结的具体的操作策略为明确要求—设立目标—确定重点—选择方法—启发兴趣。在教学活动中，教师依据学生的年龄和心理特点与相关活动要求，进行德育宣讲的备课。在教案中，设计出讲授重点和使学生思考悟理的启发之点（点出学习的内容，学习的重点，明确教学目标，学生学习目标与努力方向等）。针对学情，有的放矢地激发学生的学习兴趣，启发学生进行理解性思考，形成心理上的最佳参与状态。

这一环节操作的关键点为解情立标、设点启发、细节激趣。其中，"解情立标"，即教师要依照国家关于小学道德和行为准则等要求，在充分了解学情（年龄特点、认知特点、心理特点等）的基础上，确立德育活动的目标，具体应包括教育目标、学生应知（道德知识）目标、学生实践（道德准则）（预设）目标。"设点启发"，指教师要编写活动教育提纲，要由浅入深，明确点出学习重点，点出学习的知识点，点出学习的方向。要注重中心、启发点，以点燃学生的思维火花。同时教师要进行具体相应的方法设计，引导学生形成认知层面的方法，引导学生自主设计实践道德准则的策略，对学习与实践的评价方法等。"细节激趣"，指要注意教育过程的细节设计，以此更加深入地引发学生参与德育活动的兴趣。细节设计所涉及的角度有许多，除相关挂图、教具设计外，还有导语设计，以讲故事、典故，设悬念，讲格言、警句由来，做游戏，展开想象等为学生创设学习情境，使其产生思维共振。以小品、情境对话等引发学生通过生活现象来辨识道德准则等。这些细节设计可以产生"提要性刺激"，有利于学生对相关道德准则的理解与学习。

2. 引疏、悟理：合理展开德育活动

承接第一环节的充分准备，这一环节主要是启发学生的思维，引导学生分辨梳理，明了事理环节，引导学生缘事而议、议中有辨，进而在辨中明理。这个环节要着力解决学生感知事理，学习辨析，进行初步情感体验的问题，也是使学生知行目标实现统一的关键。其中，"引疏"主要指教师对学生进行思想引导和疏通。教师要依循第一环节的充分准备，在讲解时做到要点明确、语言生动、条理由浅入深，积极引导学生的思维，运用语言和演示疏通学生应注意的内容，使学生听清楚老师所讲重点，调动起学生的积极心理状态。"悟理"，即教师要做到在课堂上除了让学生"听"（讲解），"看"（挂图、小品、录像等教具）外，还要让学生"想"。不仅要让学生能从教师的讲解中感悟到"什么"（行为）"是什么"（品质、精神等的体现），还要引导学生感悟到"什么"（行为）因为"什么"（具体举动），"体现什么"（体现某一精神、品质、道德风范等）。在此基础上，进一步引导学生辨析导行。

教师总结出的具体操作策略为宣讲教育—多法并举—现象连接—引生辨析—明理促行。教师在教学活动中通过多法并举的引导，帮助学生明确和接受思想品德方面的相关知识，并将其与生活、学习中的多种现象相连接以引导学生展开辨析。辨析的具体方法有"问题探讨式""正反事例（人物）对证"等。常用的辨析方法也就是将学生所学到的道德准则、道德要求联系学生的思想实际及生活中经常遇到的问题，举出事例让学生辨析。通过辨析不仅使学生知道应该怎样做，还要知道不应该怎样做，由此培养学生的道德评价能力和自我教育能力，促进学生知行的转化。

3. 实践、体验：学生道德认知的内在升华

注重学生的实践体验是小学德育工作的重点。这一环节是着力解决学生以知促行、行中感悟，主动参与实践探究，在实践中获得发展的问题，也可视为促进学生"知、行、做合一"的阶段。"知"是为了"行"，学生通过德育教育所获得的道德认识，只有在实践活动中才能进一步加深理解，切实内化为他们的行动指南。

这一环节充分体现了学生的德育主体地位。在德育过程中，学生是主体，只有充分调动学生的参与积极性，才能促进学生道德品质的发展。故此，该模式倡导在德育中想方设法让学生"动脑多思，动手实践"，用恰当多层的问题激起学生的多元思维浪花，使他们于"无疑"之处"生疑"，产生好奇感和探索感，加上实践探索，验证道德品质的正确所在，使学生的情感体验和思维向新的广度和深度发展。

红桥区实验小学教师总结出的操作策略为感悟发现—自主设计—多途践行—情感体验—知行转化。在悟理基础上，教师充分调动了学生的自我感悟和自我发现能力，以"我怎样做才能把理解的道理充分表现出来"为创造引思点，引发学生创设、运用道理，学习典范的自我实践活动，在学校、家庭、社会等处加以践行，并在践行的同时注重学生主体内在的情感体验，以促进学生由思想到行为再到思想的切实转化。

知理并用于行，在实践中加深学生的道德认知，使德育活动的实效真正落实到"育人之心，导人之行，累积人品"的目标上。但由于年龄关系，小学生不善于组织他们的行动，故此，教师不仅要晓之以理，还要导之以行。教师探索的"导行"基本方法主要有：

第一，以理导行，即将学生已掌握的道德准则或行为规范在行动中加以体现，使学生养成良好的行为习惯。其实践的基本序列是：提出目标（师生结合）—行为实践（学生）—比较体验（教师、学生）—反复实践（学生）—总结、评价（学生、教师）。

第二，榜样导行，即教师在讲述道理的同时，注意以人物、事例做例证，帮助学生辨识、树立正确的榜样，用榜样来诱导学生的行为。其实践基本序列是明确榜样（师、生结合）—学习实践（学生）—阶段小结（教师、学生）—实践提高（学生）—反思、评价（学生、教师）。

第三，情感导行，在德育活动中，情感具有巨大的作用，只有在激发道德情感的基础上，才能使道德行为向良好的行为转化。故此，教师在以事例证明事理之时，要注意用生动形象的语言，用接近学生生活实际的话语,来讲述优模和典型人物的所作所为及所体现的高尚品质和对社会、对周围的人所产生的影响等。通过打动人心的话语,感染学生,使其产生共鸣,再借机点拨,激发起学生敬佩、向往的情感,产生学习模仿的冲动,促成学生的主动实践行为。其实践基本序列是:以情激情(师、生)—借机点拨(教师)—带情实践(学生)—体验明标(学生)—反思、评价(学生、教师)。

第四,情境导行,即教师要依据德育活动的重点,创设相关的学习、生活、社会活动等情境,如请某个学生担当情境中的角色,教师依据备课所设,给出相关的行为提示,先让学生自设行为操作表演,其他学生与老师则担当评委,通过评价学生表演中的行为、语言、思想等是否正确,再通过"假如是你,你会怎样做?"的虚拟式情境操作,帮助学生外化行为技能,内升道德准则认识,将道德认识和道德行为融为一体,让学生有实现良好道德行为的能力。另外,也可依据德育活动的重点,创设一种情境,组织学生开展分组式相关能力赛或相关行为设计比赛,让学生既是操作者又是评委,在他评的同时进行自评,实现"以知促行,以行固知"的目的。其实践序列是:依重点,设情境(教师)—做角色,展行动(学生)—相互评,辨正误(学生互动)—再梳理,正确行(教师、学生)—评表现,树目标(学生、教师)。

4. 评价、内化:德育活动效果的强化延伸

这是德育活动的总结提升环节,也可视为巩固发展德育活动教育成果的阶段。在学生基于主体道德情感的体验,将道德认知有效内化的基础上,这一环节着力解决学生道德能力形成和道德能力拓展的问题,主要是引导学生个体对实践体验进行强化与巩固,通过教师及自我总结、归纳,结合教师的激励引领性评价,使学生由道德体验进一步外化为道德的自觉行为。教师总结出的操作策略为双向评价—通晓明理—行于日常—自觉内化—形成美德。在具体教学实践中,教师通过对问题的实践验证,反思得失,帮助学生进行多元观察思考问题,引导学生基于自身的总结体验,做到明辨是非,

明确规范，明了他们今后的行为目标。通过采取学生自我评价与教师评价相结合方式建立适宜学生自我反思、自我评价的良好环境和氛围，引导学生加以总结，探寻通过自我实践对他人、集体或社会的有利之点，探寻自我变化之点，提出应巩固和提升之点。用这"三点探寻"调动学生心理积极因素，促进学生从道德认识到道德行为的内化进程。在学生自我评价基础上，教师进行由学习到实践，由学习态度到实践情况，由目标达成到优点问题等综合性评价。评价以激励为主，兼顾公正性、引领性，使道德准则逐步形成学生的自我追求，主动转化为他们具有思想感情的行为，达到思想品德在原有举措上的整体推进与提高。

这一环节操作的关键点为总结、评价、内化。其中，总结的方法可由教师做简洁明了的学习明理与实践体验的归纳总结，也可放手让学生谈认识和体会。评价过程可采取学生个体评价和教师总体评价相结合。学生的个体评价可着重于三个方面：（1）对活动的参与态度；（2）通过学习与实践，他们取得的主要进步；（3）对照目标总结其完成情况。教师在评价过程中应以学生自我评价为参照，注重激励与公正。对于学生的认真参与、努力实践，特别是对实践中具有创见的思考与行动，从思想品德的高度给予充分肯定。对暴露出来的问题，不要草率对待，不要简单否定，而是应从思想、品德影响的高度把问题的成因剖析清楚，使学生真正领悟，终身受益，使评价成为引导学生体验成功，及时排除干扰信息，增加有效信息，提高德育效率的过程。

【案例】　　　　　　　今天我扫地[①]

请大家跟随我一起走进一年级10班教室——

每天早晨走进教室，我的第一句话一定是："值日生做卫生！"我发现这种做法不对，就进行了反思。虽然从一年级我接任班主任后，就已经开始制定了班级卫生制度，但总觉得一

[①] 引自马凤玲老师《实小低段"四段八步"德育教学模式教育案例》，学校资料。

年级学生年龄小,我没有重视,再加上孩子们也没有自觉性,就造成现在都一个学期了,依然要我每天提醒他们做值日。我意识到这样发展下去可不行!

问题已经找到,就要有解决的办法。我校主动德育模式的基本理念明确了低年级学生德育活动应以学生的经验为基础,创造相关情景,引导学生自己去发现问题,体验并解决问题,用他们的头脑亲自获取知识,增长能力,提升品质。该模式操作的艺术在于注重启发式教育,强调运用启发式教育于学生主动参与辨析、认识、实践、验证学习全过程的五个互相,即互相说、互相看、互相辨、互相帮、互相评。

于是,我便以模式引导开始改变每天提醒值日生做卫生的做法,让我要学生做,转变成学生自己主动做。

首先,运用模式中的"引导"过程,由老师的行动做表率。一天早上,看到脏脏的教室,我做了一个反常的举动,没有像往常一样提醒值日生做卫生,而是我自己一个人打扫教室。孩子们一开始依然坐在座位上,进行晨读。慢慢地,我的这一举动引起了学生的关注和好奇。一位学生主动站起来,走到卫生角拿起扫帚扫起地来……一个、两个、三个……渐渐地,没有老师的号召,学生也会走下座位,默默地跟着老师做清洁,这里面不仅有当天的值日生,还有不是值日生的学生,就连最不爱劳动的晨晨也在大家的感召下,投入劳动当中。老师通过他的身教启发学生发现其理,悟出其义,化之为行。

其次,利用"激辩"过程,因势利导开展教育。我又顺势布置了一项作业:请学生自己搜集有关爱劳动和爱集体的事例。趁热打铁,转天就召开主题班会。在班会上,学生演讲他们自己搜集的有关爱劳动和爱集体的事例,批评不爱劳动不讲卫生的现象,这使他们都受到了教育。通过有针对性地进行教育,使他们真正理解了值日的重要性,值日不仅仅是为了我们有一个干净的学习环境,更是爱劳动、爱集体的具体表现。孩子们由个别问题讨论到共性问题,归纳出导入情境中所蕴含的事理。由此建构起低段学生对事理认知的初识层面，从而培养了学生对是非、美丑的质疑和发现能力，以及交流展示能力。

再次，运用模式中的"体验"过程，抓住契机进行教育。一年级语文课本中有一课《美丽的小路》，我在教授这课书的最后说道："孩子们，你们的身边也有一条小路。"孩子们开始茫然地看着我，很快就有孩子领悟到并举起了小手："老师，我们的教室桌椅间就是。""观察真仔细。我们教室桌椅间的通道就是一条条小路，你们现在就来看看咱们的小路，闭上眼睛回忆一下咱们小路有过的不美丽景象，说一说你的感受。"孩子们低下头看了看地面后，便纷纷举起小手："我们的小路上曾经有废纸，那是同学不小心掉落后没有捡起来。""我们的小路上有时候有中午吃饭掉下的饭粒儿。""我们的小路上有过一片片的黑印子，那是我们盛汤洒了，没及时擦而留下的印记。"……看到这里，我又引导说，"孩子们，那样的小路是一条不干净的小路，满是垃圾的小路……"还没等我说完，一个孩子就迫不及待地喊了起来："老师，我们也像鸭先生、兔姑娘、鹿先生一样用我们的双手把它永远保持成漂亮的小路吧！""是呀！是呀！我们以后让小路永远干净吧！"孩子们纷纷附和。这个时候，下课铃声响起，孩子们都主动地把他们周围的垃圾捡起来，扔到了纸篓里，还有孩子拿墩布把本就不脏的地面擦得更干净……孩子们看到更加干净的教室，一个个小脸上都露出了开心的微笑。这个阶段把形象的事物进行深化，以"临境训练"的方式加深对事情的理解，通过举一反三的方法，唤醒低年级学生每个生命体内在的活力，促进学生通过悟学，汲取德育教育的真实精神营养和行为意义。

最后，使教育结果"内化"为自我需求，激发他们热爱集体、热爱劳动的热情。我班再次召开了《美丽环境靠大家》的主题班会。在班会上，更加明确了卫生要求：早晨进校后，值日生进入教室要先开窗通风，然后扫地、倒纸篓、擦窗台、摆桌椅。做到地面无纸屑，窗台无尘土，桌椅摆放整齐。课间值日生要负责检查监督同学,确保地面无污物。每天午饭时,先要铺好桌布,大家要互相监督,互相提醒,看到饭粒掉到地上、桌子上,要捡起来扔到纸篓里,避免同学踩到,鞋底黏黏乎乎的;发现汤洒了,要主动拿墩布把地面擦干。孩子们在班会课结束后,主动研究了班级卫生值日安排,并决定每周五利用爱洁日时间,开展班级值日评比活动。如果值日工作做得好,就要大力表扬:有口头表扬、小奖状、通报家长表扬等。

经过近半年的教育、引导、鼓励、表扬,全班学生均养成了打扫教室的习惯,就连班级中最不讲卫生的朕禹,也几乎每天都主动参与到教室保洁工作中。

陶行知先生倡导生活教育,在"做中学,做中教"的课程方法。让每个孩子在"出头处求自由",引导学生亲自发现问题,解决问题,用他们的头脑获取知识,增长能力,提升品质。这与我们的模式"引导学生自我认识,自我行动,自我完善"是完全契合的。沿着这一模式一点点走下来,我感受到只有"说教",没有"思考"与"行动"的德育永远是不全面的,道理在没有行动印证之下是难以具有说服力和内化力的。所以"教做合一"是我们教育工作最好的教育方法。

总之,"三维度、四环节"德育基本模式不是仅停留在德育知识讲授上,而是在讲授知识的基础上,揭示其道德规范,指出科学的分辨方法,让学生"学有思,思辨理,理导行",最终促进学生养成健康的思想品质,健全的人格,实现今后的健康成长、全面发展。

四 主动德育的实施方法与途径

立德树人是教育的最高目标,培养什么样的人,体现了一个国家的教育价值观。教育是培养人的事业,是通过培养人,让人类不断走向崇高,生活得更加美好的事业。因此,教育最重要的任务,是塑造美好的人性,培养美好的人格,使学生拥有美好的人生。

"小学教育的价值，就在于打定小学生一辈子有真实明确的人生观的根基。学校教育的目的就在于使学生养成正确的人生观，因而不能不注意教育与人生的关系。"① 小学教育的根本意义在于为学生的人生奠基，而德育的意义在于为学生的一生发展奠定思想之基，心理之基，品质之基，人格之基。

红桥区实验小学数年来一直坚持"主动德育"特色发展之路，以抓好德育管理为基础，以培养学生良好行为习惯为目标，以班集体建设为载体，以丰富多彩的活动为途径，从创新的思路和扎实的工作入手，创设学生教育齐抓共管、全员育人的良好氛围，全面提高学生的综合素质，促进学生快乐健康的成长，实现"德育如水，润物无声，随器成形"的育人效果。

（一）主动德育的实施方法

"德育方法是为达到既定教育目标，教育者、受教育者参与德育活动所采取的各种方式的总称。"② 新时期德育方法的构建，更加突出教师的主导和学生的主体地位，充分激发学生的自主性、创造性、能动性，重视实践活动中师生的交往互动，把人类的历史经验与时代的现实和学习生活结合起来。

在主动德育实践中，全体教师着眼于学生的个性特长、创造能力和自主精神的培养，积极探究德育工作新模式，创新符合学生实际的德育教学方式，并主动提炼特色德育方法。在各项德育活动中，学生主动参与，自主选择，合作体验，勇于创新，充分彰显了红桥区实验小学主动德育的特色。

1. 注重学生主动思考：问题引领法

实施主动德育要求教师在德育教学设计中，除道德内容讲授外，还应重视"问题与思考"的设计。如在《儿童道德教育》的每一课后面，我们都设计了"问题与思考"。"问题与思考"的要

---

① 叶圣陶：《叶圣陶教育名篇》，教育科学出版社2007年版，第15页。
② 鲁洁、王逢贤：《德育新论》，江苏教育出版社2000年版，第386页。

义不是把道德准则直接地、生硬地"灌"给学生,而是通过老师"一石激起千层浪"式的发问来激发学生举一反三式的设疑,引导学生思考,让学生通过辨析得出正确结论,形成他们"自己的"认识。"问题与思考"是用于老师向学生发问的,"问题"本身并没有直接点明学生应该理解和掌握的道德准则,而是就事论事地提出问题,由此激发学生思考,引发学生讨论,让学生得出正确的结论。

2. 注重学生主体实践:实践强化法

实施主动德育要求教师高度重视学生的道德实践,通过设计形式多样的活动,引领学生在实践活动中正确处理"个人与自身、个人与他人、个人与集体、个人与社会、个人与自然"五大关系。如在德育活动中设计"自我道德实践建议",在学生形成道德认识的基础上,引领学生通过行动,实践道德认识,体验正确道德行为的意义所在。让学生通过实践,加深自我认识,形成实践道德行动的"自觉"。还有"名言名句励我行",主要是用学生喜欢的名言警句来佐证教师所讲授的道理,既有利于学生诵记导行,又有利于调动学生积极的心理情绪,于实践之中逐步为学生所理解,成为学生道德行动的座右铭。如我们向学生征集道德提示语,然后评选出大家最喜欢的语录进行制作,张贴或悬挂在楼道或校园比较醒目的位置上,对学生起到耳濡目染的浸润作用。如"嘘,小声点儿,楼道多安静呀!""靠右走,你真棒!""班级卫生靠大家,辛勤汗水人人夸。""伸出你的手,让电灯好好睡上一觉!""珍惜生命之水,'关住'点点滴滴!""垃圾不落地,校园更美丽。""小草对您微微笑,请您把路绕一绕。"由于这样的提示语出自学生之手,他们对此会倍感亲切,又具有警示作用,自然都能自觉主动遵守。

3. 注重学生情感满足:道德激励法

实施主动德育,要求教师关注学生情感需要的满足。没有激励就没有教育,教师在主动德育活动中,通过运用目标激励、情感激励、榜样激励、责任激励、进步激励、角色激励、成功激励等多元化策略与方法,使其成为学生"学习、实践、进步、内化"的

"加速器"，促进学生主动、全面发展。例如，在红桥区实验小学开展的"榜样就在身边"活动中，五年级的李雨萌在2003年春节随父母回山东老家探亲时，发现村里的道路特别泥泞难走，经过一番调查，她决定捐出多年积攒的压岁钱、零花钱6000元为村里修路，她的父母积极支持她的行动。不久，这条路修好了，村民们为了感谢她，把这条路取名为"雨萌路"。为了让更多的学生了解李雨萌的感人事迹，红桥区实验小学与天津电视台共赴山东，联合录制了《爱，在雨萌路上延伸》的专题片，作为廉洁教育读本的多媒体教材，深受师生的欢迎。又如红桥区实验小学开展了"学会感恩，做雨萌式的好少年"活动。各班采取自由方式对学生进行引导，很多学生有感而发，十分感谢父母给予他们生命；感谢老师给予他们知识；感谢同学给予他们快乐；感谢学校给予他们走向成功的环境。这项活动的开展对学生的成长产生了积极的影响，出现了许多令人感动的先进事迹。六年级的何畅将他多年来积攒的压岁钱、演出费、稿费、奖学金等共计5000元为红桥区1000名家庭经济困难的学生每人订阅了一份《天津教育报》，给这些孩子送去一份精神食粮。还有的学生将奖金捐给特困生；有的学生把他保存的图书捐献给延安老区的学生，等等。通过榜样的激励作用，爱与奉献的精神在学生中留下深刻的烙印，并且普遍蔓延。

4. 巧妙联系学生生活：德育生活化

实施主动德育，要求教师将德育生活化。当然，并不是要将学生生活完全照搬到德育活动中，或者将德育与生活完全等同，而是应对学生"原生态"的生活进行重构。"要充分挖掘不同生活的教育意义，从促进学生道德发展的角度对生活进行审视；同时道德教育也应体现其自为的特征，发挥自身力所能及的作用，通过对生活的积极干预改善生活，使生活为人的生长发展服务。"[①] 红桥区实验小学实施主动德育，在实现德育生活化方面，主要采取了以下几种形式：

[①] 唐汉卫：《生活道德教育论》，教育科学出版社2005年版，第127—128页。

第一，把德育知识放到生活的大背景下进行教学，组织学生参加生活实践活动，让他们获得实际的道德体验，提升道德素质。教师时常关注生活中的教学资源，处处发现生活中的教学资源，找到那些能引起学生兴趣和共鸣的教学资源，从而使学生更好地掌握德育知识。

第二，教师主动结合本校学生的生活和学习的实际情况，对德育教学的内容进行调整，对德育教材中那些不适合本地学生的教学内容、事例加以更改，选取符合学校学生发展特点的有意义的内容进行教学。

第三，教师善于抓住德育与生活之间联系的切入点，结合学生的实际情况，将教学的内容与生活连接起来，引导学生走进生活世界，使得学生将生活世界和科学世界完美地连接起来，以达到统一。如针对现实中有些学生不能很好地理解父母，与家长的代沟越来越大，班主任何丽娅老师费尽心血想办法，巧妙设计了"温馨寄语"活动。在班会课上，在《懂你》的乐曲声中，学生拆开家长写给他们的寄语时，默默地读着，被感动着，泪水也悄悄地滑落脸颊。活动收到了震撼人心的效果，学生不仅理解了父母，也一点点地进步着。受此活动的启发，红桥区实验小学教师还将"寄语"形式延伸到师生之间，如爱生如子的邱建婕、苏毓祥、王照宏老师也写起了"教师寄语"，通过这样的寄语，真正使教师的爱在字里行间流淌，情在学生心间慢慢浸润。

第四，教师遵循突出主体地位，尊重学生兴趣，面向生活世界三项原则，开展了丰富多彩的专题道德教育活动，包括安全教育、法制教育、禁毒教育、廉洁教育、环境教育、生命教育、心理健康教育等。通过专题教育积极应对社会上出现的各种问题，培养学生健康文明的生活方式，促使学生健康成长。如举行心理健康专题教育活动，为此红桥区实验小学成立了"心灵语吧"心理咨询室，通过师生进行"真情对话"，开展"我给老师写评语""我最欣赏的小伙伴"等心灵互动活动，有针对性地进行群体心理疏导和个体心理辅导，提高学生适应能力和抗挫能力。又如组织学生开展了体验教育活动（如组织学生擦鞋，到麦当劳做实习生等）、爱国主义系列教育活动（如组织部分学生参观周、邓纪念馆，李叔同纪念馆，吕祖堂、梁启超纪念馆等）。还有红桥区实验小学开展了"风范好少年""主动发展好少年"的评选活动。"风范好少年"的评选主要参考学生文明、礼仪等单项评价来进行；"主动发展好少年"的评选是在单项评价的基础上，进行学期末的综合评价。特别是"主动发展好少年"的评选主要是在学生层面上操作，在学生自评、小组互评的基础上产生。学生如果对评议结果有质疑，还可以申请复评。这两项最能体现评价效果的活动深受师生的欢迎。

5. 德育渗透各个学科：学科渗透法

"道德教育是一个需要多学科共同研究的领域，仅仅通过一门学科来探讨这一领域既是有限的，也是危险的。"[1]德育有其自身的学科特点、规律与体系，但又不应该限于德育课，而要与其他学科紧密相连，相互渗透。《教育部关于全面深化课程改革，落实立德树人根本任务的意见》指出，要"统筹各学科，特别是德育、语文等学科，充分发挥人文学科的独特育人优势"[2]。

教学渗透德育，就是要在为学生奠定知识基础的同时，以知识本身的魅力影响学生的情感、意志和行为，结合学科知识体系使学生逐步形成正确的价值观、人生观，于润物细无声之中，不露痕迹地陶冶、感化学生，让学生在亲身体验中持之以恒地增强德育效能。红桥区实验小学各科主动研究型教师充分挖掘本学科教材中的德育因素，在各科教学中渗透德育，不断拓展德育教学渠道。如王文萍老师在数学课堂上强调学生在获得对数学理解的同时，还要在思维能力、情感态度与价值观等多方面获得进步和发展，如要在数学学习中形成认真、严谨、公平、诚实等优秀完善的人格。具体而言，她将她在数学教学中渗透德育的做法概括为"以情染情"，即

---

[1] 戚万学：《冲突与整合——20世纪西方道德教育理论》，山东教育出版社1995年版，第55页。

[2] 《教育部关于全面深化课程改革，落实立德树人根本任务的意见》，http://www.moe.gov.cn。

主要通过提高教师自身品德修养及与学生构建和谐师生关系来感染学生；"以知育情"，即在备课时充分挖掘教材中的内在思想教育因素，将思想教育与数学学习融合在一起；"以志控情"，即在数学教学时，培养学生克服困难的自信心、意志力，养成独立思考、克服困难的精神，端正认真学习、刻苦钻研的学习态度等。

（二）主动德育的实施途径

主动德育的实施是一个系统的过程。充分发挥校内、校外各教育途径的作用，不断探索从封闭式德育走向开放式德育，构建起一个校内德育与校外德育、显性德育与隐性德育紧密结合的多层面、多途径的立体德育网络。

1. 创新主动德育管理模式

高效、有序、科学的管理是深化德育改革和培养创新型"四有"新人的前提和保障。首先，红桥区实验小学在每年制定年度德育计划的同时，坚持制定学期德育工作计划，就各学期德育工作的指导思想、主要目标及德育活动的设计进行全面规划。在横向上，红桥区实验小学把主动德育的目标细化分解到各年级的德育目标中，明确系统的各年级段的德育内容与任务，有计划有步骤地引领全校主动德育工作的顺利开展；在纵向上，红桥区实验小学把整体的主动德育实施规划具体落实到每年度、每学期的德育计划中，再由各年级组具体落实各学期德育工作计划，安排部署德育活动，构建德育平台，最终以班级为单位完成各项德育任务。由此形成一整套从学校到年级再到班级，德育目标从宏观到细化，时间推进上循序渐进的有计划有秩序的立体德育模式。

2. 打造"名""品"教师团队

为改变传统德育工作中教师单打独斗、各自为战的局面，充分激发教师的实践智慧和团队合力，红桥区实验小学以打造"名""品"教师工作室的方式，以团队为单位开展德育工作。依据班主任的个性特点，为每个班主任打造适合的专业团队，不仅在"名"字上着力，更要在"品"字上下功夫，以最大限度地激发教师团队的德育潜力。

（1）模式践行工作室

模式践行工作室的作用是尝试与践行。为了更有效地推进德育工作，红桥区实验小学将主动德育模式进一步细化、落实到低、中、高各学段，依据不同学段学生的发展特点，进一步细化适合各学段德育需求的德育模式。模式践行工作室的教师们都具有丰富的教学实践经验和较高的研究能力，在工作室里，团队教师共同就德育模式的践行问题积极开展研究讨论，并通过"四步"践行法将德育模式研究得出的宝贵经验在全校范围内进行推广。"四步"践行，即学习、实践、探讨、提升。学习，即组织不同学段的老师学习模式，在学习的基础上，撰写"我与模式共成长"计划书；实践，即以班会课为平台，以活动为载体践行模式，撰写活动案例；探讨，即开展模式研究大讨论活动，总结阶段性成果，反思问题，调整措施；提升，即撰写模式实验总结报告，并将其装订成册，形成一本教育宝典。

【案例2】 中年级段"问题体验型"德育模式案例[①]

钱该怎样花？

中年级段"问题体验型"德育模式是针对小学中段学生认知能力和理解能力相对较弱，但好奇心和模仿欲相对较强，喜欢自己尝试，乐于服从指导，易于形成习惯的年龄和心理特点，而设计的适生的一种教育模式。即在教师的精心组织下，让问题作为德育的纽带，以问题为中心组织德育活动，引导学生参与、体验和辨识，从而不断内化道德认知，滋养道德情感，调适道德行为，达到自我教育与自我塑造之目的。

在工作中，我注重对模式的学习、探究，并努力实践，"钱该怎样花？"这个案例就是我践行此模式而设计的教育活动。这个问题的切入，缘于上学期临近寒假我班发生的一

[①] 引自红桥区实验小学张勤老师的教学案例。

件事。

　　一天，我班小伟的母亲不安地告诉我，孩子背着家里的人拿了很多的钱在同学中间请客，而且非常焦急而痛苦地诉说着两口子下岗后家境的困难，我非常理解，甚至同情这位母亲。我在想：不仅为了孩子，还要为这位母亲做些什么。我们知道这是一个很敏感的话题，也是一个很棘手的问题。反思以前的做法，或是指责，或是说教，或是孩子死不承认，最后不了了之。怎么解决呢？我想到了我校的"问题体验型"德育模式，让学生以问题为线索，充分发挥"以问导入，以问启行，以问造势"的作用。通过经历某件事情发生的过程获得体验，唤起学生探究的活力，再通过师生、生生间的探究与交流达成相关道德标准的共识。于是我没有和孩子讲大道理，更没有大声斥责他，而是以"钱该怎样花"这个问题为切入点，召开了一次主题班队会。

　　在班队会准备阶段，孩子们积极准备着他们的设计。我找到了小伟，邀请他当导演，排练一个"背着家人拿钱请同学吃饭"的小品，并力邀他来演主角。他似有所悟，但大概是孩子仍希望能侥幸瞒过老师，加之老师对其表演才能真诚地大加赞赏的原因，他勉强答应了。

　　在班队会课上，孩子们各抒己见，有的讲故事，有的诉说自己的经历，"有没有同学乱花钱的现象？"我不失时机地补充了一句，"同学们还自告奋勇排练了一个情景剧献给大家呢。"演出开始，他还能佯装无事，但越演越声情并茂，意想不到的是，在一片掌声结束后，他眼含泪水对大家说："这个孩子就是生活中的我！"陆续又站出来几个孩子喃喃道："我是那个被请的。"我情不自禁地带头为他们鼓掌……就这样，潜移默化地驱动孩子去体验，在体验中起到"事非经过不知难"的作用，使其从"心动"开始转化为"行动"。

　　在班队会过后，兴奋之余我总觉得似乎还有问题没有得到彻底解决，在百思中我意识到，随着生活水平的提高，孩子们

第七章 主动教育的德育：主动德育

手中的压岁钱、零花钱越来越多，"钱该怎样花？"应该是这些独生子女要面对的价值观问题，于是我采取了第三个环节——交流辨识的教育模式，趁热打铁，就"钱该怎样花？"这个话题展开了系列讨论活动：课后孩子们查找成功人士的创业经历；了解贫困山区孩子的生活状况；访谈父母、家人的财政支出；在自主十分钟、班会课上组织孩子们积极汇报、激烈讨论等，孩子们对"钱该怎样花？"达成了基本共识。在整个教育过程中老师没有过多的说教，而是以学生的"自我完善"为核心，以学生的情感、体验和行为为教育的主体，教师只是学生"发现探究"的促进者。让每个学生参与其中，在其中思考、分辨。

经过这次教育活动，意想不到的事情发生了。寒假过后，小伟的家长再次找到我，激动地说："老师，谢谢您，咱班的孩子们太懂事了，春节前，那些孩子来到我们家，还送来了许多的年货。我实在是过意不去，今天特意买了些糖果想发给孩子们，表表我的心意。"我请家长亲自送给孩子，孩子们听了家长的感谢语，纷纷安慰道："阿姨，不要紧，那都是我们的零花钱买的，我们没有花家长的钱……"

现在，我们班还有了小小储蓄罐，孩子们自发地在上面贴上"小储蓄 大作用"，望着孩子们不时高兴地将一角钱投进去，争着兴奋地一枚硬币一枚硬币地数一数；看着孩子们分外爱惜用储蓄罐里的钱，自己购置的班级物品，热情地掏出储蓄罐里的钱帮助有困难的同学时，我深深地感到这样的教育无痕迹，这样的教育润物细无声。

通过我校德育模式的践行，我深深体会到"纸上谈兵终觉浅，行到用时要躬行"的道理。陶行知先生主张"在生活里找教育，为生活而教育"，的确，生活素材向学生提供了真实生活情境。简单的说教不足以触动学生的心灵，只有将发生在学生身边的真实的生活再现，营造良好的情感体验氛围，让学生在真实的生活情境中带着问题去感悟，去体验，去经过激烈的思想辨析才能持之以恒地内化为行。这正是我们通过模式研究想要收到的最好的教育效果。

(2) 校本教材研发工作室

校本教材研发工作室的作用是开发与践行。为了进一步落实立德树人的根本任务，积极培育和践行社会主义核心价值观，我们加强了课程育人作用，专门成立了德育校本教材研发工作室，将社会主义核心价值观"24字"融入教材中，选取适合不同年龄段的知识内容，研发适合各学段学生的德育教材，真正在课堂上培育和践行社会主义核心价值观。

(3) 青年教师成长工作室

青年教师成长工作室的作用是实践与交流。近年来，随着青年教师的不断加入，红桥区实验小学教师队伍渐趋年轻化。为快速提升青年教师的德育能力，我们为青年教师量体裁衣，成立了青年教师工作室。通过开展"我的教育工作初体验"经验交流，"我的激励教育策略"教育技能，"我和学生的故事"智慧述说等活动，帮助青年教师加强相互的交流学习。同时，红桥区实验小学还通过鼓励青年教师积极参与各种竞赛，如班主任技能竞赛、区级竞赛等，实现"以赛促培"、锻炼队伍的作用，使青年教师能够较快成长。

(4) 名品工作室

在促进全员教师专业提升的基础上，红桥区实验小学成立了"名品工作室"，明确工作室的作用主要是展示与引领，即积极培养德育名师，打造德育品牌，进一步提升名师的引领示范作用。名品工作室的教师们都确定了他们的教育特色，并逐步深入推进在"品"字上做文章，通过开展"我的教育品牌"展示活动，丰富"名品"内容。为助力名品工作室的发展，红桥区实验小学还成立了名班主任指导组，集全校之力帮助团队教师完善他们的品牌。

经过各工作团队教师的共同努力，红桥区实验小学各个教师团队都得到蓬勃发展，在这种学习共同体、实践共同体中，每位教师都能充分发挥特长,在探索中形成他们的教育风格。

(5)班级文化成长工作室

班级文化成长工作室的作用是延伸与成效。由班级文化特色鲜明,班级建设成效显著的班主任教师代表牵头,以他们的班级成长册为样板,树立典范,并由他们牵头以年级为单位加强班级文化建设的辐射推广作用,带动各年级、各班级文化建设百花齐放,同时也实现了学校以班级文化深化德育的育人目标。

3. 组建自主管理的学生团队

秉承"把主人的地位还给学生""把自主的权利还给学生""把共有的责任还给学生""把启德的空间还给学生""把选择的机会还给学生"的"五个还给"工作策略,红桥区实验小学在实施主动德育过程中,落实三级自主管理。即一是学校建立以大队委为主的一级管理,实行大队委带队制度;二是下设校级自主管理团队,由各班推荐人选;三是设立班级自主管理岗,在班级起到监督管理督促作用,鼓励学生进行自主管理。在此基础上,红桥区实验小学成立了红领巾广播团、新语导游团、升旗检查团、良习导行团等十几支学生自主管理团队。他们在团队活动中自我认识、自我学习、自我监督、自我控制、自我完善,在自主管理中内化养成德育规范,践行各项德育常规要求。

4. 开展丰富多彩的"1+×"系列主题德育活动

"主动发展奏响幸福成长乐章"是红桥区实验小学的核心理念。在这一理念的润泽下,红桥区实验小学一直把德育工作放在学校工作的突出位置上,全体教师树立"人人都是德育工作者,处处都有德育工作"的大德育观,以活动为载体,让学生在参与、实践、体验中开阔视野,丰富知识,陶冶情操,开拓创新,发展对知识的综合运用和创新能力,形成合作、分享、积极进取等良好的个性品质,享有幸福快乐的童年生活。为实现使实验小学的学生都能"正确认识自我,善于规划自我,勇于主动反思,每天自信快乐"的目标而努力。

红桥区实验小学在已生成的"三维度、四环节"德育基本模式基础上,延伸出适合各年级学生发展的"1+×"主动德育系列活动,充分发挥德育活动的隐性育人功能。其中,"1"指的是各月的主题活动。红桥区实验小学在每学期德育工作计划中,都会提前设计好每个月的德育活动主题,如开展法制安全教育,开展"程门立雪,做礼仪好少年"的文明礼仪教育活动,开展"精忠报国,做爱国好少年"的爱国守法教育活动,开展"商鞅立木,做诚信好少年"的诚信教育活动,开展"节俭力行,做节俭好少年"的勤俭节约教育活动等。"×"指围绕各主题所开展的多项实践活动。

5. 习惯养成教育活动

"少成若天性,习惯如自然。"在小学阶段,我们认为,习惯即品德。因此,我们坚持科学理性、人文情怀与艺术精神并重,坚持自主管理、自我教育、主动成长并举,积极开展行为习惯养成活动,不仅关注学生在活动中培养个性,而且注重日常行为习惯的养成,激活、培育、守护美好的人性,教学生做人,助学生成人,实现"德育如水,润物无声,随器成形"的育人效果。

(1) 开展"温馨日"活动

为了培养学生的感恩情怀,拉近师生间、家长与孩子间的距离,红桥区实验小学将每月的最后一个周五定为校园德育"温馨日"。这一天,学生将亲手制作的精美且写有温馨话语的温馨卡送给老师、家长、同伴,教师和家长则用他们的方式表达对学生的喜爱,一句温馨暖言,一个爱之动作,浸满的是感动,弥漫的是快乐,这一天浓浓的爱意围绕着每一个人。

(2) 开展"我讲你听"活动

通过学生讲述其身边真实的小故事,鼓励学生用鲜活的故事语言宣传班级风貌,弘扬班级精神,践行社会主义核心价值观。

(3) "我与校长面对面"活动

为鼓励学生积极参与学校管理,红桥区实验小学开展了"我与校长面对面"活动,让孩子们与校领导零距离接触,了解孩子的心声与需求,解答孩子的难题与困惑,疏导孩子的心理与情绪,让教育像呼吸一样自然。

（4）"我有一个好规范"养成活动

红桥区实验小学将学生良好规范的养成渗透在日常的活动环节和具体行为中，充分利用"自主十分钟"开展"我有一个好规范"良好习惯养成活动，每月确定一个规范主题，通过红桥区实验小学自编的好规范童谣，从点滴的细微之处培养学生养成文明的行为规范。如针对行走规范，我们开展了"行走要求我知道"活动，以《进校规范》《行走规范》《路队规范》为小主题，通过面向全体学生征集规范，激发学生参与制定规范的积极性，使学生自觉做到遵守规范。针对课间规范，为了使学生安全且愉悦地度过课间十分钟，我们开展了"课间要求我知道"和"课间小游戏"征集活动，让学生在实践体验中，找寻最适合课间开展的小游戏。经过层层筛选，最终筛选出最受欢迎的课间小游戏，精心制作成游戏集，让班级在借鉴中改变课间的秩序及面貌，同时使学生自觉掌握《课间规范》《如厕规范》。针对言礼规范，开展"言行礼貌我知道"活动，使学生掌握基本的《语言规范》；针对用餐规范，开展"用餐规范我知道"活动，教学生学会文明用餐规范。

6. 构建"和融"的三位一体德育实践共同体

德育工作离不开社会与家庭的支持与配合。红桥区实验小学在实施主动德育过程中，十分重视整合社会与学生家庭的力量，充分发挥社会、学校、家庭三位一体的育人合力，拉近学生、家长、社区的关系，形成共融。

红桥区实验小学十分注重处理好学校教育、家庭教育、社会教育之间的关系，重视还给学生一个广阔的启德空间。红桥区实验小学严格落实校级、年级、班级家委会的"三级管理"，每届家委会成员都会带着一份喜悦、一份责任、一份憧憬用心写下"爱心承诺"。定期组织家委会成员参加学校的各项活动，使其更多地了解学校，理解老师，理解教育。此外，我们还采用"问、讲、悟"的工作方式，针对家长的需求开办家长学校，请学生家长代表与全校家长就育子经验进行广泛交流。平日里，我们也鼓励班主任老师利用家校通、家访、电话等形式与家长沟通，加强对家庭教育内容、方式、方法的指导。结合家庭教育，我们开展了"家校合力、共话教育"活动，多方听取家长建议，使家校合力促学生健康快乐地成长。

红桥区实验小学积极拓宽德育渠道，搭建各种教育平台，深入挖掘丰富的社会德育隐性资源，充分发挥实践育人的作用。红桥区实验小学通过"走出去""请进来""谈一谈"等多种方式，为学生开拓了多元化的"实践教育课堂"，形成"和融的三位一体"联动实践教育共同体。

（1）走出去——建立各种教育基地。如爱心教育基地、爱国主义教育基地、劳动教育基地等，做到专人负责，举行定期活动。我们带领学生走进利民调料厂、万寿家食品厂了解食品加工的过程，咨询工作人员相关问题，丰富学生的课外知识；走进绿色蔬菜基地，让学生了解蔬菜生长的过程，知晓种植人员的辛苦，在采摘过程中，感受乐趣，体验成功；走进葫芦园，对学生进行传统文化的熏陶，让学生在欣赏一个个绘制成的葫芦精品及亲手制作葫芦的同时感受葫芦艺术的独有魅力。

（2）请进来——聘请校外辅导员。社区中丰富的人才资源为保证学校、社区活动的长久开展提供了强有力的支持。社区里的老革命、老战士、专业人士、企业家等优秀人物就是社区宝贵的人才资源，学校聘请他们为校外辅导员，让其走进校园开展各种讲座活动、体验活动。我们聘请天文科普专家赵之珩老师到学校讲解天文知识，激发学生探究科学奥秘的动力；聘请京剧演员担任兴趣小组辅导教师，每周一课，让学生体验中华文化的博大精深。在市区开展的活动中常会看见红桥区实验小学小京剧演员们的身影。我们开设了泥塑课，请第六代泥人张传人张宇先生到学校与孩子们近距离接触，让孩子们学习泥塑知识。邀请楹联沽北画苑的老先生们作为校外辅导员指导学校的艺术教育，让更多的孩子感受艺术之美，深刻体会中华传统文化的精髓。

（3）谈一谈——家风教育交流会。我们以"我家的故事"为题开展了家风教育交流会，让家长通过这样的交流互相汲取先进的家庭教育理念和经验，互相感染，积极营造良好的家风。

第八章

主动教育的管理

主动教育是红桥区实验小学30多年来教育改革实验的不变主题，通过对主动教育的深入实践与探索，主动教育已成为学校的办学特色，成为学校全面发展的宝贵财富。好的教育思想的贯彻和执行，关键在于教育管理创新，多年来，学校围绕如何实现主动教育进行了不懈努力，通过树立主动教育管理理念，建构主动教育管理模式，探索主动教育管理的实施路径，使教师队伍整体素质、学生面貌和学校管理水平都有了明显提高，学校由一所极其普通的小学发展成为全市一流，在全国具有一定影响的现代化学校。

一 主动教育管理的基本理念

主动教育是学校的文化标签，它别具特色，铸就品牌之魂，演绎文化之韵，而主动教育管理则是提升学校自身的核心竞争力，释放学校无穷魅力，是引领学校最终成为主动教育卓著、育人成绩斐然的成功小学的依托和基础。红桥区实验小学的主动教育管理的基本理念可以分为核心理念、人才理念和服务理念三个方面，多年来的管理实践，使"以人为本，科学规范""精育善励，人尽其才""育人爱为本，服务诚至真"这些管理理念已经渗透在红桥区实验小学主动教育的方方面面，浸润于教育教学的点点滴滴中，耳濡目染于老师学生的一言一行里，支撑与推动着学校的快速发展与进步。

（一）学校主动教育管理的基本理念

1. 以人为本，科学规范的管理理念

以人为本：主要着眼于管理的立足点。以人为本是人文管理的核心和本质，它要求尊重人，解放人，发展人。学校实行倾注真情的人本化管理，充分尊重教师价值，为其才智的发挥提供最宽广的发展平台；同时注重培养学生特长，形成健全人格，促进学生健康和谐发展。学校只有将以人为本融入管理中，才能营造出温馨和谐的校园氛围，才能真正做到成就教师，发展学生。

科学规范：学校不断探索科学的管理方法，力求既严格规范又便于操作。学校完善的考核评价体系，能充分发挥教师参与评价的主体作用，推进评价过程的科学化；"能级管理"模式充分发挥了整体效能，极大地提高了办公效率。科学规范是学校管理的一大特色，它要求尺度明确，标准统一，程序科学，责任分明。在此管理理念的要求下，学校定会形成人文化与制度化相结合的科学管理机制，各项工作定能呈现出逐年提高、日趋完善的良好局面。

2. 精育善励，人尽其才的人才理念

精育善励：精育是指学校重视教师队伍的培养，以及教师能力的不断提高，精心选育，用优良的教师队伍浇灌出茁壮的幼苗。善励，是指学校根据实际情况，适时地对在校教师进行奖励和激励。精育善励是一种以人为本的人才理念，必将为学校的发展提供不竭的动力。

人尽其才语出《淮南子·兵略训》："若乃人尽其才，悉用其力。"首先，学校综合考虑人才自身的特点，量才适用，为其提供用武之地。其次，学校还为教师创造了"人尽其才"心理环境，肯定他们的才能，尊重他们的个性，关心他们的生活，使其乐于在工作岗位上充分发挥聪明才智，达到人尽其用，最大限度地加快学校发展。

"精育善励，人尽其才"是一种科学有序的人才管理模式，是"主动发展"办学理念的具体贯彻和体现。在此理念引导下，必将充分展现学校特色，极大地提升学校的综合实力，实现塑造国际知名小学的远大目标。

3. 育人爱为本，服务诚至真的服务理念

育人爱为本：育人是学校所肩负的最为神圣的社会使命，而"爱"是学校服务理念的最高原则。学校应始终坚持用爱去关心师生、鼓励师生、服务师生，让爱成为教育的永恒。如此定能引起师生的共鸣，增进情感交流，拉近与学校的距离。同时，学校也可以赢得更广泛的赞誉与支持，从而获得更多的发展机遇。

服务诚至真：正所谓"诚者，天之道也；思诚者，人之道也"。学校管理者要真诚地关心教职工的生活，解决他们的后顾之忧，使其可以全身心地投入教育教学工作中。同时，教师要给学生以最真诚、最无私的关爱，将真心、诚心培植在学生幼小的心灵之中，使他们时刻都能感受到真切的关爱。

（二）主动教育管理的内涵阐释

《说文解字》对"教育"一词的解释为："教，上所施、下所效也；育，养子使作善也中。""教育"包含着由教育对受教育者所设想的目的，其社会功能比较明显；在西方，"教育"一词大都含有"用引导的方法，促使儿童的身心得到发展"的意思，更多地反映出教育个体主动发展的功能。社会发展的最终归宿是促进人的全面发展，马克思的人本主义思想指出，教育必须遵循少年儿童内在的成长规律，在施教的过程中，注重对每一个学生身心健康自始至终的关注，注重对每一个学生个性特点发展的关注，注重对每一个学生自身潜能发展的关注。无论从哪一个维度考虑，教育的基本特点都是育人，教育必须把人的主动发展放在首位，弘扬人的主体性，唤醒人的主体意识，这是现代教育的根本任务，苏霍姆林斯基为此说过："只有激发学生进行自我教育的教育，才是真正的教育。"

所谓"主动发展",即指学生主动求得自身发展的行为。学生是自身发展的主体,需要他们根据内外在发展的规律和条件,自觉地监控自身的发展状态、目的和策略,把发展作为他们的主动行为。主动发展的思想是主动教育的根本所在,极具时代性和前瞻性。马克思曾提出"主体是人,客体是自然"的著名论断,认为人在社会实践活动中具有主观能动性,这种主观能动性表现在学校,即指学生的主动发展和学校的主动教育。学生的主动发展和学校的主动教育,密切关系着培养出高素质、有创新精神的拔尖人才,密切关系着教师的职业成长和幸福指数,密切关系着学校的可持续发展与教育核心竞争力,是人的发展——现代教育真正的内涵体现。教师要关注学生的主动性、主体性,就是让学生在教师的引导下走向自我成长的正确轨道。更重要的是这种成长不但是自主性的、主动性的,更应当是快乐的、高效的。[①] 主动发展是学生不断成长的基础和前提,它充分体现了学校以学生全面发展为本的办学思想,弘扬了学校以创造适合儿童的教育为目标的办学理念。

发展教育,需要合理配置各种教育资源,这就离不开教育管理,教育管理是教育事业的重要内容和构成,教育的发展又是教育管理直接运作的对象和结果。有什么样的教育管理,就有什么样的教育;实施什么样的教育,需要相应的教育管理予以保障。主动教育管理思想源于人们对主动教育的认识,通过学术界长时期的探讨,主动教育被认为是教育者根据社会发展的需要,按照教育自身的价值和规律,以受教育者为主体,通过启发、引导受教育者内在的教育需求,创造和谐、民主的教育环境,有目的、有计划地组织、规范各种教育活动,从而把受教育者培养成自主地、能动地、创造性地进行认识和实践的主体。因此,主动教育就必然呼唤主动教育管理。针对主动教育管理,需要从教育管理的本质和人的主体性二者有机结合的角度予以考虑。我们认为,教育管理的本质是教

[①] 万玉霞:《主动发展 教育常青——"主动教育"课堂教学模式的探索与研究》,《新课程研究》2013 年第 5 期。

育管理者按照一定社会的要求和教育及教育管理的规律，通过一定的管理方式对有关教育资源进行有效利用，从而达到促进人类自身再生产和为一定社会服务之目的的一种实践活动。① 人类发展的历史，就是人的主体性、主动性一步步弘扬的历史。因此，作为塑造一代新人的现代教育必须是主动性教育，而协调教育活动的现代教育管理也必须是主动教育管理。所以，主动教育管理正是马克思关于人的主体性思想在教育管理领域的具体化。把教育管理的本质和人的主体性思想有机结合起来，主动教育管理的本质内涵便是具有主体性的教育管理者按照社会的要求和教育管理的规律，通过积极能动的管理方式，开展主动教育管理活动，对有关教育资源进行有效利用，达到培养具有主体性的人，从而使教育更好地为社会服务之目的的一种实践活动。主动教育管理不仅着眼于受教育者的主动性，而且强调管理者和教育者的主动性和主体性，强调教育活动的主动性。②

二 主动教育管理的内容

（一）主动教育中的教师管理

1. 倾注真情的人本化管理

加强教师队伍建设是学校管理中的一个永恒主题，是学校的发展之基、竞争之本。红桥区实验小学倡导"深化师德内涵，营造教师幸福发展的场文化"，实行倾注真情的人本化管理，充分尊重教师价值，为其才智的发挥提供最广阔的发展空间。教师们在"博爱沫泽童心，责任铸就师魂"的教风引领下，师爱有了更深的内涵。他们在理解的前提下循循善诱，在平等的前提下耐心引导，成为学生的知心朋友。在心与心的沟通中，在面对面的交流中，他们用爱的智慧、爱的温暖、爱的言行感化、教育学生。

---

① 康翠萍：《关于教育管理本质的再探讨》，《教育理论与实践》2000年第2期。
② 孙玉丽：《主体性教育管理的理论审视》，《教育探索》2001年第8期。

红桥区实验小学注重有效引领和促进教师发展的"场"文化建设。学校让教师在改进教育实践的同时，改变他们的生存方式，使教师焕发出生命的活力，获得自身的发展。为此，学校开展了丰富多彩的师德活动：征集教师誓言，激励为师的自豪感和责任感；举办"教师幸福感点滴谈"让教师回眸工作，在日常的辛苦劳碌中寻找幸福支点，享受平凡中的快乐，理解师德的真正内涵；进行最佳组风建设组、组风建设优秀组评选活动，充分发挥教师的群体智慧，创建和谐风气；举行"实验园我拿什么奉献给你"交流活动，让教师自豪于为实验的发展而努力；用《教师成长手册》记录教师的成长历程，激励教师主动成长；开展一年一度的师德报告会，展示教师工作的点点滴滴，折射出教师人格的伟大、师爱的崇高，在增强学校凝聚力的同时，振奋人心。

2. 研训一体化的教师队伍建设与管理

为进一步提升教师的专业素质，让教师体验专业成长的幸福，红桥区实验小学以研训一体为主要途径和管理手段，加强教师队伍建设，分层培养，为教师搭建成长平台。为帮助青年教师尽快提高教育教学水平，学校长期开展师徒带教活动，因材施"培"，师徒相长，使一批青年教师在老教师的无私帮助下迅速成长起来，成为学校的教育教学骨干。每学期，学校都要开展"每师一课"的常态课交流活动，适时开展以"智慧促有效"的案例交流活动。他们利用说课、试讲、做课、评课等环节，有针对性地安排教师专业培训，提高教师的专业水平。学校还定期为教师发放学习材料，集大家的智慧，编辑了《有效、激趣设问集》《数学知识链接手册》，成立了区级名教师工作室，充分发挥名师的引领作用；鼓励和帮助市、区级骨干教师参与课题研究，让他们成为科研工作的主力。学校共有19位教师独立承担了区级课题的研究，有11位教师参与市级"十一五"规划课题"主动教育的教学风格"研究。现在，学校有多位教师已经形成了他们独特的教学风格。如常丽颖的语文引导型教学，周德艳的数学赏识型教学，袁秀华的体育情境激励型教学等。这些教师成为学校教研、科研的领军人物，受到专家和教师的好评。在教师建设队伍中,学校从教师的需求出发,研教师之所需,训教师之所需,深化师德内涵,营造教师幸福发展的"场"文化,使教师在工作中经受压力,经受挫折,享受快乐,享受成长,体味工作的深度幸福。[①]

(1) 开展"三期培训",激发教师内在动力。教师的专业发展是一项系统工程,能否收到实效关键在于是否有针对性地进行培训,因此必须科学地划分层次。学校依据教师队伍的构成特点和发展需求将培训分成新教师、中青年教师、骨干教师三个层次,分别进行教学技能、拜师听课,教学艺术、教学创新,教育科研、问题研究三个阶段的专题培训。此外,学校明确规定,在第二阶段的培训与实践后,新教师要进入"胜任期",中青年教师要进入"技能形成期",骨干教师要进入"风格形成期"。学校还要求教师进行个人专业发展规划,用"明确目标,激发内需"的工作策略,引领教师明确专业发展目标,走上自我追求之路,激发教师学习、研究、发展的内动力。

(2) 架构"三维空间",引导教师"内省"。第一,菜单式选学空间。有效学习是教师专业发展的第一层次。为满足教师个性化发展的需求,学校采取集中学习与菜单式选学相结合的学习方式。菜单式选学包括四项内容,即从他们做教师的经历开始学习,想难忘之事,思经验与教训;剖析教学实践中的某一成功细节;学以致用,设计致学模式;按做所需,按研所求,自选专著学习。教师可根据他们的个性发展需要进行单选或多选,从而有效提高教师学习的适配性。第二,"磨课"空间。教师的专业发展受学历、能力、态度等诸多因素的影响,是不平衡的。为此,学校开展了周期性"移植创新循环课"活动,执教顺序由骨干教师到中青年教师再到新教师依次进行,形成骨干教师引领,其他教师跟进的系列教学活动。因其多角度、多回合地进行研究,被教师们称为"磨课"。在同课异构、同点异法、一题多解的创新设计研磨中,教师的课例研

---

① 魏颖:《主动发展 奏响幸福成长乐章》,《天津教育报》2010年9月29日。

究和教法研究，由"吸收、储存、再现"转向"探索、研究、创造"。教师的研究正由被动处理向主动拓展过渡。"磨课"促进了教师教学实践能力的提高与专业发展。第三，展示空间。教师学识才华的提高和个性发展在很大程度上取决于管理者的挖掘和发现。赏识是激发人的潜能的有效方法。在实践中，红桥区实验小学开展"理论学习推介"活动，展示教师独有的学习心得；开展"一课一得"活动，展示教师理论联系实践的探索心路历程；开展"课例分析"活动，展示教师在同伴互动启发后所迸发出的智慧火花和个性认识。①

3. "三环道路"下的教师专业发展与管理

（1）夯实"外环"——教师基本功。学校除了加强对教师分析教材、教学设计、板书设计、简笔画等教学基本功的培训外，还注重信息技术的应用培训，实现信息技术与课程整合，把信息技术融入教学的全过程。

（2）锤炼"中环"——课题研究。开展课题研究是教师走向研究者的必经之路。学校开展"微型课题"研究，为教师搭设专业"提质增能"的平台，引导教师聚焦课堂教学，每年提炼出若干微型课题，人人参与研究。

（3）提炼"内环"——教学风格。基于教师形成教学风格具有长期性的特点，学校在专业培训上坚持量体裁衣，适需而学；在教学研究上，允许教师有独到见解，并提供可能的条件支持教师实验；在成长的道路上，注重引领，扬长避短，让教师优势与特长得到充分展示，使其潜能得到充分挖掘。②

苏霍姆林斯基说："如果想让教师更加专业，那你就应当引导他走上从事研究这条幸福的道路上来。"实践证明，学校实施的倾注真情的人本化管理、研训一体化、"三维空间"、"三环道路"等管理举措，为教师开展行动研究提供了广阔的空间，搭建了良好的

---

① 刘冰：《行动研究引领教师专业发展》，《天津教育》2014年第5期。
② 同上。

成长平台。

（二）主动教育中的学生管理

立德树人是教育的最高目标，培养什么样的人，体现了一个国家的教育价值观。教育是培养人的事业，是通过培养人，让人类不断走向崇高，生活得更加美好的事业。因此，教育最重要的任务，是塑造美好的人性，培养美好的人格，使学生拥有美好的人生。即教育事业不仅要传授知识、培养能力，还要把社会主义核心价值融入国民教育体系之中，引导学生树立正确的世界观、人生观、价值观、荣辱观。以理想信念教育为核心，以爱国主义教育为重点，以基本道德规范为基础，以全面发展为目标，开展德育教育。

"主动发展奏响幸福成长乐章"是实验小学学生管理的核心理念，在这一理念的润泽下，学生自主管理，主动发展。红桥区实验小学以活动为载体，让学生在参与、实践、体验中开阔视野，丰富知识，陶冶情操，开拓创新，发展对知识的综合运用和创新能力，形成合作、分享、积极进取等良好的个性品质，享有幸福快乐的童年生活。

1. 把主人的地位还给学生

由学生自主推荐的年级学生委员会负责提出年级学生活动建议、活动组织及年级学生各项行为习惯的评价矫正。班委会负责组织学生设计班级环境，自定班名、班规、班训，创编班歌，班级学生形象标准的制定，班级公约的建立，班级活动的主持，"警语天地"的开设，各类竞赛和传统活动会徽的设计，章程的制定，活动全程的组织安排，只要是学生可以自己完成的，或者可以通过集体合作完成的，我们就让学生成为主人，尊重学生的思想，激发学生的潜能，相信学生的能力，真正还学生主人地位。

2. 把自主的权利还给学生

我们尊重每一个学生的每一种权利，为学生搭设自主的平台，课后作业设立自选层次，课前预习设立"我发现，我阐述"课堂小讲坛,"主动发展好少年"的评选,"自主十分钟"的常态活动,实现了深层次的自主管理。红桥区实验小学的"自主十分钟"活动是学生自主管理的有效途径。以班级活动为载体,让学生们轮流做"导演",做"演员",做"评委",将他们预先设计的活动方案,通过主持、组织、评价来实践的一项教育活动,充分体现了学生在活动中的主体地位。在短短的十分钟里,把方寸之间的讲台变成了学生发展个性、展示特长的大舞台。活动中学生们敢讲、敢说、敢问,多动手、善思考、乐实践,发扬了大胆探索、主动进取的精神。学校成功编辑《优秀"自主十分钟"集锦》。在四年级我们尝试进行了"1+×"的综合评价改革,每个学科为学生提供几个评价项目,让他们依据自身的优势进行自主选择。在每一个考评地点,我们都可以看到学生信心满满地站在评委老师的身边,展示他们的学习所得,"我能行!"这是学生们源于内心的自信。

3. 把共有的责任还给学生

在显性的环境维护和良好学习、行为习惯的培养,以及隐性的人际关系和学风涵养中都蕴含着学生共同的责任,我们将活动与评价相结合,强化学生主动的责任教育意识。《"我有好规范"校园歌谣》和"班级养成教育"展示使学生积极参与学校规范管理,《学生良好行为习惯培养标准》《年段学生良好行为习惯培养细则》《自主管理——互助成长册》形成了多维目标评价机制。红领巾广播团、新语导游团、升旗检查团、良习导行团等十几支学生自主团队活跃在校园里,他们在团队活动中知责、思责、履责、守责。

4. 把完整的教育还给学生

学校一直以来十分注重处理好学校教育、家庭教育、社会教育之间的关系,把完整的教育还给学生。红桥区实验小学严格落实校级、年级、班级家委会的"三级管理",他们带着一份喜悦、一份责任、一份憧憬用心写下"爱心承诺",家长定期参加学校的各项活动,让家长成为学生社团活动的指导者,更多地了解学校,理解老师,理解教育。红桥区实验小学采用问、讲、悟的工作方式,针对家长的需求开展家长学校,请学生家长代表与全校家长做育子经验的交流介绍。平日里我们也鼓励班主任老师利用家校通、家访、电话等形式与家长沟通,加强对家庭教育内容、方式、方法的指导。我们结合家庭教育,开展"家校合力,共话教育"活动,多方听取家长建议,使家校合力促进学生健康快乐地成长。学校经常与社区居委会共同开展教育活动,形成学生快乐健康成长的合力。在社会的关注与参与中,在家长的支持与携手中,在学校的尽心与培养中,学生的教育空间得到开拓,完整的教育合力得以形成。

5. 把选择的机会还给学生

学校教育重要的使命是关注学生的个性发展,为学生的特长培养创设机会,搭建舞台。红桥区实验小学根据学生的成长需求,组建了丰富多彩的学校艺术社团和健体团队。通过社团活动的扬长教育,培养学生高远的理想情怀、高贵的精神气质、高度的科学理性、高尚的道德情操、高雅的生活情趣,实现社团活动中对学生精神性的高度关照,努力使学生做精神的贵族,最大限度地释放学生的潜力,增加学生的自信。丰富多彩的活动,不仅体现出与时俱进的时代气息,而且注重对学生进行传统文化的熏陶。

学校传统的"三周三节"体现了红桥区实验小学主动教育特色,彰显着学生巨大的潜能与无限的活力。每年一度的多彩主题英语周活动,形式多样。英文歌谣歌曲比赛、"英语书法比赛""英语字母创意画"培养了学生们的创新思维。技能之赛、文化之旅、体验之行的板块活动,让学生尽情体验学习英语所带来的快乐!丰富多彩的读书节活动,在不同年级的学生中开展"绘声绘色讲故事大赛""我最喜欢的儿童文学人物"征文演讲比赛、"我眼中的名作家"介绍大比拼,儿童文学人物大串烧,名段名篇诵读等班级展示活动,用一批批图书推荐小达人的成长。激思启智的数学周活动,让学生流连于数学王国之中。"赛场风云""规范书写我最美""巧手画数""读中学"、独具匠心的"数学就在我身边"相声、小品表演等充满智慧、充满乐趣的活动,引领着学生进入奇妙的数学天地。不同特色的科技周、艺术节、体育节届届不同,届届精彩,学生自主选择活动形式,每一次参与都是成功的体验!

总之,围绕主动教育这一理念,在德育工作中,学校以养成教育为重点,优化德育模式,培养学生自主管理能力。红桥区实验小学以研究学生心理和个性成长的发展规律,培养其创造意识和能力为方向,注重体验教育,狠抓学生自主管理,形成了"养成教育抓训练,少先队活动抓自主,班集体建设抓模式"的德育工作思路。学校努力构建主动教育中学生自我管理架构,探索自主管理的实践经验,让学生在自主管理中实现主动发展,使每个学生在成长中都不同程度地享受到自信与成功,让德育教育引导学生智慧善行,点化学生如锦人生,让实验园成为学生自主管理的摇篮,主动成长的沃土,让学生在学校永恒的不懈努力中获得终生难忘的教育。

(三)主动教育中的教学质量管理

实验小学教学质量管理在以强化组织管理为保证,以激发教师深研、深备主动性为前提,以优化教学环节为重点,以落实教学实效为抓手的工作策略下,制定了"一、二、三、四、五"工作原则与思路。总体概括为一个灵魂,二项目标,三个着力点,四项课堂教法范式,五条途径。

一个灵魂:坚持落实学校办学理念,"把发展主动权还给学生"。

二项目标:着眼于教师善研善教具体目标的落实;着眼于学生学会,会学,乐学课堂培养目标的落实。

三个着力点:一是着力研究眼中有学生,摸准情况;二是着力心中有理念,行动要跟进;三是着力脑中有方法,提质增效。

四项课堂教法范式:以预学案为载体,突出学生学习的主动性;以交往互动为方式,突出学习的互补性;以问题情境为核心,突出学习的引趣性;以激活潜能为主旨,突出课堂教学的启发性。

五条路径:"效能促进"教学模式的落实;深研深备产生"名师"教案;评价教学目标和学习过程与结果的一致性;掌握教与学设点和上课节奏;明晰教法与学法设计及效能。

以上"一、二、三、四、五"工作原则与思路是红桥区实验小学教学管理工作的具体指标与方向，也是红桥区实验小学教学质量管控团体与个人自我评价的主要依据。这是因为提高学校教学质量的关键在课堂，教学既是教与学的统一，也是教师创造性劳动的过程，教学不仅要追求效果、效率，还要追求教学的魅力、活力。只有把握课堂教学这一制高点，教学管理才会更具实效性。

1. 树立全面发展的质量管理观

即以提高质量为核心的教育发展观，以促进学生全面发展，满足教育的社会需求的质量观，确立全面的质量标准。我们把课堂的高效教学指向学生学会学习，并以此归纳出高效教学的四个特征：一是适生发展目标的制定与落实；二是催生思维过程的灵动；三是实现"四基"的扎实落实；四是聚焦学生人格的全面生长。引导教师努力把课堂建设成在"教师引领下，学生主动的、有效的活动课堂，文化课堂，发展课堂"。把工作组织在质量体系中，严格把控教师是否处于追求全面提升质量的教学状态中。红桥区实验小学的教学质量把控流程为：由校长和主管教学副校长进行科学决策，由教导处具体操作，由教研组长具体落实。其管理流程必须缜密，措施必须有效，监控必须得力，这样学科质量才会有保障。

2. 提出教师专业发展的"十会"要求

红桥区实验小学突出教师会把握课标新理念，会分析教材，会把握分析学情，会设计有效教法，会精选习题，会自我反思，会出一套有水平的试卷，会在质量分析会上做一次精彩发言，会高质量地分析试卷，会上一节有水平的示范课，会写一篇实践性论文。

3. 抓实课堂教学的有效性和质量分析，有效提升教学质量

我们以课堂教学的有效性和质量分析为主要抓手，要求教师做到：精心备课——三备成案；精心上课——每堂课都要有相应的引生预学，设问引趣，情境引学，练习达标；精心批改——作业批改规范，订正及时；精心测试——教研组要研究命题，集体出卷；精准把握——关注学生评教反映，教师与学生谈心、辅导。教师对整个过程实行有效控制。

（1）落实"五精"教学要求，提高课堂教学有效性。

表8-1　　　　教师课堂教学"五精"教学要求

教学要求	标准	过程控制措施
精心备课	研读课程标准，把握教学内容 分析教学任务，明确教学目标 研究学生特点，设计教学过程（根据学情设计能有效突破教学重点难点的教学过程）；教学资源使用 编制配套练习	过程：三备成案 措施：一备——教师首度研究教材与学情，形成个体教案；二备——教研组集体备，教师主讲，详述目标设置、过程与教法设计、学生新知与能力预设等，组内教师参与评析修改，形成集体备教案；三备——教师再度研究教材与学情，结合集体备课，最终形成教案
精心上课	教学注重引生预学，设问引趣，情境引学，固能拓学。体现学生的主体性，培养学生问题意识，课堂的有效活动达80%—90%，80%的学生能熟练掌握当堂80%的知识点，经常使用有效媒体进行教学	过程：情境引学，主动探究，学法求知，固能拓展 措施：每堂课要有相应的达标练习，每套练习80%以上学生必须达标，教案检查重点关注目标设计与落实，引学设计，学法设计
精心批改作业	练习设计要有层次，精选练习，练有所得；精批细改对学生集中性错误要落实相应的教学环节补救，对学习有困难的学生要做到面批，注意运用激励语言	过程检查：作业批改规范，订正及时；作业量合适有层次；无批改错误，订正及时批改；同一教研组作业形式丰富但必须统一 措施：学生评教反映面批的成效
精心测试	分析问题，提高教师，发展学生；根据本册、单元、课时教学目标编制科学、有效的各类测试卷	过程：教研组要研究命题，以教研组为单位审核各测试卷的信度、效度、区分度 措施：教务处定期组织教师命题的专业研究活动
精准把握	对每位学生的学习态度、习惯、方法、学力做到心中有数	注重学生评教的反映，教师及时有针对性地与学生谈心、辅导

（2）落实"五全"育人要求的具体内容，提高教育质量

表8-2　　　　　教师课堂教学"五全"育人要求

教学要求	目标	标准	过程控制措施
全员育人	让学生时时感到被关怀，被激励	把握学生生理年龄特征制定适合各学段的发展目标，设计相关德育活动，实现管理育人、服务育人、教书育人的功能	组织德育处、班主任、学科教师及各岗位人员师德能力的考核和竞赛
全程管理	让学生感到处处有规范，逐步从他律走向自律	教师要立德树人，落实育德工作要到岗到位。学生参加学习活动精神面貌振奋，仪容仪表端庄，培养学生良好的道德品质和行为规范并使之内化外显，促进学生情感、道德、价值观的发展	落实学校德育常规管理的检查、评比、展示工作，使学生学有范例，做有目标
全心服务	学生在我心中，我在学生心中，心中装有学生	研究学生成长规律，立足本职，爱岗敬业，反思育德工作得失，完善育德方案，全心全意地为学生健康、快乐、全面成长提升育德培德的能力	中层各管理部门对教师德育工作的评价；学生、家长、社会的评教活动
全情投入	用真情感动学生，以人格魅力感染学生	加强班级文化建设，坚持育人标准，以正面教育为主，动之以情，晓之以理，逐步形成和谐的师生关系	
全面发展	让每一位学生自主管理，快乐成长	学生德、智、体、美、劳全面发展，个性特长鲜明	培养学生自主管理能力，组织学生参加市、县、学区各类竞赛活动，张扬个性，主动发展

（3）在学校开展的公开课、全员赛课活动中，将教学模式的实践研究纳入常规组级教研中，在群体智慧中，让模式走进教师的每一节课，倡导教师在熟练运用教学模式的同时，创新教学模式，力求达到轻负高质的效果。以多种形式深入开展"践行教学模式大家

谈"教学策略分享活动,在交流中优化策略,促课堂教学质量的再提升。

表8-3　　　　　教师课堂教学"五全"育人要求

阶　段	观课对象	措　施	效　果
全校性观课议课	全校教师	1. 设立观课议课周(一学期两次) 2. 观课后开展教师议课活动 3. 要求全体校领导、教师按要求听课	1. 展示上课教师通过落实教学模式所开展的教学改革与成果 2. 形成有效的课堂监控机制,促使课堂教学水平整体提高 3. 大家相互了解,相互学习,共同发展,促进教师专业化发展
课堂教学论坛	全体教师	1. 对观课议课的角度、方法等展开研究,形成观课以及研究体会与见解 2. 开展课堂教学论坛	1. 伙伴互助式实践研讨提高教师的观课议课理论水平和操作能力 2. 教学相长,通过评、议、讨论,加深教师对教学改革等必要性的认识及自我提升的紧迫感
诊断性听课	1. 听课中发现教学问题较多的教师 2. 学生评教反映问题较集中的教师 3. 家长意见较大的教师	1. 组织听课小组 2. 与被听课教师谈话 3. 诊断性听课,制定改进措施	1. 对于教学有困难的教师给予帮助,有效开展教师的校本实训 2. 促进教师学有所得,研有所改,切实改进教学方法,提升课堂教学质量
观摩课展示	优秀教学课例	1. 全校展示 2. 专家点评	从执教教师上课和专家的评课方法上学习如何上课、观课、议课,有效提高教师课堂教学的水平
个人反思	全校教师	1. 每位教师就被听到的课做一次教学对比性反思 2. 对听课活动中的一节课做剖析	从实践到理论,再从理论到实践,教师们充分理解课改的教学理念,促进对好课标准更深的认识和对教学行为更好的改进

（4）为了进一步提高质量监测成效，严格监控教学流程，找准存在问题的症结，学校定期召开三级教学质量分析专题会议，并做出三级质量分析要求。

表 8-4　　　　　　　　三级教学质量分析专题会

对象	项目	要求	
第一级	教师	对试卷和所任教班级的教学质量情况进行分析	重点在于教学成败的分析。分析试题与教学的相关性，采取了什么措施；分析失误试题的教学疏忽，提出并落实后阶段的改进措施
第二级	教研组	对试卷和本年级本学科的教学质量进行分析	重点发现各班级在知识点落实上的差异及产生的原因；第一时间发现教学上存在的问题；对进一步提高本学科教学质量提出具体的措施
第三级	教务处	对全校各年级各学科的教学质量进行分析	重点发现各教研组值得借鉴的一些做法，在全校推广，同时对出现问题的教研组要找出原因，提出解决问题的方案，并且在整改过程中跟进监督

我们采取有效措施，建立主管校长、主管主任、教研组长、教师对学科教学质量负主责的管理机制，抓实教研活动，确保有效教学的落实。其原因，一是明确了责任的主体，把抓质量落在实处；二是集团队的智慧，发挥团队的力量，互相学习，共同提高；三是责任共担，荣誉共享；四是学校教学质量在每一个点上都有人负责，从而消灭了短板。我们抓住了课堂就抓住了教学质量的关键，抓住了教师职业的本质，成功在课堂，挫折也在课堂。学校将一如既往地围绕提升课堂品质抓质量。研究课堂品质、改革教学方式，提高课堂教学技艺仍然是我们的主攻方向；走进课堂，听课评课，

交流学习，促进提高依旧是我们的常规工作。

三 主动教育管理模式的构建

主动教育管理模式应当是以培养具有主动性、主体性特征的学生为根本目标，是由有利于调动教师与学生的主动性、主体性的教育管理观念、教育管理活动、教育管理机制、教育管理方式、教育管理评价等要素组合起来的有机系统。详细地说，主动教育管理模式的构建应包括如下几个方面。

（一）树立主动教育管理观念

教育管理观是人们在实践的基础上对教育管理形成的一种系统的理性认识，是由教育管理本质观、教育管理价值观、教育管理实践观和教育管理质量观四种观念组成的一种逻辑体系。[1] 教育实践中存在着两种对立的教育管理观：一种是从属的教育管理观，包括从属社会和从属儿童两种，尤其是从属社会的教育管理观片面强调教育的受动性，忽视教育的主动性和相对独立性，已严重制约了我国教育事业的发展。另一种是主动性的教育管理观，这是与为实现中华民族伟大复兴的中国梦相适应的教育管理观，它由把教育管理看成是为促进人类自身的再生产而更好地为社会服务的教育管理本质观，重视促进人的发展和促进社会发展相统一的教育管理价值观，以人为本、求真务实的教育管理实践观，教书育人、立德树人的教育管理质量观四个部分构成。主动教育管理观认为，在宏观上，国家应以指导服务为主、监督管理为辅的方式来管理教育；在微观上，应把严格要求与宽松管理结合起来，使地方和学校有更多的自主权，能更好地发挥管理者、施教者的主体性、主动性。当前，学校只有树立主动教育管理理念，才能有效地实施素质教育，开展和组织好主动教育的实践活动，更好地为少年儿童培育和践行

---

[1] 孙绵涛：《教育管理哲学》，武汉工业大学出版社1997年版，第3页。

社会主义核心价值观服务，真正把学生培养成为实现中华民族伟大复兴的中国梦所需要的具有主动精神的人。

（二）构建完善的主动教育管理体制

教育管理体制是教育管理机构和教育管理规范的结合体，由教育行政体制和学校管理体制构成。完善教育管理体制首先要从精简教育管理机构，完善教育管理规范入手，最终体现在教育行政体制和教育管理体制两大系统的完善上。这包括处理好教育行政部门与学校的关系，改善政府包揽办学的格局，扩大地方办学的自主权，增加学校自身的活力。构建完善的学校管理体制，则主要是明确领导体制，用好校长负责制；理顺执行体制，把学校工作的重点放到教学和学生管理的一线上。① 当今世界教育改革的一个重要特点，就是日益重视学校层面的变革和改造。学校是整个教育系统的细胞，教育改革的落脚点是学校，教育质量与教育效益的提高是教育改革的基础，而教育质量与教育效益的提高，都要落实在学校层面，体现在学校层面。主动教育管理模式强调教育行政部门给予学校更大的权力和自由，使学校成为自我管理、自主发展的主体，可以根据自身的需要确定其发展目标和方向，优化学校教育资源，提高学校的办学质量，创办更有效的学校。② 只有优化了教育行政体制和学校管理体制，才能构建起完善的主动教育管理体制。

（三）健全激励、约束式主动教育管理机制

教育管理机制是协调教育各个部门之间相互关系的一种运作方式。从机制的功能上，可把教育管理分为调动教育活动主体积极性的激励机制、竞争机制和保证教育活动有序化、规范化的制约机制、沟通机制。激励机制主要通过物质激励和精神激励的手段，激

---

① 杨红：《论主体性教育管理模式的构建》，《宁波大学学报》（教育科学版）2001年第5期。

② 杨涛：《"校本管理"思想指导下的校本培训》，《产业与科技论坛》2010年第2期。

发并加强管理者与被管理者的内在动力；竞争机制主要通过公开、公平、公正、择优的竞争方式调动人的工作积极性；制约机制主要通过严格的制度规范和约束人的行为，保证教育活动的有序和高效；沟通机制主要通过教育工作者之间的信息传递和情感交流，以期相互了解，达到协调与合作。主动教育管理应以激励为主，激励和约束并存，建立灵活的激励、约束式教育管理机制。通过奖励条例、结构工资制、教师职级制、最低工作量制、学术带头人聘任制等，激发和调动管理者与教育者的潜能和创造精神，使整个主动教育活动充满生机和活力。[①]

（四）实施权变的主动教育领导方式

古典管理理论主要关注两个方面：一是工作及生产过程；二是组织及其职能，注重研究劳动过程的科学性、合理性以及组织控制的严密性，强调生产效率和组织运行。这一理论对教育管理产生了很大影响。然而，这一理论最大的不足是未研究组织中的人。人际关系学说以及在此基础上发展形成的行为科学理论，对教育管理的影响也是极为深刻的。这种理论重视人的社会因素和心理因素，强调从心理学、社会学的角度研究管理问题，它重视人的因素，重视组织内人与人之间的关系，主张用各种办法调动人的积极性，但忽视技术因素的作用。其最主要的贡献是将管理的焦点从注重工作转到注重人这一方面，从而开辟了教育管理理论研究的新方向。

当我们梳理教育管理发展的脉络时，总在寻找一个结合点，把古典管理理论与人际关系理论有机地联系起来，寻求这两者之间的完美结合。正因为如此，领导方式的有效性是多种因素相互作用的结果，取决于领导者所处的具体情境。在不同的情境下，各种不同类型的领导方式都可以为实现组织的目标做出贡献，并不存在唯一有效的领导方式。因此，主动教育的领导者就要根据具体情况选择

---

① 杨红：《论主体性教育管理模式的构建》，《宁波大学学报》（教育科学版）2001年第5期。

适宜的教育管理方式，力图在不同的情况下，使教育管理工作的高效率和下级民主参与决策及管理达到和谐统一，从而最大限度地激发人的内在动力，真正贯彻好主动教育管理理念。

（五）进行教书育人、立德树人的教育管理质量评价

教育管理的质量可以从"两面一点"来考察。所谓两面，一面是教育管理作用的对象，各种教育管理工作的质量，包括学校的教学工作质量、德育工作质量、科研工作质量、总务后勤工作质量等。另一面是教育管理工作本身的质量，它是通过教育管理的要素——人、财、物、信息、时空的管理和教育管理过程而体现出来的。所谓一点，指无论教育管理作用的对象质量，还是教育管理工作本身的质量，最终都要落脚到育人的质量上。而培养人总会带来一定的经济效益和社会效益，因而可以说，教育管理的质量又是通过这些育人的效益而体现出来的。实施主动教育管理，就要从这"两面一点"上去把握和评价教育管理质量，一方面要以工作效率作为质量标准，关注工作本身，力求充分发挥人、财、物、信息、时空等管理要素的作用，力求使计划、执行、检查、总结等管理过程有序、高效，从而以最小的投入取得最佳的工作效果；另一方面要以人的素质是否得到发展，是否做到了教书育人、立德树人这一教育管理质量为标准，其中受教育者素质的发展是关注的中心。

把这两个方面有机结合起来进行教育管理质量评价，可以克服实践中单纯重视工作质量而忽视育人质量，或者单纯重视育人质量而忽视工作质量所带来的片面性问题，既关注工作，又关注育人，以育人作为工作的落脚点，把工作作为育人的保证，有利于充分发挥人的积极性、创造性，有利于教育管理工作的有序、高效，有利于培养出具有主动精神和主体性特征的高素质的人，从而实现主动教育管理的目标。[①]

[①] 杨红：《论主体性教育管理模式的构建》，《宁波大学学报》（教育科学版）2001年第5期。

四 主动教育管理模式的实施途径

(一) 转变管理理念 实现学校管理"三个转化"

红桥区实验小学在管理中坚持"以人为本 科学规范"的管理原则，坚持"一体两翼"的管理方式，即把"以人为本"作为主体，以制度管理与人文关怀为两翼。作为管理者我们学习运用先进管理理念，改变管理方法，使学校的管理运行机制实现"三个转化"。

1. 由唤醒向参与转化

学校管理的首要任务就是"唤醒"，我们在管理中让每位教师的个性实现最优化，视教师差异为资源；尊重每一位教师的话语权，调动教师参与民主管理与监督；尊重教师的主人地位，每一项重要改革工作都进行校务公开；宽容每一位教师的适度宣泄，在教师诉求的化解中寻找工作契机；善待每一位教师的发展优势，肯为教师创设适合的工作岗位……这一切不仅改变着教师的工作生活状态，而且促进教师在愉悦工作中自省自律，增强了团队的战斗力。

2. 由激励向自励转化

以人为本，科学规范的管理强调的是以工作为核心的激励，在学校日新月异的变化发展中，我们注重创设以名校名师为背景的教育情境；要求教师制定个人成长计划，为教师提供不同的发展机会和展示舞台；多元素激励教师成长，让教师在信任与期待中实现自我提升；使激励与扶助相融合，以友好的提示和真诚的希望敦促教师成长。让教师在被尊重、被关心、被承认中感受管理的激励，形成自觉工作的良好氛围。

3. 由引导向发展转化

我们引导教师在品味教育的幸福中奠基他们的自觉发展。学校着力于五项工作：一是建立一套行之有效的教师培训发展保障机制，形成引导力、规范力；二是建立科学的教师评价体系，引领教师成长；三是发挥名优教师的示范作用，引领青年教师快速成长；

四是更新教师的教育观念，转变课堂教学方式，让先进的教育教学理念指导教师的教育教学行为；五是在科研教研联动中引领教师"主动研究，智慧工作"，在实现个体发展的同时收获职业幸福。

（二）细化组织管理，为质量提升提供保障

1. 建立健全两大管理体系

一是行政指导管理体系：学校实行分线牵头，分块负责的教学管理机制，建立校长负责行政指导系统，教学校长负责全校教学管理，中层干部负责年级与学科教学管理，任课教师对所教班级学生负责的整体推进模式，层层分解，确保教学质量的指标达成，并与工作绩效考核相挂钩，促进层级教学管理有效、高效化实施，有效反哺教学。

二是监督、评价、反馈管理体系：首先，学校坚持做到监督管理的"五性"，即岗位管理要有跟踪反馈性；学校管理要坚持细化性；管理制度要有可操作性；管理评价要有差异性；管理措施要突出服务性。其次，学校坚持两级听课制，全体行政人员不定期按学科分组、以分管职能为本，既有单点研究，又有多方聚焦，全方位调研课堂教学实际，随堂听课，听课后以教学理念、教学策略、学习方法、教学方法、教学效果为主立即评课，扬长议短，肯定教师之长，提出改进问题的方法与策略，并向上课教师及时反馈；学科主任既各听其专，各扬其长，又定期交流，互通教育科研、德育教育、信息技术等多方信息，做到全面评课，做出综合评价，全方位促进教师综合素质的提高。

2. 建立健全落实常规管理评价制度

学校认真落实教学常规管理月总结、月评价制度，通过各处室的工作回顾与反思，促进各处室工作的查漏补遗；通过分管校长对各处室工作的具体评价，促进各处室工作的交流与扬长避短，确保教学工作月目标保质保量地完成。

学校认真落实教学巡视制和谈话制度，通过校长、主任听推门课、调查课等，全程调查课堂教学情况、学生学习情况；通过与学生交谈和请学生填调查表,及时汇总反馈意见,及时与教师谈话,做到有问题及时指出,帮助教师找寻解决方法,同时对优点进行及时宣传,吸引更多教师进行学习研究。

全体加强对非考试科目的教学管理,强化"四个到位"——制度调整到位,即结合常规检查所发现的问题,对现有制度进行充实与调整,以制度规范教师的教学行为;常规检查到位,即小学科长和主管主任按照学校要求定期对任课教师的备课、上课情况进行检查,以检查促质量的提升;观摩交流到位,即非考试科目的任课教师人人参与"每师一课"活动,在深度交流中提高教学基本功;反思改善到位,即定期组织教师开展课例剖析活动,在不断反思中调整个人的教学策略。

3. 创新集体备课形式,整体攻坚

学校将集体备课作为提高教学质量的重要环节,强调四个"研究点",明确规范备课流程;强调四个"创新点",促进教学研究深化;强调"三备成案"备课模式,促进教师学习意识、问题意识、研究意识、成效意识的形成。

(1) 四个"研究点"。指教师备课必须思考体现之点,包括教学的重难点是什么?对重难点突破有什么招?引生学习设计了什么学法?课堂作业怎么设计?这四个研究点应是集体备课的主题和教师个案必须有层次体现的主要内容。

(2) 四个"创新点"。指教师备课中通过研究学情、研究教材、研究教学设计,产生个性思考和创新教学方法的深入点,包括选准教学切入点,这是有效教学的前提(教师应充分考虑两个层面:学生实际和知识结构与体系;引领整个教学过程的切入点);理清知识点,这是有效教学依托的主线(教师理清知识点的过程就是引导教学可持续性发展的过程);激发兴奋点,这是有效教学的关键(将学生学习热情点燃,注重启发和引导);培植发散点,这是有效教学的目的(从课内延伸至课外)。

(3) 强调"三备成案"。充分备课,个案体现个别情况。"三备成案"指集体备课,围绕"四个研究点",一师主讲,形成一级备课；开展教师论坛，加以完善，形成二级备课；依据学情，加以补充，形成课前教案。

学校采取校领导随堂听课、教研组听课、常规查课等不同形式，对教师课前备课、课间追记、课后反馈与反思等进行教案设计与使用的管理与评价，切实促进教师用教案把课上"活"，上"实"，上出高效。

（三）细化课堂教学评价，"以学评教"促进质量提升

为促进课堂教学"以学生发展为本"，切实提质增效，红桥区实验小学细化课堂教学评价标准，通过透视学生学习行为状态和教师教学行为状态展开评价。

1. 学生学习行为状态评价

学生学习行为状态评价分为参与交往状态、学习习惯、思维状态、学习结果四个评价项目。

第一，参与交往状态评价内容的观察点。

（1）一是能伴随生生间、师生间交流和问题探究，畅所欲言地发表个人见解；二是每个学生或小组在参与活动中，都能得到恰当的激励与评价。

（2）一是学生对所学内容与方式感兴趣，乐于参与；二是伴随着教师点拨，积极参与问题探究，表现出较强的求知欲；三是学生参与活动的全员性和全程性达100%或85%。

（3）一是学生能够参加知识规律、技能方法的总结；二是在每次活动中，学生都有明确的学习目标和任务；三是有充分调动手、眼、口、脑，适合不同层次学生发展的活动内容；四是整个学习进程有序、有效，活而不乱，学生有适度紧张感、愉悦感。

（4）一是有的学生能将所学知识经过内化后，用他们的语言总结出相关的学习方法；二是有的学生能在小组或集体活动中，将他总结的方法教给别人。

第二，学习习惯。

（1）一是进行有效预习，并能与同学交流收获与问题；二是认真做好知识重点、学习方法等的笔记，课上认真做练习。

（2）一是认真倾听他人发言，并能够做出评价和补充；二是学生注意力始终集中；三是学习姿态规范，回答问题声音洪亮。

第三，思维状态。

（1）一是跟随教师引导，运用知识积累，尝试解决问题，找寻新旧知识的结合点；二是能在教师引导下，通过观察、类比、讨论、实验等多种方式，经历探索知识的过程；三是能够尝试找寻解决问题的方法或路径。

（2）一是在由浅入深的每一个环节的学习中，积极思考，敢于说出自己的看法；二是能够针对教材学习的某一问题，有条理地表达自己的发现和解决问题的主张；三是能够提出和他人不同的意见并简要讲述自己的主张，产生思维碰撞。

（3）一是在各种实践活动中，学生能用体态、语言、文字、图形、学具等多种形式对问题的解决或解释进行有益的尝试；二是学生在尝试过程中，能够不断检测和调整方法与策略，找到解决某一问题的方法和策略；三是学生能够从多角度、多途径，用多种方法解决或解释问题。

第四，学习结果。

（1）一是完成了本节课教学目标所规定的知识与技能学习任务；二是学生能对新学知识与技能的重点加以总结表述；三是能在理解的基础上，把新学知识运用到新的情境中。

（2）一是每个学生都能通过学习感到他"能行"，体验到通过努力所获得的成功；二是在学习新知的过程中，收获了一定的学科基本思想与学习、分析方法。

2. 教师教学行为状态评价

教师教学行为状态评价分为教学目标、教学态度、教学内容、教学策略、教学效果五个评价项目。

第一，教学目标。

（1）一是符合课标相关学段要求与教材要求，体现对学情了解与调动情况；二是教学目标体现出三个维度的设计；三是通过教学目标的叙写，能体现出学生最终所达到的学习结果。

（2）一是教学目标明确、具体、适度，易测量，并贯穿教学全过程；二是通过教学目标内容，体现出学习基础知识点、重难点及重点方法设计。

第二，教学态度。

（1）一是注意创设条件，调动学生的学习兴趣与参与积极性；二是对学生给予及时的评价与激励，帮助学生认识到"怎样做"会更好。

（2）一是保持教学热情，结合教学内容，积极创设有利于学生学习的教学情境；二是注意挖掘学生潜能，讲授相关方法，引导学生发现问题，解决问题。

第三，教学内容。

（1）一是将教材基础点、重点、难点、易混淆点梳理清楚，引学步骤明确；二是板书重点突出，体现出知识链架构，点拨性强。

（2）一是引导学生步步深入开展有效探究与学习；二是教学设计注意满足不同层次学生的需求，引导学生思考、分析，练习有梯度。

第四，教学策略。

（1）一是依据目标，引导学生有效预习，利用工具书等，设置预习思考引导，引导学生自学，阅读教材，获得知识，发现问题，在做出相关笔记的基础上，参与生生交流。二是注重引导学生在交流和讨论中总结知识规律，探究解决问题的方法。

（2）一是能够针对相关问题，设计教学、学习方法，在学习与思考的关键之点上，给予学生点拨和启发；二是注意发现学生的学习困难，采取相关教学技术、策略与方法给予帮助。

第五，教学效果。

（1）一是通过教与学双向努力，有效达成全部目标；二是目标所预设的学生学习结果基本实现，课堂知识掌握率达90%以上。

（2）一是每个学生都能通过他的学习总结，发现其成功与进步；二是针对学习层次，设计课后练习，引导学生找出不足，巩固成功；三是关注学习有困难的学生，给予及时帮助。

（四）细化学生活动载体，"增值评价"促进学力提升

红桥区实验小学在教学质量监控过程中，还十分关注学生学习能力的提升，因为我们深知"学生的发展折射着教学的质量"。学校以"3+3+1"为平台，在培养学力的进程中有效监控教学质量。

1. 精设三个特色活动

读书节、数学周、英语周是红桥区实验小学多年来一直坚持的特色活动，学校本着"我的活动我做主"的原则，静心倾听学生的心声，在充分了解他们需求的基础上，结合各学科、各学段学力培养的要求，精心设计各年级的特色活动，鼓励学生全员参与，在活动中展示、历练、发展；倡导教师全程监控，在活动中积累经验，发现问题，调整工作。

2. 落实三个特色课程

学校集教师的智慧，编写了符合年级特点的校本课程——语文学科的《拓展阅读》，数学学科的《奇妙世界》，英语学科的《益智英语》。我们要求教师细化落实校本课程的相关内容，用心指导与安排，让学生在大量阅读中涵养性情，在锻炼思维中提升素养，在搜集信息中开阔视野；教师则在跟踪反馈中，深度了解不同层面学生的落实情况，采用不同的策略，让每一个学生都获得发展。

3. 实施一个特色评价

学校在各年级、各学科实行"1+×"增值评价。"1+×"评价中的"1"指期末综合能力测试，"×"指学科分项考查积分。通过过关考查，实记学分，积累学分，对学生学习的评价，做到既关注学习结果，也关注学生在学习过程中的发展和变化。学校引领教师在落实特色评价的过程中，将全面质量观落到实处。

（五）细化教育质量的评价，保证主动教育的实现和完善

1. 学校评价方案总体目标

（1）通过对教师参与落实学校办学理念、办学特色、发展计划实施的行为与效果的评价,帮助教师正确审视自我,取得从价值观到师能的全面进步。

(2)结合教师与学生在教育教学实践中双向发展的具体表现展开评价,考核教师的工作绩效达成情况,促进教师找到工作反思与有效调整的入口,取得教育专业水平的更大发展。

(3)建立评价学生全面发展指标体系和促进教师不断提高的评价指标体系。学生评价指标体系强调包括学科学习评价和一般性发展评价;强调关注过程性评价。教师评价指标体系强调,一方面关注教师专业成长评价,另一方面,以学生全面发展的状况来评价教师工作业绩。

(4)建立教师、学生和家长、学校管理人员共同参与的,体现多渠道信息反馈的师生评价制度。通过评价主体的扩展,加强对学校各项工作的监控,发展教师的反思与调整能力。

(5)聚焦学校管理领域,通过系列评价发现优秀教师的教学经验,强化其经验交流;进一步发现问题与优势,为学校的发展提供更加广阔的工作视角。

2. 综合教育质量评价的基本原则

(1)平等尊重性评价原则。学校与被评价方是平等的双方,无论是接受评价还是进行评价,都要在活动的目的上达成一致;通过公平公正的评价,肯定教师所取得的成绩,发现存在的问题,为教师今后的工作和专业发展指明学习、研究与实践的前行方向。

(2)发展性评价原则。发展性评价强调以发展的眼光来客观评价教师的努力与工作实践,重视对工作过程的评价,强调评价内容多元化、评价过程动态化以及评价主体间的互动与配合等,以实现评价的最大收益,达到通过评价彰显教师工作效绩,促进其改进和发展的目的。

(3)以质性评价为主的原则。质性评价关注教师复杂而丰富的素养提升过程,关注组织活动及课堂教学过程中展开的主要环节与工作质量的显现;强调注重评价过程中真实的表现,不仅考察认知的层面,也关注对"表现"等行为层面的评价,评价过程坚持有理有据展开。

3. 评价实施的基本方法

做到"三知晓，六结合"。"三知晓"是指：让教师知晓学校评价工作的目标，提出个人建议，做到上（学校领导）下（教师）一致，公平公正；让教师知晓学校评价内容，通过学习达成共识，做到行有方向，做有引领；让教师知晓学校评价细则与标准，通过研讨实现统一，做到自我评价有标准，评价他人有尺度，接受评价明原由。"六结合"是指：评价方法要做到平等与尊重相结合，透视常规与追求多元相结合，定期性评价与抽查性评价相结合，过程性评价与结果性评价相结合，教育科研与个体微型研究评价相结合，教师专业表现评价与学生学习表现评价相结合。

4. 学校评价体系的要素构成

教师、学生、课堂教学、常规实践工作履职是构成学校评价体系基础结构的四个要素。教师、学生是被评价主体。以做评教，以学评教是评价铺陈的主要视角。

5. 评价体系主体构成与评价维度

（1）评价体系主体构成。依据教师工作特点和组织形式，红桥区实验小学评价体系主体构成包括常规性评价、主题性评价、标志性成果评价三个方面。

（2）评价体系总体评价维度。一是常规性评价——主要针对教师常态工作展开评价。评价维度分为信念作风、个人建设、教研能力、校本教研、特色建设五个方面。二是主题性评价——从师生双向特定环境表现方面展开针对性评价。首先，教师主题性评价分为履职尽责、课堂教学两个层面。其一，"履职尽责"评价分为师德建设、责任承担、班级管理、爱生育生、同伴互助五个维度。其二，"课堂教学"评价分为目标设计、教学态度、使用教材、教学重心、教学艺术、教学效果六个维度。其次，学生主题性评价，强调通过学生学习行为状态，"以学评教"，主题性评价分为参与交往状态、学习习惯、思维状态、学习结果四个维度。三是标志性成果评价——指把教师在工作活动中所获得的或者能够证明他自己某一方面发展状况的实证性材料,作为个体标志性成果,纳入综合评价之中。标志性成果评价分为组内表现、学科表现、活动表现、科研表现、风格表现五个维度。

6. 评价体系操作流程

(1) 红桥区实验小学评价体系操作流程的主要特征,一是实施多主体评价;二是以层次递进形式展开。"实施多主体评价"指将自我评价、同伴评价、家长评价、学生评价四方评价有机结合起来。"以层次递进形式展开",一是指评价制定层次由上向下递进展开。即学校提出草案→教师研讨修改→教代会通过。二是指评价组织层次,由下向上递进展开。即教师依标自评→教研组依标互评→组长上报,主管主任参与评价核定→主管主任向校长汇报评价经过,获准后向每位教师做评价反馈,评价记入档案。

(2) 评价操作基本流程。其一,常规性评价,采用量化写实评价法。基本流程为个体随活动记录,依标准自评→组长每月汇总,同伴互评,个人认定→主管主任参与组内月评价→学期末主任与组长汇总月评价个体情况,评价结果等级呈现→上报校长审核,评价结果反馈给个人。其二,主题性评价,采用现场列项评价与纸质问卷相结合过程性评价方法。基本流程为:课(活动)前,将参加评价人员分为二组:一组进行教与学行为状态评价,另一组进行以学评教观课评价→课(活动)中,评价人员各司其职,按照不同角度评价标准展开评价→课(活动)后,由主任随机抽调班额25%以上的学生进行"学习感受询问式"问卷调查→针对全部的个体分项评价结束后,由主管主任集中整理,形成对教师课堂教学总体评价→上报校长审核后,校长、主任共同约教师谈话——反馈评价结果,肯定成绩,指出问题,指导制定问题修正计划→定期展开以检查教师问题修改,专业进步为目标的第二轮主题性评价。其三,标志性成果评价,采用实证与述评相结合评价法。基本流程为:教师个体做好资料积累(教研、科研、班级管理研究、教师学习与工作、学生学习与突出表现等相关计划、操作、实验阶段成果等资料积累)→每月组内交流、同伴互议,评价作用与价值,组长做小结，个人认定→期中做个人研究展示课，教师互评→在学校研究论坛上进行个体研究与实践介绍，专家、校领导、教师对此展开评价→学期末，由组内小结，同伴互评，对教师中期研究成果及价值进行等级评价→由各组小结，由主管主任汇总，向校长汇报，展开相关工作（表扬研究有实效教师，约谈有问题教师）→学年末，由组长、主任联合汇总教师全年标志性成果（阶段成果、中期成果、终期成果），形成年度标志性成果评价，反馈于个人，强调成果的巩固，将问题带入下阶段研究。

第九章

主动教育的科研

　　科研是科学研究的简称。在《辞海》中，"研究"就是"钻研，推究"的意思，指"用科学方法探究事物的本质和规律。如研究问题，学术研究"[①]。《现代汉语词典》对"研究"有两种解释，其一是"探求事物的真相、性质、规律等，如研究语言、学术研究、调查研究"；其二是"考虑或商讨（意见、问题），如：今天的会议，只研究三个问题"[②]。在中小学教师主动开展科研的语境下，科研就是教师主动运用科学的方法开展教育教学研究，不断地探索和发现教育教学的本质和规律，了解学生的成长和认知发展规律，创新最优化的教育教学方式等，以不断提高教育教学的质量，满足学生全面个性化发展的需要，培养德智体全面发展的社会主义建设者和接班人。

　　早在1966年，联合国教科文组织和国际劳工组织在《关于教师地位的建议》第三部分"指导原则"中提出："教师应被视为一种专门职业：它是一种公众服务的形态，它需要教师的专业知识以及特殊技能，这些都要经过持续的努力与研究，才能获得并维持。"由此可知，教师作为一种专门职业，无论是过去、现在和将来，科研都是教师获得并维持专业地位的必由之路，是教师参与教育改革

[①] 《辞海》，上海辞书出版社1979年版，第3747页。
[②] 《现代汉语词典》，商务印书馆1996年版，第1447页。

和发展的重要途径和方式,而且这一观点已经成为国际共识,因而成为许多国家采取多种措施加强本国教师专业化发展的重要手段之一。基于以上认识,我们把教育科研作为促进主动教育发展的重要途径和推动力。

一 教育科研对于主动教育的价值和意义

苏联著名教育家苏霍姆林斯基认为,教育科研对于教师的专业成长和发展有着非常重要的意义和价值,他说:"如果你想让教师的劳动能够给教师带来乐趣,使天天上课不至于变成一种单调乏味的义务,那你就应当引导每一位教师走上从事教育科研这条幸福的道路上来。"① 作为学校校长,他也是这么做的,而他本人就是长期在教育教学一线通过不断探索教育教学规律和研究教育教学中的种种问题而从一名普通教师逐渐成为世界著名教育家的典范。到今天,教师能够独立地开展教育科研已经是教师素养和角色中的一个重要且必要的组成部分。

(一) 教育科研是教师参与教育改革和发展的重要途径和方式

实际上,早在20世纪初,就有研究者提出教师应该是发现和解决教学问题的人,② 也就是研究者。在教师进行研究的早期倡导者中,Bukingham(1926)在开展了有关教师研究的大量活动后指出,教师不应该总是站在旁观者的位置上,听凭大学的人员来定义他们的专业,他认为:"教师拥有研究的机会,如果他们能够抓住这个机会,他们将不仅能有力地和迅速地推进教学的技术,并且将

---

① [苏] B. A. 苏霍姆林斯基:《给教师的建议》,教育科学出版社1984年版,第494页。
② John Sikula (1996), *Handbook of Research on Education*, Macmillan Library Reference USA, Simon & Schuster Macmillan, p. 54.

使教师工作获得生命力和尊严。"① 著名心理学家皮亚杰（Piaget）也极力倡导教师参与教育科学研究，他认为，中小学教师正是由于脱离了科学研究才使他们失去了应有的学术声誉和专业地位，不能像医生、律师、科学家和大学教师等职业一样享有受人尊敬的专业地位；他主张要大力倡导通过参加教育科学研究而使教师获得应有的尊严，使教育学成为"既是科学的又是生动的学问"②。斯腾豪斯（Stenhouse）认为："教师是教室的负责人，而从实验主义者的角度来看，教室正好是检验教育理论的理想的实验室。对那些钟情于自然观察的研究者而言，教师是当之无愧的有效的实际观察者。无论从何种角度来理解教育研究，都不得不承认教师充满了丰富的研究机会。"③ 苏霍姆林斯基认为，要成为一个真正的教育者，就必须进行研究，他指出："就其本来的基础来说，教师的劳动就是一种真正的创造性劳动，它是很接近科学研究的。"只有通过教育科研，教师才可以及时有效地解决教育教学中所遇到的各种问题，推动教育教学改革和发展的顺利进行。

长期以来，部分教师存在着"教师只需要上好课，教育研究是理论专家的事情"这样的误区。事实上，这种观点是不正确的，教育理论工作者是对教育理论的系统研究，而教师的教育科研就是为了解决在教育教学活动中所出现的问题和困惑。要解决这些问题，首先，教师必须积极主动地学习有关的教育理论和教育方法，提高自己的理论水平，并在实践中运用这些理论，自觉地按教育规律办事；其次，在研究中不断反思他们的教学实践，改进教学方法，从而解决教育教学中的问题，进一步提高教学质量；最后，通过研究，及时了解学科发展的前沿，汲取先进的教育研究成果，更新知识结构，积累个人的实践性知识，从而提高他们的教学能力。因

---

① Carol M. Santa. & John L. Santa, "Teacher as Researcher," *Journal of Reading Behavior*, Vol. 27, No. 3, 1995, p. 439.
② 皮亚杰：《教育科学与儿童心理学》，文化教育出版社1982年版。
③ 高慎英：《教师成为研究者"教师专业化"问题探讨》，《教育理论与实践》1998年第3期。

此，教师通过教育科研不仅能够解决教育教学中的问题，而且能够提高教师的专业素质。

（二）教育科研让教师成为教育教学中真正的研究者

科研不是专业研究人员的专有权利，人人都可以根据需要开展科学研究。正如 Buckingham（1926）所指出的：教育研究不应该是专业人员专有的领域，它没有不同于教育自身的界限。实际上，研究不是一个领域，而是一种态度。[①] 教师要成为真正的研究者，首先必须具有研究的态度。只有教师秉持研究的态度去对待教育教学工作及其中所出现的种种问题和矛盾，才能使教育教学中的规律得到尊重，才能按照教育的规律去有序开展教学，才能够让教育教学符合学生的身心发展需求和发展规律。

自从20世纪80年代以来，教师成为研究者（teacher as researcher）已经成为一个广为传播的口号，不仅在欧美教育界广为流传，也成为世界范围内广为认可的教师专业化发展的同义语，并且日渐成为一个广受关注的研究领域和新焦点。正如苏霍姆林斯基所指出的，教师"不研究事实就没有预见，就没有创造，就没有丰富而完满的精神生活，就不会对教师工作发生兴趣。不去研究，积累和分析事实，就会产生一种严重的缺点——缺乏热情和因循守旧。只有研究和分析事实，才能使教师从平凡的、极其平凡的事物中看出新东西。"[②] 所以他一直倡导并鼓励教师积极主动地进行科学研究，还亲自带领教师进行集体研究。只有通过开展科学研究，教师成为研究者才能从口号和倡议变成一种现实。众多的实践研究表明，科研是学校实现跨越式发展的捷径，是教师专业成长的催化剂，是教师成为真正的研究者的必由之路。

[①] Carol M. Santa. & John L. Santa, "Teacher as Researcher," *Journal of Reading Behavior*, Vol. 27, No. 3, 1995.

[②] ［苏］B. A. 苏霍姆林斯基：《给教师的建议》，杜殿坤译，教育科学出版社1984年版，第496页。

（三）教育科研是学校提高教育教学质量的重要保障

自1987年实施主动教育整体改革实验以来，通过创造良好的内外部条件，取得了较好的成效，不仅教育教学质量有了很大提高，实现了促进学生主动全面发展的育人目标，而且在实验探索的过程中形成一支改革意识和科研意识较强的教师队伍。这支队伍在实验过程中一方面促进了主动教育理论的不断凝练和形成，另一方面也在这些理念的指导下通过持续不断的科学研究明显地提高了教育教学水平与教育艺术水平，成为主动教育从理念到实践不断深入的重要推动力量。

倡导并积极引领教师主动开展科研是红桥区实验小学多年来主动教育的理论和实践不断从初步探索到理论形成进而到改进教育教学的循序渐进的主要抓手。红桥区实验小学在长期的主动教育研究与实践中，关注教师科研能力的培养与提升，通过培养主动研究型教师来应对主动教育理论研究和实践探索中所遇到的问题和挑战，针对教育教学中的问题开展科研，通过科研提升教育教学质量，实现了学校教育教学质量的不断提升，推动了学校主动教育特色与品牌的逐渐形成，并在此基础上形成了具有红桥区实验小学特色的主动教育科研的基本理念，即培养主动研究型教师，并在培养过程中坚持做到如下三个方面。

一是视教师为学校教育改革与创新的关键。作为寻求改变与变化的小学教育，要完成这一命题必然要有一支具有以创新能力为其核心素质的研究型教师队伍。没有教师的主动研究，就不会有学校教育改革的创新与发展。

二是发挥教师科学研究的主体性。红桥区实验小学倡导主动研究，发挥教师在研究过程中的能动性和创造性，不仅注重使教师的研究过程具有明确的目的性和计划性，还为教师提供选择的机会与条件，尊重教师的自主性，使其主体力量得以表现，能动性和创造性得到充分发挥，真正主动地开展研究。

三是将开展教育研究作为教师专业发展的保障。作为一种专业，教师自我发展必须具备的一种能力就是自主研究的能力。而自主研究能力的提高，需要教师主体意识的自我构建。只有教师对教育教学实践进行主动探究，才能促进教师的自我专业发展。

二 学校推动教育科研的主要途径和方法

回顾30多年主动教育实践探索和理论提炼的经验，我们认为，红桥区实验小学在通过培养主动研究型教师来推动主动教育实验不断取得良好成效中，重点从以下四个方面着力推动教师主动开展科研工作：一是通过校本培训让所有教师都牢固树立主动教育科研意识，二是通过多种方式让所有教师都能掌握开展教育科研的方法，三是创建独立研究基础上的合作研究团队，四是强化教师课题的自我管理。

（一）通过校本培训让所有教师都牢固树立主动教育科研意识

第八次课程改革提出了以人为本的教育教学理念，这些理念要求学校和教师要全面转变教育教学方式，把培养德智体美劳全面发展的人这一目标要求落实到整个学校教育教学全过程中的每一个环节，要求教师由过去的知识传授者向教学研究者的角色转化，从过去严格按照既定的教材和大纲开展教育教学转向根据学校和地方特色以及学生发展的需求研究开发适合学生个性化发展的课程，正确处理国家课程、地方课程与学校课程的关系，积极参与到课程决策、课程开发与课程实施之中。随着现代科技日益与教学相融合，在线教学、翻转课堂等新的教学方式不断涌现，学生接受知识的途径更为多元。这一切都需要教师更新调整教育理念，重新构建教材，重新设计教学方法，重新研究教育对象，许多新问题有待教师去正视，去研究。要适应这些不断出现的新变化，教师就必须具备主动研究的意识。教师的主动研究意识是指教师富有创造性地进行教育教学工作，主动探究教育实践，丰富知识，完善思维，健全人格，促进发展，追寻教育教学新的意义和精神力量的总和,① 教师的主动研究意识是教师专业发展的内在要求。红桥区实验小学倡导的教师主动研究意识主要体现在情感维度和认知维度上。

1. 情感维度：要有主动进行教育教学研究的热情

研究的热情是教师主动科研意识的前提。教育是一种使命和召唤，教育的研究更是一种召唤和责任。研究的热情是指教师积极而真诚地投入师生双方生命和生活意义的关系中，直接诉诸学生的理智和心灵，发掘教育价值的情感。我们要求所有的教师都能够对研究工作投入情感，富有研究热情，尊重学生的独特品质，懂得主动研究的真谛；充分认识到研究对于他们的教育教学质量以及专业发展的重要作用和意义。

比如，常丽颖老师长期从事一线教学工作，高强度的工作磨炼出她坚毅的意志品质，提升了她主动研究的意识。正是因为她在教育之路上具备了主动研究的意识，并且一贯秉承"简简单单教语文，本本分分为学生，扎扎实实求发展"这一理念开展语文教学，才结出累累硕果，成为一名桃李满园的语文名师。李俐老师是一名骨干教师，不仅具备较强的教学能力，形成她特有的、个性化的教学风格，而且还具有主动研究意识，从经验型教师走向研究型教师是她的教育理想。2005 年，她参与了学校"创造教育"的课题研究，从熟悉课题、理解课题，到教育理念的更新，在从研究前学习到研究后反思的整个过程中，她感受着专业化成长的历程，体验着主动研究所带来的成功和快乐。

2. 认知维度：能够及时对所开展的教育教学研究进行反思

著名教育心理学家波斯纳提出的教师成长的公式是：经验＋反思＝成长。研究反思是教师主动科研意识的关键，是指在教育教学实践中将观察到的事实与原先的经验和想象产生联系，在思考"正在发生什么""是否产生了系统性的因果效应""为什么会发生和怎样发生"中，逐层对信念和假定的知识进行积极、持

---

① http://shmily198715.blog.163.com/blog/static/124254361201210251155946/.

续、周密的思考,进而评价研究问题和决策后果。[①] 我们要求教师在研究他们的教育教学时,能够批判地、系统地考察其教育教学实践,能更好地理解课堂和改善其教育实践。通过对其研究的反思,教师对课堂的教学行为进行调整,对他们的教学水平进行重新审视,重新组合。通过研究反思,教师把他们的教学行为与他人的教学行为进行对比,对自身的教学行为加以重新认识,重新追求。记录教学的每一点感受、体验和认识,为专业发展走好每一步。红桥区实验小学倡导教师根据具体研究情境主体通过以下三种途径进行反思。

其一是在实验园与教研组活动研讨中进行反思。科研实验园和研讨活动是为教师研究提供的良好契机,部分教师会及时抓住这个契机。例如,董晓晖老师在具有浓厚研究氛围的实验园中展开反思,在老校长和专家的指导下进行反思。在听课、评课中反思"什么是高效课堂",在教研组内活动中反思"什么是在研究中工作,在工作中研究"。对课堂教学模式的研讨、总结、梳理促使董老师学会理性思考,在点点滴滴中明白了原来科研并不是高深莫测的,而是在更高的水平层次上展开教学活动,以科学研究的思路重新审视教学过程,发现问题,思考问题,形成解决问题的策略,从而提升她的教育教学工作效益。董老师在反思中渐渐地体验到什么是真正的"科研兴校",在为之骄傲的同时,实现了向科研型教师的转变。

其二是将先进的教育科学理念内化为自我意识来反思。教师只有不断汲取先进的教育理念,并且把先进的教育理念内化为自我意识,才能经受实践的检验,在实践中不断成长。例如袁秀华老师在日常工作中树立课堂研究的教学观,经常进行自我反思,自我更新,不断学习新知识的教育理念。她深知树立教学与科研相互促进的教育观念是其专业成长的关键,唯其如此,才能提高"教研觉悟",增强科研意识,驱动自身不断进行教育改革、创新;只有将

[①] 吴刚平、余温婧:《论教师的研究意识》,《中国教育学刊》2010年第12期。

先进的教育科学理念内化为自我意识，才可能将教育科学的巨大能动性和物质性充分体现出来；只有具备了鲜明的教育科学理性的观点，坚定地在科学理性的点拨下，才能走上追求主动研究型教师的征途并逐步进入研究型教师的境界，具有登高望远的博大胸襟。她自觉地以研究者的心态置身于教学情境中，博采众长，精益求精，以研究者的目光审视传统理论和现实问题。养成科研兴趣、艺术化和个性化的底气，问题意识和创新动力，渐渐脱离"匠"气，从而获得教学科学化、灵气和大气。

其三是以课例案例为媒介进行反思型研究。王丽萍老师研读大量的案例、课例，并认真撰写相关的评课材料以及反思心得。每一篇反思心得和评课材料都是经过仔细思考与研磨的，王老师反思英语复习方法的指导策略，反思学生认真改错习惯的初步养成，反思"如何让多样有效的教学充实课堂"，反思学校教学节上老师们精彩的课堂给予其的启示与思考，反思"教学中如何真正实施有效的分层教学"，反思英语课堂上的游戏教学与合作学习，等等。这些实实在在的反思把王老师从一个普通的教师转变成一个科研型教师。

（二）通过多种方式让所有教师都能掌握开展教育科研的方法

任何一个专业领域都有适合本专业的一些研究方法，教育也不例外。中小学教师基于他们的工作实践，开展与教育教学密切联系的科学研究，也必须掌握相应的方法。所以，我们非常重视通过多种方式让教师掌握开展教育科学研究所需的方法，比如，通过请业内的知名专家为教师们做关于教育科研方法的讲座，为教师们购买关于教育科研方法的书籍，举办科研方法交流的研讨会，等等，让每一位老师都能够清楚地了解开展教育教学科研应该掌握哪些基本的知识和技能，并要求教师在其研究中运用多种方法。教育研究领域迄今已经积累了多种研究方法，比如调查法、观察研究、访谈法、实验研究、历史研究法、内容分析法、案例研究法、叙事研究法、传记法、行动研究法、思辨研究、实证研究、比较研究、人种志研究、教育统计、教育测量、教育现象学研究、教育解释学研究，等等。具体而言，红桥区实验小学教师在主动研究中经常用到以下几种方法。

1. 教育经验总结法

主动研究离不开对经验的提炼与总结，教育经验是指教育工作者在长期的教育实践中所获得的有关教育活动的知识、技能以及情感和情绪体验。这些教育经验因其来源于实践，经过了教育工作者的亲身经历，因而具有生动、具体、鲜活、情境化等感性认识色彩。教育经验总结法即是将大量丰富而多彩的教育经验提升为教育理论的方法，是在不受控制的自然状态下，依据教育实践所提供的事实，按照科学研究的程序，分析概括教育现象，揭示其内在联系和规律，使之上升到教育理论高度，促进人们由感性认识转化为理性认识的一种教育科研方法。[①] 一线教师在长期的教育教学中形成了丰富的教学经验，如果不对其进行及时总结归纳、梳理，就会被淡忘，不能充分发挥其教育作用。教师只有善于及时记录、总结教学经验，梳理、分析教育经验才能从经验中发现教育规律，不断在教育经验总结中获得进步。

比如，崔慧敏老师就非常善于运用总结的研究方法，并取得了明显成效。崔老师在教育经验总结上有三种做法：其一，总结成功做法。不同的课就会有不同的成功之处，例如充满吸引力的课堂导入、有趣的对话、典型的案例、巧妙的设问、幽默的讲解、独到而有特色的小实验、有益的启示、精彩的教学设计、恰如其分的多媒体应用等。崔老师将平日听课，授课中她感受深刻的做法记录下来，日积月累，就成了一笔宝贵的财富——教学经验。其二，总结课堂灵感。崔老师善于捕捉课堂灵感，对之加以研究提升，形成教学智慧。她在课前精心设计教学过程，确定教学方法，在课堂实施教学中，随着教学的展开、师生思维的发展及情感交流的深入，往

---

① 李青春：《中小学教师怎样进行课题研究（七）——教育科研方法之教育经验总结法》，《教育理论与实践》2008 年第 7 期。

往会因一些偶发事件而产生瞬间灵感。这些"智慧的火花"常常在特定环境下产生，若不及时地利用课后总结去捕捉，便会因为时过境迁而烟消云散，令人遗憾。其三，总结学生表现。崔老师常常留心于研究学生的表现，学生是初学者，学生对所传授知识的接受状况，包括对所授知识的接受程度，重点难点是否已经掌握和理解，学习中遇到的困难和普遍存在的问题，练习和作业的完成情况等都加以及时总结，然后进行深入反思与研究。日积月累，既丰富了教学资源与研究材料，课堂教学也更加贴近学生实际，同时会不断提升研究智慧。

崔莹老师善于主动并勤于动笔来进行总结，"好记性不如烂笔头"，崔莹老师经常把教学中的得与失，看文章、听讲座、听课过程中闪现的思维火花总结成资料。她从苏霍姆林斯基、魏书生、于永正等名师身上受到启迪，拿起笔来，从教学札记写起，写教学案例、教育叙事、教学随笔等，撰写论文、个案十多篇，并有多篇获得不同层次的奖励。撰写论文、个案成为崔老师进行教育经验总结的重要方法，取得了明显的成效，也为其他老师在教育经验总结方法的使用上做出了示范和表率。

2. 教育行动研究法

红桥区实验小学倡导的主动研究要求教师把研究落实在教育教学实践中，在教育教学中对遇到的各种教育教学问题进行研究，在本质上是教育行动研究。教育行动研究法中的"行动"，指的是教师的教育教学行动、活动、行为、情节等。简单地说，教师的工作就是由一个又一个的教育教学行动构成的。[①] 这些行动有些是有意识、有计划、有明确目的的，有些则是无意识、偶然、随机的，而且由于学校工作的标准化、程式化，教师的许多教育教学行动甚至是不需要考虑的"惯性动作"或"机械操作"。当教师的职业生活被这些大大小小、有意无意的行动填满的时候，便无暇深虑或忽视这样一些问题：繁忙行动背后隐藏的教育真谛是什么？行动的理由

---

① 荆雁凌：《中小学教师怎样进行课题研究》，《教育理论与实践》2008 年第 8 期。

和动机都是合理的吗？我应该怎么做？我还能做什么？怎样使行动的效率、效果、效益更好、更大、更有创造性？若要回答和解决这些问题，教师就需要对他们的教育行动进行一番"研究"，或者说使行动接受"研究"的监督和指导。如果这样做了，就已经打开了行动研究的大门。

比如，红桥区实验小学袁秀华老师就善于主动思考、研究具体的课堂实践背后所蕴含的科研问题，平时她注重科研从实践中来，再回到实践中去，能够解决课堂教学中所遇到的具体问题。袁老师把繁重的教学任务看作行动研究平台，她会及时发现、捕捉、积累各种教育实际问题，对之进行提炼、总结并且有意识地展开研究。袁老师作为教学活动的当事者和实际承担者，凭借其得天独厚的优势，占有了大量的第一手资料，及时关注、发现、研究课堂中的真实教学情境，及时改进、调整她的教学实践行为。

3. 以项目为载体的方法

在倡导教师开展科学研究时，适当地借助科研"项目"。"项目"指在既定的资源和要求的约束下，为实现某一特定目的而完成的一次性工作任务。[①] 课题研究项目是指教师在教学研究过程中，结合他们的工作实践，确定要解决的教育或教学问题，并以此作为研究的内容在一学年中解决问题并取得一定的成果。课题研究项目具有如下的基本特征："时效性"，项目必须有一定的时间限制，到期一定要结束，强调一次性完成任务，到项目结束，结果就确定了；独特性，每个项目要解决一个教育教学中的问题，目标必须明确；契约性，项目管理者（培训者）对承担项目的教师提出一定的要求，并提供相应的支持，双方达成共识后形成承诺并在项目实施中各尽其职。红桥区实验小学教师积极主动地承担各种项目，并且进行深入思考研究。比如，陈颖老师于2008年独立承担了区"十一五"规划课题"小学中高年级数学概念课堂教学有效提问的策略

---

① 陈玉华：《以项目为载体的教师科研方法初探》，《上海教育科研》2009年第1期。

研究"。在选题初始，陈老师和徐校长、刘主任认真研讨诸如"怎么选题，选什么课题，如何设计问卷，采用什么科研方法，如何调查，调查的结果是什么，处理问题的对策是什么，如何撰写开题报告与结题报告"等。在开题前进行一遍遍地推敲与修改，在开题会上认真聆听专家们提出的建议。在课题研究过程中，陈老师不仅查阅了大量的文献和资料，还和课题组成员互相听课、评课、学习，挖掘自身业务方面存在的问题，及时进行研究，使存在的问题得到解决和改进。

4. 案例研究法

红桥区实验小学教师的主动研究实践很多都是以案例研究为基础的。关于案例研究的定义，从普遍意义上讲有两种：一种是以阿德尔曼（Adelman）为代表的学者认为，案例是特殊事件，案例研究不能总结出普遍性的结论；另一种是以锡欧（Shaw）为代表的学者认为，案例研究现象发生的事件过程或事件后果，在大环境下对个体行为进行研究与分析进而形成假说。[1] 依据学校的特点，综合上述两种观点，我们认为，案例研究是教师在对典型教育事件进行具体描述的基础上，通过分析、归纳和解释，概括出具有普遍性结论的研究方法。

比如，齐鹏老师在市级重点课题"主动教育教学风格"中就大量运用了案例研究。首先，他潜心积累案例，研究案例。为了做好案例研究，他对全国各地名师的教学风格录等书籍进行了认真学习，广泛阅读了英语教学风格的书籍和全国知名英语教师所撰写的教学案例、教学课堂实录。在学习中，齐老师学会了高标准地审视个人的教学工作，懂得了如何从他日常的教学活动中捕捉带有个人自身特点的教学实例等。其次，齐老师积极撰写教学反思案例，所撰写的案例集中在记录其每日课堂上有个性、有特色的教学设计、教学活动，以及他处理课堂问题的方法等上。再次，与同行积极交流研讨案例。他在课题组组织集中学习时，积

---

[1] 张梦中：《马克·霍哲案例研究方法论》，《中国行政管理》2002年第1期。

极主动地与老师们一起交流他对教学的意见和建议，沟通他近来的一些想法。通过学习、积累案例，齐老师亲自撰写案例，分析案例，并与同事交流，逐渐把个人教学风格定位在活泼和幽默上。最后，通过案例研究，建立、完善了个人的教学风格。经过专家认真细致的指导，齐老师将课堂上所使用的教学方法、设计的教学活动进行细致的分类，划分出学生最喜欢、比较喜欢、效果不佳等几类，确定了活泼、幽默型教学风格。在此基础上，他又撰写了几十篇教学案例，涉及教学过程的不同方面，捕捉精彩的一瞬，充分凸现教学风格。经过两个月时间的撰写、修改，这些案例终于成形。之后齐老师对这些教学案例进行了认真的分析，归纳总结出其中的经验与不足。

通过对教学案例的研究，齐老师懂得了教学案例分析就是通过对具体教育情境的描述、感受和分析，学习、领会教育、教学的理论和方法，提高运用现代教育理论对教学工作进行分析评价的能力。对教师而言，教学案例分析重在"分析"，力争做到"言之有物，言之有理，虚实并重，小中见大"。从这些教学案例中，齐鹏老师认真研究哪些教学行为体现了此种教学风格指引下的教师观、质量观、学生观，哪些教学行为注重从认知的角度或从知识结构的角度展开此种教学风格指引下的课题教学行为。齐老师把他的课堂教学经验、行为提升到"说清其理论依据"的层面，从中学习和体验将教学实践经验"如何上升"为教学理论的过程，促进其从经验到理论的升华，从自发的行为转变为自觉的行动。

（三）创建独立研究基础上的合作研究团队

我们认为，学校是否卓越取决于教师团队的优秀程度，科研水平的提高既取决于教师所具有的研究意识和所掌握的研究方法，也取决于教师团队的合作程度；优秀的教师团队都具有良好的科研环境及自身对科研的不懈追求，这样才能发挥教师潜在的教学技巧及教学能力。对于教师科研而言，只注重个人的自主科研意识与方法的培养是远远不够的，还要特别注重教师科研合作的团队建设。红桥区实验小学教师主要从两个方面进行团队合作建设。

1. 充分发挥名师的典型示范和带头引领作用

名师是学校教育、教学的宝贵资源，是推动学校发展的重要动力。名师不仅要主动发挥对骨干教师在科研方面的引领作用，还应该依托名师本身的优势，发挥他们对周围的辐射作用。名师成长的历程也是一种有价值的可利用的资源，其成长的展示过程，对其他骨干教师教学水平的提高有借鉴意义。名师在某一方面的研究成果以专题报告的形式展示出来，对开阔骨干教师的眼界，增强骨干教师的研究意识也很有帮助。比如，红桥区实验小学常丽颖老师为了更好地发挥名师作用，她以科研为先导，以研究者的心态置身于教学情境之中，以研究者的眼光审视和分析教学实践中的各种问题，对自身的行为进行反思，对出现的问题进行探究，对积累的经验进行总结，使其形成规律性认识。常丽颖老师对"导引型"教学风格予以完善，面向学区片教师开展科研沙龙活动，介绍并推广她的教学风格，并积极和老师们展开合作。为了让骨干教师能够尽快独当一面，缩短骨干教师的教学科研成长周期，作为"李吉林情境教学策略的应用研究"课题组的总负责人，常老师主动吸纳了校内数名骨干教师参与课题研究，带领教师共同学习、共同研究、共同提升。

2. 以科研活动和课题研究凝聚并引导教师团队的科研

我们认为，主动教育理念下的教师科研一定是以科研活动为载体的，所以我们每学期都开展形式多样的科研活动，让教师在不同的科研活动中形成不同的研究团队，在一定时期内有计划有准备地定期开展研究。同时，我们也鼓励教师积极申报各级各类课题，由课题研究形成浓厚的科研氛围。比如，李俐老师深受红桥区实验小学深厚的科研文化氛围的陶冶，她以业务精湛、经验丰富的老教师和奋力拼搏的中年教师为榜样。在学校开展"每师一课""组内磨课""名师展示课"等教学研讨活动中，她不仅积极与教育界同行进行合作，开展听课、教法分析、教学经验交流，而且把每一次听课的机会作为其成长和进步的需要，而非一种任务。李俐老师2008年承担了区级"十一五"科研课题"小学数学小组合作学习实效性的实践研究"，与课题组老师搭建团队，大家一起拟定课题实施方案。由于方案是大家共同努力的结果，在深入研究，大胆实践方面大家比较团结和协同一致。经过团队之间的理论学习—课堂实践—总结提炼—反思再实践，努力探索解决小组合作学习实践中所存在问题的方法，形成了小学数学课堂教学中提高小组合作学习实效性的一些策略，取得了显著的效果，为广大教师提供了参考依据。现在，与教师主动进行团队合作成为红桥区实验小学研究的常态。团队合作研究让李莉老师解决了日常教学中所存在的问题，真正成为一名研究型教师。

在红桥区实验小学宽松、上进的氛围中，为实现共同的目标，教师团队自觉承担其责任，奉献其力量，只有教师团结一心，学校的科研工作才会充满活力。

（四）强化教师进行课题研究的自我管理

教师课题研究的自我管理，是指教师在课题研究过程中善于自我反思、自我否定，自觉对其研究进行校正的科研行为。我们认为，教师在课题研究中能够进行自我管理，是一个教师进行主动科研的表现；教师课题自我管理能力的强弱，直接影响其科研研究工作；教学效果显著、科研能力强的教师往往是自我管理能力很强的老师。

以崔慧敏老师为例。她在课题研究中积极思考，深入探究，进行有效自我管理的做法是红桥区实验小学教师进行课题研究自我管理的典范。她从以下几个方面进行自我课题管理：首先，自我意识与定位。学校倡导"问题即课题"意识，鼓励教师积极投身于科研之中。在这种氛围的影响下，崔老师主动在研究中学习、成长。2009年初，她与刘校长交流，谈论其困惑和想法，刘校长非常高兴她有主动的问题研究意识，学校依据她的研究问题与意识让其承担全国教育科学"十一五"规划教育部重点课题"教育实验与课堂教学变革研究"分课题"中小学语文个性化教学实验研究"中子课题的研究任务,她担任课题组组长。其次,对时间、内容及进度进行有效自我管理。课题研究是一项多环节的复杂性任务,课题研究者既要搜集资料,展开调查研讨等,又要随时注意课题不偏离内容、时间及进度的要求。教师对内容、时间及进度进行良好的自我管理是课题研究最基本的前提,崔慧敏老师对课题的内容、进度的有效管理是靠提前规划,然后按照规划实施来实现的。

崔慧敏老师对课题研究的时间进行了如下规划:2009年2月,课题组搜集有关资料,集中学习,进行理论研讨;调查小学中年级相关教学现状,写出一份调查报告,制订课题研究计划和实施方案。2009年4—7月,课题组集中分析教材,研讨指导方法,根据教学进度确定研究的步骤,研讨出切实可行的考察评价方法,并布置相关教学的班级环境和校园环境。2009年10月和11月,四位实验教师分别根据他们的研究侧重点,做研究课。每月最后一个周四,集体整理学生作品,开展改进教学策略的小型研讨会。2009年12月至2010年2月,指导学生进行个性化习作方法的小结,与比较班展开"同题异构"的习作交流。2010年3月,利用家长会向家长汇报宣传培养学生想象思维、个性的重要性,指导家长为孩子创设课外学习环境,聘请有专长的家长与学生交流参加此项实验的体会以及在此过程中学生想象思维方式的发展状况。2010年4—7月,引导学生利用语文课外读物及生活中随手可得的学习资源进行研究性学习,并指导学生进行个性化扩写、续写、自编故事方面的创作。2010年9—12月,实验教师分别在年级组做习作教学观摩课,邀请相关领导专家听评,随后展开反思研讨。2011年3月对本课题研究进行第二阶段小结。2011年4—7月,组织几次小型讨论会,深化课题研究,以公开课形式展示研究成果。2011年10月,整理学生所创作的作品,开办学生个性化作品交流展示会。2011年11月,出一册学生作品集。实验教师交流研究心得,组长汇总，撰写课题研究结题报告。2012年1月，召开校内结题会，向总课题组申报验收结题。再由专家会诊，触动反思。很多课题组成员"课上得漂亮"，尚不能基于学理做出解释；教学行为"暗合"教学规律，尚不能对教学特色进行准确定位与清晰描述。针对这种情况，课题组邀请相关专家听评，随后组织几次小型讨论会，深化课题研究，进行反思与修改，以公开课形式展示研究成果。2012年1月，该课题通过了孙晓军、刘秀杰两位本地专家的鉴定，报送北京总课题组进行评审鉴定，课题圆满结题。其研究成果不仅包括结题报告一份，还有教师优秀教学论文、教学设计集《且行且思》，学生优秀作文集《幽幽墨香》。

另外，王丽萍老师在作为主要参与人先后参与了三个区级"十一五""十二五"滚动课题，作为承担人先后承担了三个校微型课题，现正在参与国家"十二五"课题"新课标形势下小学英语网络作业形式探究"，王老师不仅在课题方面善于自我管理，而且在教育教学中注重挖掘育人因素，力求在学科教学中自然地渗透德育教育，良好的师德修养使王丽萍老师成为学生爱戴、家长信赖的好老师，被评为第二届天津市外语学科教学能手。彭馨老师作为青年骨干教师，积极参与市级教育科学"十二五"规划课题的研究，并成为子课题的负责人。随着课题的不断深入，彭馨老师学会了从鲜活的教学案例中寻找支撑其教学实践的理论基础，努力发掘自身的教学智慧，进一步历练自我管理能力，朝着形成个人独特教学风格的方向努力。她曾先后撰写了两篇教育教学论文《引燃兴趣 有效干预》和《培养低年级学生使用数学语言的教师指导策略的研究》，这两篇论文均获得"教育创新"论文评选区级二等奖。2014年，彭馨老师又主动承担校级微型课题的研究与实践工作，组织管理课题组成员分别从教师示范策略、阅读指导策略、同伴互促策略、活动激趣策略等方面作为切入点，深入研究如何培养低年级学生使用数学语言，其目标是通过课题的自我管理，在思与行、教与学中寻求最佳途径，避免低效教学，杜绝无效劳动。

美国作家佛格森（Marilyn Ferguson）说："谁也无法说服他人改变。我们每个人都守着一扇只能从内开启的改变之门，不论动之以情或晓之以理，我们都不能替别人开门。"教师对课题进行自我管理的过程，就是他们打开门的过程。门被打开了，他们就可以自主地走下去，进入思考与研究的状态，顺利发展他们的专业，走入骨干教师、名师及未来教育家的行列。

三 引导教师从事教育科研的主要措施

（一）课题研究与课堂教学结合，在研究中提高课堂教学质量

在工作中我们发现，以教师为主体的校本研究，课堂教学实践是源泉，要使教师主动参与进来，必须植根于教师的课堂。

在市级"十一五"规划课题"主动教育的教学风格"研究中，我们以课堂为研究场，吸纳在课堂教学中个人教学特色凸显的11位骨干教师为课题组成员，通过课题研究过程的步步深入，引导他们逐步学会从一个个鲜活的教学案例中，寻找支撑他们教学实践的理论基础，发现自身的教学智慧，明晰自身的教学特色，在日常课堂教学实践中进一步历练与完善自我，朝着形成个人教学风格的方向努力。在实践与研究中，教师们全身心地投入其中，在专家的引领下深入学习，大胆实践，不断反思，每位成员都利用假期的时间整理相关的课堂教学案例，并在认真分析、整理归纳、补充完善的基础上，研讨提炼各自教学风格的典型特点，这11位教师已初步形成了各自的教学风格。

为了进一步深化课题研究，彰显课题组教师建立在"研究"基础上的课堂教学魅力，我们与学校教学工作结合，开展了"魅力课堂"活动，即每一位课题组成员要上两节体现个人教学风格的公开课。在展示课题组骨干教师个人课堂教学风采，推动课题研究的同时，我们还请走进课堂的教师对他们的课品头论足，提出意见或建议，共同分析论证教师主动教育的教学风格，为下一步的结题工作做好准备。在此过程中，教师们积极准备，努力发挥他们的特长、

优势，着力凸显个人教学风格，特别是课题组中六年级骨干教师周德艳、李子建、张晨、齐鹏、常丽颖的课，可以说节节是精品，深受听课教师的欢迎。听课教师堂堂爆满，执教者，课越上越精彩，听课者，越听越受益。很多教师为了不错过学习的机会，把他们在校的"空节"课全部填满。在"魅力课堂"的展示中，我们看到，课题组教师的课堂教学风格越来越明晰。

在不断努力之下，我们的骨干教师已经初步形成了个人教学风格，如齐鹏老师的幽默活泼型，袁秀华老师的情境激励型，李子健老师的严谨型，邱建婕老师的智慧发展型，荆燕萍老师的情感激励型等，为教师的课堂教学提供了典型范例，起到了很好的引领作用。

课题研究与课堂教学有机结合，为骨干教师提供了一个合作研究的磁场，他们共同学习，共同研究，共同提高，通过骨干科研的引领，聚合了教师，带动了教师，培养了教师，成就了教师。

（二）课题研究与组级教研结合，激发调动教师自觉科研的热情

新课程改革倡导教师要树立新的角色意识，教师不仅是引导者还应成为研究者，以研究者的态度做好教育教学工作。从促进教师专业化成长的角度，以红桥区实验小学承担的"十一五"教育部规划课题的子课题"校本教研有效性的实践研究"为载体，引导全体教师参与课题的研究。该课题是红桥区实验小学"十一五"规划课题中级别最高、全员参与、与教师日常工作联系最紧密的一个课题。为了更好地推动课题研究，增强课题研究的实效性，我们设计了严谨的工作流程：学习研讨—寻找问题—专家指导—组级实践—交流提升。

1. 学习研讨

在课题申请立项后，我们召开了课题中心组成员会。结合学校的实际情况，确立了边学习边研究的工作思路，给所有学科组下发了课题指导丛书——《有效研修》《有效教学》，以及我们编辑的

《课题资料选编之一》,各学科组在教研中进行导读、研讨,使大家对课题的研究内容形成初步认识。

2. 寻找问题

在学习的基础上,干部、教师达成共识——科研就是解决问题,就是解决我们实践中亟须解决的问题。在统一了认识后,各学科组在学科主任、教研组长的带领下,以课堂教学中带有普遍性的亟须解决的问题为抓手进行课题研究。课题中心组成员与各学科长首先对问题进行研讨,确定其解决的必要性与普遍性;再经学科组教师的认同,将其确立为学科组的研究专题。如"运用多种形式提高体育课堂教学实效性""在中年级阅读教学中学生学习方式有效性的策略研究""课堂提问的有效性""在美术课堂教学中提高学生的创造力""信息技术课堂教学中培养学生自主学习的责任感研究"等。在自下而上、自上而下的问题性课题确立过程中,每位教师都清醒地感受到课题研究距离教师工作并不遥远,它可以使我们更科学、更理智地完成教学工作。

3. 专家指导

在问题确立以后,我们聘请了中国教育学会中小学整体改革专业委员会副理事长文锦荣、天津教育科学学院基础理论研究所所长陈志科、红桥区实验小学原校长李玉存对课题组成员进行指导。他们分别从对课题内涵的深入理解、子课题的具体研究方法等方面进行了分析,加深了课题组成员对该课题的进一步理解。

4. 组级实践

我们深入、细致地抓好组级教研,每一次教研都对问题研讨的情况、方法及新思考进行汇总。在阶段研讨过程中,我们开展了"组研之我见"论坛活动,要求每一个学科教研组就本组提出的研究专题和常规教研的有效实施,进行交流研讨,共同探索有效的组本教研操作策略,促进课题研究的不断深入。

由于"组研之我见"论坛活动贴近教师实际工作,每位教师都有话可说,所以他们愿意参与且主动参与,针对日常参研的体会谈他们对组级教研的看法、建议。如郑金玲老师这样写道:"虽然每周的教研只有 40 分钟，但不流于形式。有对一周课的先期说课，有对教育教学小招法的交流，更有对上好高效课的好方法的共同分享。"陈颖老师说："我认为每次数学教研活动都应有一个明确的主题，针对在教学实践中遇到的问题和困惑畅所欲言，即'主题+互动'……教学中遇到的问题是方方面面的，不可能都作为教研的主题，还要进行梳理与提炼，找那些具有共性的、亟须解决而且又能够通过教研解决的作为主题"。

5. 交流提升

在组级论坛的基础上，各教研组还总结了本组富有实效的教研方法，如二年级语文组的"预设法"、四年级语文组的"磨课法"、六年级数学组的"组内名师引领法"、六年级语文组的"专时加随时减法"及"同环节异构法"、音乐组的"优秀课引领法"、美术组的"反思和同伴互助结合法"、三年级数学组的"对话法"等。五年级语、数组，三年级语、数、英语组还利用周二下午的时间为全体教师做了"现场教研"引领，取得了很好的效果。

课题研究与组级教研结合，反映了红桥区实验小学科研工作从大处着眼，小处入手，寻找合适的切入口，注重面向教育教学实际；课题研究与组级教研结合，充分调动广大教师的积极性，使科研走进实践，走进教师，人人成为研究者，人人在研究状态下工作，使科研工作紧紧地为教学工作服务。

（三）课题研究与有效反思结合，鼓励教师成为主动的课题研究者

区"十一五"规划课题启动后，红桥区实验小学有 7 位教师主动申请立项了区级课题。教师这种强烈的科研意识与红桥区实验小学始终坚持以科研为先导，促进教师研究能力提高的政策是分不开的。为了帮助教师规范有序地开展他们所承担的课题研究工作，也为了帮助他们进一步完善课题研究成果，强化学校教育研究的应用性，探索通过课题研究成果来解决实际工作中问题的方法与途径，我们还以结题为契机，开展校内培训，引领承担课题的教师通过撰写课题研究报告和课题研究工作报告，反思课题研究过程，对他们的教育观念、教学行为进行深入的思考，帮助各课题组将研究成果的精华部分，以多种"微格"的形式展示给大家，在与大家共同分享课题研究成果的同时，请大家品头论足，听一听同伴的声音，发现课题研究过程中的优势与不足，进一步做好结题准备工作，提高他们结合实际工作研究的能力，使课题研究成为教师专业发展的新的生长点。在课题成果"微格"展示中，课题组教师摒弃"大话"，从教学实践出发，用"实例"将本课题具有实效的、可操作的方法策略介绍给大家，如李俐组的"小组合作学习策略"，韩文红组的"中年级作文教学策略"等，使教师们受益匪浅。

王赫男老师的"语文教学生活化与课程资源开发的研究"课题组，在微格展示中与大家分享的是课题研究中形成的学生成果集《我的收获多——读后感集》《书香飘飘——阅读记录卡集》、"迎奥运、讲文明"主题手抄报、"我的资料库"、《语文课外学习之我见》学法小论文。王赫男老师通过实实在在的学生作品，向大家讲述了他们课题组结合工作开展研究的历程。这些学生作品集虽存在着不足，但可以看出学生经过教师这一段时间有目的、有计划地培养，已经有所收获，开拓了眼界，从只在书本上学习语文走向在生活中学习语文，享受到了生活中学语文、用语文的乐趣。老师们也由此体悟到，课题研究与日常工作结合不是口号，只要用心思考，脚踏实地去做，是完全可以实现的。

（四）组织科研沙龙

科研沙龙是红桥区实验小学促进教师积极主动参与教育教学科研的一种常用方法，旨在促进教育教学研究开展的广泛性和普及性。红桥区实验小学非常重视教育科研沙龙活动开展的丰富性、多样性和群众性。教科室根据学校的年度计划和每学期的工作安排，结合教师的课题研究情况和教育教学需求，每周预留出两到三节课的科研沙龙活动时间。在每次科研沙龙召开前，主持人都会提前一周上报活动的主题给学校备案，并由教科室提前通知相关人员，使其预留时间参加沙龙研讨。学校原则上要求，每个教师每学期都要根据他们的教育教学或者课题研究主持一次科研沙龙，没有特殊事情要求尽量参加科研沙龙，这有力地推动了教师研究的常态化和自觉化。

红桥区实验小学的科研沙龙非常注重营造宽松自由的研究氛围，让大家在"品一品，尝一尝，聊一聊"中就一个话题展开讨论，不强求统一的结论，旨在开阔思路，引导思考，加深教师对某一问题的认识，寻求更多更好的教学策略或解决方案，探索课堂教学中的新方法、新模式。

比如，红桥区实验小学开展"与我同行"自主沙龙活动，请11位已形成主动教育教学风格的骨干教师做个性沙龙活动的策划者、主讲人，其他教师自主选择参加活动，引导并带动更多的教师在实践探寻中形成教学风格或教学特色，并以专著的形式推广他们的研究成果，以形成具有主动教育教学风格的实验小学教师群体。在这种经常性的科研沙龙活动中，教师们一方面交流了科研的经验和信息，分享了研究的成果和资源，丰富了科研的方式和方法；另一方面强化了教师进行自主研究的意识，增强了学校科研兴教、科研兴校的氛围。

（五）完善推动课题研究的制度

1. 课题研究的制定

红桥区实验小学以"主动教育"为中心的教育科研走过了20多个年头，在此期间，学校非常重视通过课题研究来引领并推动学校的改革和发展，不仅形成了重视课题研究的优良传统和浓厚氛围，积累了丰富的课题研究经验和成果，也逐渐形成了一整套的课题管理政策，鼓励教师积极申报并参与各级课题研究。

下面是红桥区实验小学制定的课题申请和立项流程图。

◆ 第九章 主动教育的科研 ◆

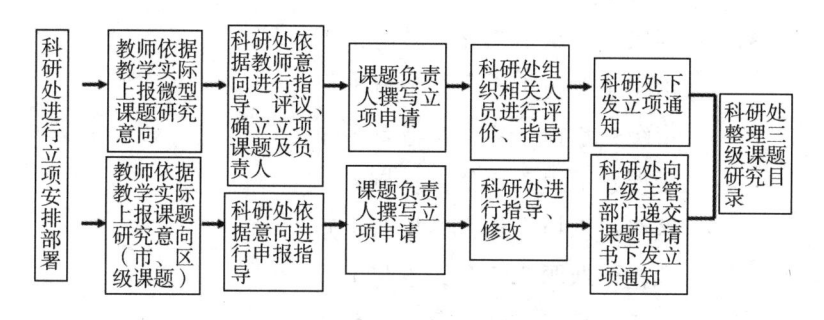

图 9-1 课题申请立项流程

为了保证所有课题都能够得到有效的高质量的开展，红桥区实验小学制定了课题管理流程，对所有课题研究进行过程管理（见图9-2）。

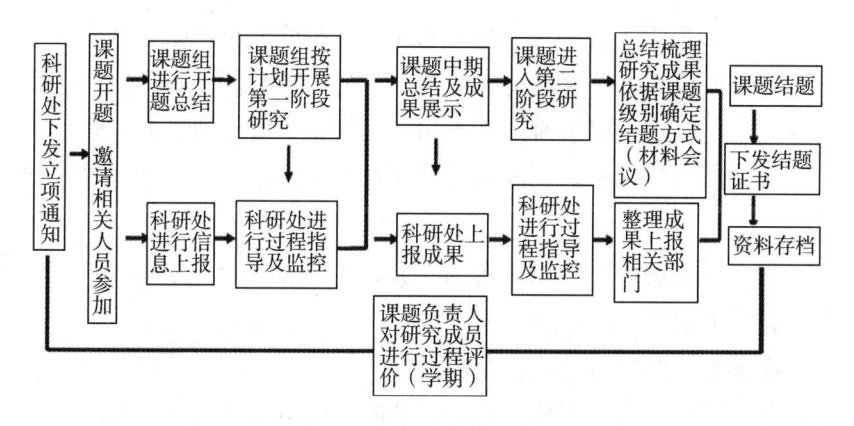

图 9-2 课题管理流程

2. 课题研究奖励的制定

为调动广大教师教书育人的积极性、主动性和创造性，发挥教师的最大潜能，弘扬爱岗敬业和奉献精神，努力建设一支思想道德高尚，业务素质精良，富有责任感的教师队伍，学校在制定的《实验小学教职工学期考核方案（试行）》中，对教师开展课题研究的相关工作及成绩做出了如下的奖励规定。

(1) 课题研究奖

标准：国家级：承担 5 分，参与 3.5 分。

　　　　　承担子课题 4.5 分，参与 3 分。

　　　市级：承担 4 分，参与 2.5 分。

　　　　　子课题承担 3.5 分，参与 2 分。

　　　区级：承担 3 分，参与 1.5 分。

　　　　　承担子课题 2.5 分，参与 1 分。

　　　校级：承担 2 分，参与 0.5 分。

评价方法：

①在学期中承担课题研究者均可获此奖。

②各项内容成绩可累计得分，学期末按照分值给予奖励。

(2) 教科研成果奖

标准：国家级：课题通过（承担者 5 分，主要参与者 3 分）。

　　　　　子课题通过（承担者 4.5 分，主要参与者 2.5 分）。

　　　市级：课题通过（承担者 4 分，主要参与者 2 分）。

　　　区级：课题通过（承担者 3 分，主要参与者 1.5 分）。

　　　校级：课题基本通过（承担者 1.5 分，主要参与者 0.5 分）。

　　　　　课题通过（承担者 2.5 分，主要参与者 1 分）。

评价方法：

①学期内结题教师均获此奖。

②各项内容成绩可累计得分，学期末按照分值给予奖励。

(3) 论文奖（限教育教学成果奖外的论文获奖）

标准：国家级：三等 3.5 分，二等 4 分，一等 4.5 分。

　　　市级：三等 2 分，二等 2.5 分，一等 3 分。

　　　区级：三等 0.5 分，二等 1 分，一等 1.5。

全国子课题组或活动组内文章发表按照区级计算。

这些与科研有关的奖励，最终都可以转换为教师每学期的经济收入，也成为教师评优晋级的重要参考指标，从而极大地调动了教师开展科研、参与课题研究的内在动力。比如，仅在"十一五"期间，红桥区实验小学就有11项校级以上"十一五"规划课题。

表9-1　红桥区实验小学市区级以上"十一五"规划课题一览

序号	课题名称	课题负责人	课题类别	课题批准号
1	主动教育的教学风格研究	刘冰 陈志科	市一般规划课题	J132
2	校本教研有效性的实践研究	刘冰	教育部重点课题子课题基地校签约课题	DMA060188
3	小学语文课堂教学中有效教学评价的实践研究	董晓辉	区规划重点课题	ZX—03
4	小学体育学科落实"2+1"工程的实践研究	成彦	区规划一般课题	YX—10
5	小学数学"体验性学习"的理论与实践研究	崔莹	区规划一般课题	YX—12
6	中年级作文教学策略的研究	韩文红	区规划一般课题	YX—09
7	小学数学小组合作学习有效策略的实践研究	李俐	区规划一般课题	YX—14
8	语文教学生活化与课程资源开发的研究	王赫男	区规划一般课题	YX—11
9	新课程理念下小学低年级数学学习策略的研究	沈宾如	区规划一般课题	YX—21
10	自主学习教与学研究	刘冰	市规划重点课题子课题	ZZJ127
11	信息技术环境下小学数学、英语教学模式的创新研究	刘伟	国家级（中央电教馆）	061920048

此外，学校还有如下12项区级"十一五"规划滚动课题（见表9-2）。

表9-2　　红桥区实验小学区级"十一五"规划滚动课题一览

序号	课题名称	负责人	课题类别	课题批准号
1	小学高年级英语口语表达能力培养策略的实践研究	齐　鹏	一般课题	YX—47
2	小学中高年级数学概念课堂教学有效提问的策略研究	陈　颖	一般课题	YX—43
3	学生个性化朗读的训练与研究	李子健	一般课题	YX—45
4	小学语文阅读有效教学策略的研究	徐娅蓉	一般课题	YX—50
5	小学语文实践中教学资源开发及利用	刘　虹	一般课题	YX—42
6	学习李吉林情境教学策略的应用研究	常丽颖	一般课题	YX—53
7	小学数学课堂教学中提高学生有效参与的策略研究	宋少敏	一般课题	YX—51
8	小学数学课堂观察的研究	周德艳	一般课题	YX—48
9	小学高年级语文阅读教学文本资源拓展与延伸的实践研究	曹雪媛	一般课题	YX—44
10	小学英语情境教学有效策略的研究	赵　彦	一般课题	YX—49
11	学生有效参与课堂教学策略的研究	张　晨	一般课题	YX—46
12	小学语文阅读兴趣培养策略的实践研究	邱健婕	一般课题	YX—52

（六）开展微型课题研究

　　为了推动教师基于他们的教育教学需求开展研究，提高教育科研水平和效益，发挥教育科研在学校教育改革和发展以及提高师资水平中的先导作用，促进学校教育教学质量的提高，红桥区实验小学倡导教师开展微课题研究。学校成立了教育科研规划领导小组，负责对微型课题管理工作的指导，领导小组成员由学校主管科研的校长担任组长，教科研主任具体负责，学校各职能机构主要负责人、各学科组长、名师、市区级课题承担人、名师以及中学高级教师负责课题的立项审批及结题申请，并出台了《红桥区实验小学教育科研"微型课题"管理办法（试行）》。学校教科室为课题管理机构，负责课题的申报、实施、成果鉴定、建档等工作。微型课题管理内容包括课题规划指南、申报论证和立项审批、研究过程的检查指导、研究成果的鉴定评审和优秀成果推广等全过程管理。经过鉴定的科研成果，列入教职工绩效考核中，作为课题组成员专业技术职务晋升和参加优秀成果评选的依据。

红桥区实验小学的微型课题主要研究以下几方面的内容：在学校教育发展中具有重要现实和指导意义的理论问题；在教育教学领域内，关于提高教育教学水平、教师教育教学能力和学生综合素质的重要实践问题；对于推进学校教育教学改革具有一定学术价值的前沿问题；与学校承担的部级、市级科研课题相一致的子课题和微型课题。

红桥区实验小学每年的微型课题数量不限，课题负责人必须是本校在职教师或教育教学管理人员，是该课题的实际主持者、牵头人，并在实际研究中承担实质性研究任务。课题负责人限报1项课题。微型课题的规划与申报具体如下：

学校教育科研规划与学校教育发展规划同步，一般以5年为一规划期。

学校教职员均可申报微型课题。申报课题须填写《教师微型课题研究手册》中"教师微型课题申报表"（1份），按栏目要求填写清楚。课题研究的期限一般为1年。

为按时优质完成课题研究任务，申请人每次申请课题只限一项，并按照有关规定切实开展研究（市区级课题承担人不再申报校级微型课题）。

红桥区实验小学非常重视微型课题立项工作，要求课题立项应遵循以下基本原则：一是对学校教育教学改革具有现实意义和指导作用，二是对提高教育教学质量有重要的实践推广价值，三是课题组成人员有一定的学术水平和研究能力。课题立项由学校各职能机构主要负责人以及相关教师组成立项评定专家小组，对评定等级为"C"的申报课题不予立项。对立项后无实际进展的课题，教科室在经过帮助、督促后仍未能按计划进行研究者，在报告学校教育科研领导小组同意后，应勒令其中止研究，并撤销课题项目，课题负责人三年内不得申报课题。

红桥区实验小学为了便于微型课题研究的过程管理，特地制定了《红桥区实验小学教师微型课题研究手册》等，让课题研究的每一个环节都能够清晰地呈现出来，便于教师开展课题研究的资料保存。

总之，以实践为平台，可以让教师在课题研究中体验、感悟教育科研的真谛，遵循教育规律，学习运用科学的研究方法，有效地进行学习、反思、实践，解决他们在教学实践中的问题，克服随意性和盲目性，切实提高学校科研工作的实际效果和教师的研究能力，促进了教师的专业发展。我们相信，长期坚持课题研究，广大教师终将会踏上"幸福的研究路"，不仅成长为专业教师，而且成为"幸福的教师"。

第十章

主动教育的评价体系

评价是教育教学活动过程中的重要一环。它关系着人们对活动性质的认识和判断，影响着所有活动主体的下一步行动方向，对保障活动的顺利进行，提高行动效率起着重要作用。红桥区实验小学自开展主动教育改革活动以来，就在努力探索和寻找适合主动教育的评价理念、评价方法。通过学科教学评价的探索，提升到学校教育层面，提出主动教育评价的基本理念是"促进学生主动发展，促进教师不断提高"。主动教育评价的基本原则是相互尊重、发展性、过程性与质性评价、平等对话、多元性与综合性。主动教育评价的内容主要渗透在学生成长、教师发展以及教学改进等方面。主动教育评价的方法主要以"增值评价"为核心，建构形成一套包括学生成长、教师发展、课堂教学三方面内容的评价体系。

一 主动教育评价的基本理念

理念是关于对象性事物特征的高度抽象和概括，是人们认识世界所形成的思维成果，对人们的社会行动具有方向性的导引作用。红桥区实验小学通过多年的主动教育实验，坚持过程比结果更重要的评价理念，不断完善师生评价标准，使评价内容趋于多元化，评价方法趋于多样化，建立平等竞争、评价公正、结果公开的评价激励机制，努力让每一次评价都成为师生人生旅途的一次"加油"，最终形成以"促进学生主动发展,促进教师不断提高"为基本理念的系统完整的评价体系,成为主动教育的重要组成部分。

(一)主动教育评价的基本理念:促进每一位学生和教师的主动发展

在学校教育中,教育评价是形成科学完整的教育教学过程的重要环节,但是在实际操作中一直处于可有可无的尴尬地位。在评价这一环节上少一点,师生就不会感觉到教育教学过程中的缺失。正是基于这种认识,红桥区实验小学的教师就要反思主导我们评价思维的一些教育观念,剔除一些不合理的成分。在新的评价体系中,增加一些适应时代发展的新元素,以推动学校的进一步发展。

就评价方面来说,红桥区实验小学在主动教育实验开展过程中通过反思总结,认为过去在教育教学评价上存在着一些问题。诸如过度强调评价的工具性,忽视评价过程的育人性,评价的相关利益主体缺失,造成评价的对象化和单一化,等等。又如,在评价理念上,受科学主义和知识至上思想的主导,教师普遍认为,评价是通过搜集资料对学生所获得的知识与教师预期目标之间的差距进行客观描述,是对学生现有知识状况的测量手段等,缺少师生之间的沟通对话和情感交流。它追求的是科学精神中的准确、高效、真实,但是缺少了科学认识方式中的反思和批判,而且忽视了教育活动的复杂性,简化了教育活动过程。甚至为了评价而评价,评价促进师生主动发展的目的被无意义的评价手段所代替,因而这些评价方式的操作是失之偏颇的。再如,在评价过程中,学生、家长、社会机构等一些重要相关利益主体缺失,造成评价的表面化、单一化。过去那种建立在主客体二元对立思维上的认识方式把自我与他人分离,在教育评价中学生、教师处于被评价被控制被隔离的地位,而评价者则处于绝对控制和权威地位的做法,显然是不合时宜的。它造成的直接后果就是对主动教育理念的背离,阻碍了主动教育的发展。

红桥区实验小学在对"被动教育"进行深入批判分析的基础上，引导出实施"主动教育"这一重要改革内容，确定了变"要学生发展"为"学生要发展"，即变"要我学"为"我要学"的教育理念；提出以发展为主题，凝练出"把发展的主动权还给学生"的办学理念，以"主动发展奏响幸福成长乐章"为核心理念塑造学校文化识别系统，"主体精神""主体作用"这两个关键词充分体现了学校改革所遵循的育人规律；在此基础上，提出以"促进每一位学生和教师的主动发展"为基本理念的主动教育评价体系。

（二）主动教育评价核心理念的具体体现

主动教育评价旨在通过各方参与评价过程，促使被评价者形成正确的自我认知，提升其自我评价和发展的能力，实现师生的主动发展，自我完善。红桥区实验小学主动教育评价理念的核心元素，具体来说包括师生的自我认知和判断，自我改进与激励以及自我实现等方面。

1. 发展师生个体的自我认知与判断能力

形成主动教育评价体系的前提是主体的参与和在反思基础上的自我认知和判断。主体参与是主动教育评价的必要前提。只有在师生主体共同参与评价活动过程中通过共同协商和相互交流看法而不是单方面给予看法才能形成对目标达成的一致性认识，才能保证后续的评价过程顺利开展。这种作用就是对自我调控、自我激励以及自我评价的基础性作用。

第一，发挥自我认知和判断在评价过程中的调控作用。评价是一个从收集信息到整理信息再到做出判断并据此做出决策和监控的循环过程。自我认知和判断处于这个回路的前置位置，没有正确的自我认知和判断，就没有监控和调控自我行为的过程。就此而言，评价是为了改善，而不是为了证明。主动教育就是需要学生和教师主体通过不断总结和反思，不断地矫正和调整他们的学习和教学行为，以形成"我要学习""我要发展"的自觉状态。它关注主体发展的形成过程,而不是最终状态。

第二,发挥自我认知和判断的心理激励作用。红桥区实验小学主动教育旨在促进学生和教师的主动发展,而心理激励在主动发展中起着至关重要的作用。激励的主要作用是激发、推动和加强,它与动机高度相关。评价除了外在的物质、名利手段外,更为重要的是内在的自我激励。根据内在的绝对的标准对自己进行评价,比根据外在标准、相对标准进行自我评价的发展,更能够调动师生主体的发展积极因素,评价者能够提出建设性和中肯的易于被接受的意见。因此,自我激励比外在的压力更具有持久性和推动力,更能促进学生和教师持续的主动的发展。

第三,发挥自我认知和判断的反思作用。反思是主体获得知识的一种重要途径,也是主体不断完善,走向成熟的重要形式。而个体在主动参与、相互交流的过程中对其内心活动和外在行动不断进行审视和判断,与个体所依据的一定价值标准进行比较和对照,总结经验,找出问题,分析原因等,这就是反思过程。自我认知和判断是反思的前提和基础,决定了反思的形式和深度。只有建立在正确的自我认知和判断基础上的有针对性的反思,才能形成个体的自我评价能力,促进师生的主动发展,实现主体的自我更新。

2. 发展师生主体的自我改进与激励能力

主动教育的重要目的之一在于师生个体的自我改进和激励。个体的发展除了外在的驱动力外,内在的驱动力更为重要。外在激励指向建立个体内在持久的内驱力,实现主体的不断更新和完善。这种指向师生主动发展的自我改进与激励评价目标,包括为个体阐明目标,提供反馈信息,发展监控能力等。

第一,阐明个体主动发展的阶段性目标。教育教学是一种有目的的社会实践活动。它是由一系列阶段性教与学的活动所组成的连续性进程。其中,前一阶段活动的目的可能会成为后一阶段活动的手段,活动中的手段和目的可以相互为用。有时,主体没有取得进步不是因为缺乏发展动力,而是因为没有明确的努力方向和目标。朝向目标的不断改进和激励促使个体不断接近活动目标。红桥区实验小学主动教育的最终目的是促进师生的主动发展，但是在阶段活动中仍然需要明确每个时间段中每项活动的发展目标，清晰地描述活动预期，只有进一步阐明个体的发展目标，才能使师生脚踏实地地取得进步。

第二，形成对主动发展的监控能力。监控就是对个体发展过程状态的掌握和控制，是获取个体活动信息并依据活动目标进行适时调整的必要过程。监控是主动教育评价过程中的技术性程序，与判断、调节等一起构成认知活动功能性环节，建立监控有利于各种主动教育活动目标的顺利实现。红桥区实验小学主动教育评价注重师生个体对他们活动中各元素的监控，通过及时发现问题来修正活动过程，改进教育或学习方法。通过监控教与学的过程，肯定成绩，发现进展阶段，与目标的距离，以及下一步的行进目标等。如此，才能做到心中有数，提高个体对其行为把控的自主能力。

第三，为主动发展提供反馈信息。自我改进与激励需要信息反馈的支持。为了使师生个体及时掌握和了解在活动过程中的表现，从而根据评价标准对其行为表现进行评价和调整，有必要建立及时反馈机制，动态地提供反馈信息。反馈是建立主动教育评价系统的核心环节，没有反馈的评价活动，其活动目标和个体发展之间是完全脱节的，不可能完成主体的自我改进和完善。而且，红桥区实验小学主动教育评价的反馈不仅仅是事后进行的，它贯穿于整个活动过程中。反馈不仅仅是数字、等级性的，更多的是描述性的、建设性的，以利于提高师生个体自我改进与更新的能力。

3. 发展师生个体的自我完善与实现能力

评价的最高目标是促进主体目标的达成。主动教育评价的目标就是通过学校教育教学活动来发展师生个体的自我认知、自我判断、自我反思、自我评价、自我提高等主动发展素质和能力。师生个体主体精神的张扬和自我价值实现，在评价功能上具体表现为促进独特个体的人格形成，促进在相互建构中形成发展共同体，促进个体价值的自我实现。

第一，促进形成特征鲜明的具体个人。个体之间存在着差异性，这种差异是个体发展多样性的基础。教育应该把个体之间的差异性当作一种条件和资源来利用和开发。在教育评价上注重对这种差异性所带来的不同发展的保护，拒绝用简单的绝对标准来统一每个人的发展，避免抹杀个体的生命色彩，压制个体的生命激情，从而促进个体从各种潜在的可能性转化为现实样态，提升生命个体的生存质量和创造力。红桥区实验小学主动教育评价非常注重教师及学生之间的独特性和差异性，鼓励其根据各自的优势和兴趣精钻深研，发挥特长，形成百花齐放、争奇斗艳的繁荣局面。教师和学生发展的主动权掌握在他们自己手中，对他们未来的发展方向和道路拥有自主权，并在吸收和借鉴他人经验和建议的基础上不断修正和完善。主动教育评价可以使他们用他们的语言解读其人生意义，用他们的方式演绎人生的多姿多态，呈现出千人千面、各不相同的发展局面。

第二，促进在相互建构中形成发展共同体。学校中的每个成员不仅是相对独立的个体，而且是生活在学校场域中有着共同目标的相互联系的个体。除了由行政班级组成的标准化的群体外，还有各种为了解决问题而由任务驱动结合在一起的长期稳定的学习或教学小组，这种建立在探讨、交流、协商等互惠互助互利机制基础上的群体组织形式，具备了共同体的特征。它不仅是物理空间意义上的，而且是制度、文化层面上的校内组织形式。学校可以根据情况组建多种形式的教与学共同体。发展共同体内部评价更有利于师生的主动发展。红桥区实验小学主动教育评价不仅考察师生个体的自我评价情况，而且注重他者对个体之"我"的评价，特别是相互熟悉的群体中的他人评价。通过这种共同体之内的相互评价，不仅可以促进共同体内个体的快速发展，而且有利于促进共同体成员的整体提高。

第三，促进个体价值的自我实现。主动教育评价的最终目标是促进师生个体价值的实现。个体的自我价值实现是其能够主动发展，不断自我完善的最大驱动力。在主动教育评价中，要促使师生个体向"本我""真我"开放。"我只通过我自己，而成为我，可以成为我。"[①] 每个个体并不囿于普遍的一般性规定，而是可以在不断的自我认识和改进中生成的创造的自我。个体的独特性在其做人做事的方式中被塑造和定型下来。在主动教育评价中，个体要有充分的参与机会，在与他人的合作交往中，不仅要关注自我的状态，确立自身的发展目标，还要不断地反问自己："提醒我，惊觉我"，做出负责任的选择，确立合适的改进办法，寻求真实的个人发展空间，提升自我，最终"使我回到我自身"。

二 主动教育评价的内涵与原则

所谓内涵是指一个概念所反映的事物本质属性的总和。它包含了该事物的主要内容，概括了内在的本质特征，这些内容和特征是该事物区别于其他事物的重要标志。红桥区实验小学使用主动教育评价概念，主要是指在主动教育思想的指导下，依据相互尊重、主动发展、多元评价、综合判断等原则，对师生个体的教学、科研、学校生活、学习等方面的状态进行记录、评定和判断其价值的行为过程。

（一）主动教育评价的内涵

主动教育评价是内含于主动教育体系中的一个重要组成部分。其主要是指在"促进学生主动发展，促进教师不断提高"教育理念的指导下，发挥师生的积极主动精神，动态地阶段性地记录他们成长的过程，并据此做出恰当的评判，以促进自身的不断改进和完善。就主动教育评价的内涵来说，涉及目标测量、活动改进、价值判断以及意义建构等方面。

首先，主动教育评价以对师生个体的发展目标达成程度的测量为前提。这是有关评价的最初观点，其实也是评价过程中的必要环

---

① ［德］雅斯贝斯：《生存哲学》，王玖兴译，上海译文出版社1994年版，第26页。

节。美国课程研究专家泰勒认为:"评价过程本质上是一个确定课程与教学计划实际达到教育目标的程度的过程。但教育目标本质上是指人的行为变化,因此,评价是一个确定行为发生实际变化的程度的过程。"①布鲁姆也持此类观点,认为评价就是系统收集信息以确定学习者是否发生变化以及变化程度。这类评价被称为"目标评价"。测量所要做的就是运用某种测量工具对活动事实进行数量化描述。它注重对主体的最终变化状态的记录和总结,并与发展目标相比较,通过差距寻找改进策略。主动教育评价的过程,是以主动发展目标为基点,通过与个体每个阶段发展状况做比对,做出个体进步与否的初步判断。这个比对过程就是测量的过程,它是主动教育评价系列环节的前提和基础。

其次,主动教育评价以为个体提供决策信息并改进发展策略为目的。从评价功能上说,即是要发挥评价的改进功能,通过评价结果促进评价对象发展水平的提高。而这不仅仅是发挥评价的测量功能,即证明某种状态的存在,也是为了改进,是"为决策提供有用信息的过程"②。它注重评价对评价对象目标形象的形成性功能,注重评价为决策服务,为改进策略服务,注重对未来潜在状态的挖掘,而不是仅仅着眼于现在的状态。从这种意义上说,改进功能是主动教育评价的核心。要形成师生个体自我完善,自我提高的能力,必须重视评价中所提供的各类各方面的信息,通过分析、整理这些信息,找出个体在主动发展中的不足以及原因所在,以扬长避短,改进发展策略,实现可持续的主动发展。

再次,主动教育评价以对师生个体的主动发展活动的价值判断为依归。教育评价活动不仅包括对教育活动事实的描述,而且注重对教育活动效果的价值判断。有个公式可以清晰地说明评价的主要内容:评价 = 测量(量的记述)或非测量(质的记述)+ 价值判

---

① [德] 雅斯贝斯:《生存哲学》,王玖兴译,上海译文出版社1994年版,第26页。
② 教育部:《关于全面深化课程改革,落实立德树人根本任务的意见》,http://www.moe.gov.cn。

断。这表明评价是一种包括事实描述在内的价值判断行为，是一个确定行为目标是否实现及其实现程度的价值判断过程。简而言之，就是对活动目标达成度的考察过程。美国教育评价标准联合委员会认为："教育评价是对教育目标和它的优缺点与价值判断的系统调查，为教育决策提供依据的过程。"[①] 这个定义很好地概括了教育评价的主要内容和功能。它不仅提示了评价的信息功能，而且明确了教育目标与价值判断。主动教育评价是在测量、描述师生个体发展状态的基础上做出进一步解释、判断、分析，将客观化的信息转化为评价结果，目的在于促进师生个体主动发展的积极行动。

最后，主动教育评价以师生个体主动发展的意义共同建构为最高准则。对于评价来说，在主客体二元分立条件下的事实描述和价值判断是对象化的，将外在的标准强加到评价对象上，侧重于评价的管理和控制功能，忽视了评价的价值生成和意义建构作用。从某种意义上说，评价是各利益相关方共同参与、相互学习和交流以对问题的解决达成一定程度共识的教育政治过程。实际上，在主动教育评价中，要发挥评价的促进主体主动发展的作用，离不开师生个体评价中的反思和总结。只有在评价中关注利益相关各方的需求，尊重他们的文化背景和心理感受，通过一系列的合作、协商和对话的方式，共同探讨焦点问题，才能逐步达成共识。包括对问题的认识、对评价结果的理解以及对解决办法的途径等，都是在一个连续的反复磋商的过程中进行的，可能会发生分歧，可能会暂时中断，可能会打乱常规，也可能会产生预料之外的结果，但这却是主动发展的群体共识形成的不可缺少的途径。通过这种非标准化的程序和形式，激发师生个体的内心参与热情，激发其主动发展的自由之心和智慧，提高每个人对主动发展的思想认识，并内化在行动之中。

（二）主动教育评价的原则

在评价中遵循一定的原则，是贯彻评价理念的重要形式，而且

---

① ［德］雅斯贝斯：《生存哲学》，王玖兴译，上海译文出版社1994年版，第26页。

使得评价程序有章可循，有条不紊，有利于评价工作的顺利开展。红桥区实验小学主动教育评价的原则可以概括为"三知晓""六结合"，其中包括学校对教师的评价以及教师对学生的评价。要求做到充分尊重教师和学生的知情权、选择权，充分尊重教师和学生所提出的意见和建议，在评价方法和程序上，要注重过程性、发展性和多元综合性，以求做到科学、全面和合理。

1. 主动教育评价要遵循"三知晓"原则

第一，让教师知晓学校评价教研的目标，让学生知晓教师评价学业的目标。在评价目标制定上，不仅有学校和教师对对方的最基本要求，也重视师生个人提出的建议和想法，尽可能在目标中体现各方的要求，做到上下一致——学校领导和教师一致，教师和学生一致。在评价过程中，鼓励师生个体积极参与到评价中来，重视他们对自身的评价，发展其自我反思和提高的能力。只有采取这种参与、合作的评价方式，在主动教育评价工作中才能做到公平公正，减少意见分歧，形成发展合力。

第二，让教师知晓学校评价教研的内容，学生知晓教师评价学业的内容。评价内容的确定符合教师和学生发展的实际，符合教师职业特点，符合学生学习的阶段性要求。但是，针对不同的个体，也有不同的特定要求。除了最基本的考查内容外，对教有余力的教师和学有余力的学生应提出更高的要求。在具体内容上，尽可能地做到具体量化，学校创造发展平台以促进教师更好的发展，学生也有更多的资源以支持其获得多样化的发展。通过评价者与被评价者的沟通交流，彼此达成共识，做到行有方向，做有引领。

第三，让教师知晓学校评价细则与标准，让学生知晓教师评价的原则和尺度。红桥区实验小学主动教育评价的原则、标准和细则不是由单方面形成和制定以强加给对方的，而是通过双方的研讨、交流达成的，做到了认识上统一，思想上认可。这些标准既体现了教育教学的普遍性要求，体现了教师职业的职责要求和学生年级的学习要求，也蕴含了红桥区实验小学的历史文化基因，体现了红桥区实验小学在发展新阶段的新要求。如此一来，就做到了既有传承性，又有创新性。评价标准的公开透明，使师生个人自我评价有标准，评价他人有尺度，接受评价明缘由。无论何种形式的评价，其结果都有理有据，这使得学校和教师的评价工作走上了常规化和规范化之路。

2. 主动教育评价要遵循"六结合"原则

第一，平等与尊重相结合。在主动教育评价中，应摒除行政控制模式的评价方式，而采用对话协商式的评价方式，这样有利于建立评价者与被评价者之间的合作与信用关系，消除评价的威胁性质，提高评价结果的利用程度。如此，双方站在平等的立场上，表现出一种相互尊重的态度就显得尤为重要。在评价中，一方不得以身份或权威压制另一方，被评价者要虚心听取他人的批评。就评价内容本身而言，评价双方可以充分表达他们的看法，就事论事，分析原因，提出意见。评价者要给予被评价者陈述其想法和发表意见的机会，被评价者也要尊重评价者的看法和见解，兼听则明，偏信则暗，多听取各方面的意见，促进自身更好地反思和提高。

第二，透视常规与追求多元相结合。学校工作建立在一系列常规性的规章制度上，按部就班地进行着每天、每周、每学期的日常工作，这是学校工作的重要特点。主动教育评价也要依靠这些规章制度日复一日地运转。通过对每位教师、各学科以及备课、上课、作业等教学工作的评价，对学生每天作业的批改、每学期的考查，保证了学校的正常运转。但是，主动教育评价还应注重由"单项学业成绩"向"多元研究"以学评教的课堂教学评价转变，学校管理者要更加关注评价的综合性、多元性。在评价的主体上实现由学校管理者、教师、学生等多种主体共同参与，通过管理者评价、教师自评、教师互评、学生评教等多种方式对教师的教学或学生的学业成绩进行评价，力求全面、整体地反映教师和学生在教育教学中的整体水平和状态。

第三，定期性评价与抽查性评价相结合。在主动教育评价中，注重教师和学生发展的自主性，以自我检查和自我督促为主，但是不排除学校和教师外界的监督和提醒。这包括按照学校工作时间节点定期性地进行检查、听课、考试和评价,也包括根据特定的情况,不定期地对教师和学生的教与学状况进行抽查和考核。重点在于判断教师与学生是否处于正常的主动发展状态,是否按照他们自己所定的目标进行各环节的工作和学习。当然,这些检查和评价不是随意的,而应坚持"三知晓"原则,坚持在既定的评价目标和评价标准下对师生个体的发展水平进行记录和评定。

第四,过程性评价与结果性评价相结合。从评价发展历程来讲,过去过于强调终结性评价、结果性评价,以一个阶段结束时教师或学生的发展状态和水平作为评价结论,其评价过程是一次性的,其评价来源也是单一的、静态的。红桥区实验小学主动教育评价强调在终结性评价的基础上开展过程性评价,关注行为主体"表现"层面上的各种细节和数据,强调评价过程的动态性,评价内容的多样性,评价主体的多元化,强调评价主体间的互动和合作等,强调以发展的眼光来客观评价教师的努力与工作实践,重视学生在原有基础上的发展和提高,以实现评价的最大收益。

第五,教育科研评价与个体微型研究评价相结合。教师不仅要教书育人,为了提高教育教学水平和技能,还要参加各种研究工作,主动承担思想德育、课堂教学等方面的小课题微型研究,以教促研,以研带教,不断提高教师主动发展的意识和能力。红桥区实验小学的小课题的评价,无论在评价主体还是评价内容上,都以教师为本,以调动广大教师的主体力量为评价导向。评价人既有课题承担人、本学科组教师,也有主管领导;评价内容既包括课题研究的主要成果(结题报告、论文),也包括课题资料的学习与积累、相关研究内容的借鉴、实践课的案例或实录等。这种多元化的评价,不仅有效地调动了教师开展课题研究的积极性,而且促使教师的研究更贴近实际教学,更加草根化,实现以科研课题研究解决教育教学实际问题的目的。

第六,教师专业表现评价与学生学习表现评价相结合。教师发展与学生成长互为一体,彼此成为个体发展不可或缺的重要成员。教师的教学水平更多地体现在学生的学业成绩上，而学生的发展水平除了自身的努力外，与教师的因材施教有着密切关系。因此，在评价一方的发展成就时，必然要考察另一方的习得水平，以此作为评定一方工作或学习的辅助内容，不能将二者割裂开来，孤零零地对一方进行简单化的评定。在主动教育评价上，对教师专业表现评价，除了小课题、小论文等科研方面的要求外，还重视在教学上教师自身专业技能的表现，比如备课、课堂教学、作业批改、公开课、教学技能竞赛等。学生学习的整体水平、对参与课外活动以及社会团体活动的指导，也是评价教师专业技能的重要内容。对学生主动发展状态和水平的评价，更多地注重测评和描述其自身的表现和努力程度，教师的工作状况则是一种重要的佐证内容。

三　主动教育评价的主要依据和内容

理论是实践的基石。主动教育评价从探索、尝试到发展、规范，都建立在坚实的科学理论基础之上。只有科学理论指导下的试验和改革，才不会偏离方向，才会有持久的发展动力。具体来说，红桥区实验小学的主动教育评价主要受到系统论、建构主义、现代管理科学理论、教育学理论中泰勒的课程理论、第四代评价理论的启发，并且有国家教育政策及学校发展的现实需求作为支撑。

（一）主动教育评价的依据

1. 系统论依据

系统论是关于认识世界的哲学方法论。它把世界上的任何研究对象都看作一个系统，认为系统是普遍存在的。它不同于笛卡尔主义所主张的把研究的事物分解成若干部分，再从中抽象出简单的因素，并用部分的性质说明整体的分析方法，而是基于整体观念，认为所研究和处理的对象就是一个系统。任何系统都是一个有机的整体，它由各要素组成，又处于外界环境之中。其中，各部分各要素都处于一个特定的位置上，它们之间是相互联系和相互作用的，而且系统与外部环境也是相互依存的。系统论就是着重于研究系统、要素、环境三者的相互关系和变动的规律性，目的在于调整系统结构，优化系统中各要素的关系，最终使系统达到优化的目标。评价理论的发展受其影响，其中斯塔弗尔比姆提出的 CIPP 模式（Context, Input, Process, and Product）是主要标志。

主动教育评价的设计者从系统论中得到启发，认为评价本身构成一个系统，其评价目的、评价方法、评价内容、评价程序以及评价结果等是这个系统中的要素，而主动教育以及红桥区实验小学的发展状态，构成主动教育评价的环境。做好主动教育评价，不仅要评价本身的各项工作，还要关注学校、社会对主动教育的态度和意见，通过信息反馈，及时调整和修正主动教育的实验细节。

2. 建构主义理论依据

建构主义是关于知识和学习方面的认知心理学理论，在当今世界上学习与教学领域里具有广泛的影响。不同于以往的传统心理学理论，建构主义拒绝关于知识是静止和一成不变的观点，摒弃那种人们获得知识的过程就是被动接受、复制外界知识的思想认识，而是认为知识是在学习者认识事物的过程中逐渐生成的，是不断更新和变化着的。而且，因为所需要解决的具体问题不同，学习者的经验基础不同，对原有知识的改造和新知识的获得也各不相同。建构主义认为，学习是学习者在其原有知识基础上建构意义、拓展理解的过程，是社会文化的内化过程及其与学习者相互作用而完成知识形成及意义生成的过程。在评价理论的发展中，建构主义思想推动评价走向第四代评价理论阶段。

借鉴建构主义关于知识与学习的主要观点，我们认为，主动教育评价本质上是个体的心理意义建构，价值的多元性是评价结果的重要特征，最终目的在于促进教师和学生个体的主动探索和主动建构。因此，在主动教育评价过程中，强调评价主体各方的积极和充分参与，要虚心听取各方面的不同意见，把评价过程看作一个各种观念相互碰撞、多样性思想全面开放的过程，当作一个生产和充实评价知识，形成和提高评价能力的过程。

3. 现代管理科学理论依据

现代管理科学的核心问题是产品质量管理。管理科学初期实行的质量管理模式是后验的、终结性的，其过程就是把质量管理作为产品生产的最后一个环节，将产品的合格与否交由最后一关——质量检查来决定，这种做法的弊端在于无法及时发现产品生产过程中所出现的问题，从而进行生产方案的改进。在最后环节若发现不合格的产品，其最后的结局只能是对全部产品的舍弃，无法进行及时补救的管理模式不适应现代社会对生产效率和生产效益的高要求。针对这一问题而提出的全程质量管理模式标志着现代管理科学发展到了一个新阶段，它将质量管理贯穿于产品生产全过程，及时发现问题，采取措施补救，以减低损失。美国海军工程师发明的 PERT（Program Evaluation and Review Technique）模式是一个典型。

以管理科学为依据的主动教育评价保证了主动教育活动及其结果的高质与高效，注重主动教育活动过程的全程监控和及时反馈，注重活动管理者、教师、学生对活动计划和方案的把握和理解，注重评价目标对活动过程的导向和指引作用，注重形成性评价对主动教育活动的保障作用。

4. 泰勒的教育评价理论依据

从一个完整的教育教学过程来看，从设立目标、组织材料、选择方法、课程实施到教育评价，组成了环环相扣的包含着内反馈的循环过程。教育评价是提供教育教学效果反馈信息的重要手段。影响广泛的美国课程专家泰勒提出的四个基本问题被认为是课程理论的基本问题：学校的教育目标应该是什么？学校提供的、有助于实现教育目标的教育经验是什么？学校如何组织教育经验？学校如何确定教育目标的实现？简言之，就是确定教育目标、选择教育内容、设计教育方法和评价教育计划等。这四个基本问题是教育者执行一个完整的教育过程所应该详细思考的主要方面，在实际教育过程中；还应该详细分析学生的实际状况，提出每个方面所存在的主要问题，然后给出解决问题的思路和方法。

评价作为一个完整的课程过程的终结环节，组成了课程基本理论的重要部分。主动教育评价作为主动教育系统的重要内容，也是不可缺少的。在日常的主动教育教学活动中，评价行为可以发生在任何一个或大或小或长或短的学习任务完成之后，评价不仅具有测量、鉴定和选拔的功能，还有教育性、发展性、形成性功能。比如，在课内一个小任务结束、一节课结束、一周教学结束、一学期一学年教学结束时，都是可以进行教育评价的。关键是要让被评价者充分展示他自己，参与评价过程，并不断地改进他的表现，这种多维反馈贯穿于评价过程的评价方法，有利于促进师生个体的主动发展和快速提高。

5. 第四代评价理论

评价理论经历了三个发展阶段，目前处于第四代评价理论阶段。第一阶段被称为测量阶段，受科学管理运动的影响，依靠测验判断教育目标的达成度，追求客观化、科学化。第二阶段被称为描述阶段，以泰勒为代表，转向对评价对象的行为过程进行描述和解释，以确定教育结果与教育目标的一致性程度，其特点是重视教育效果的价值观。第三阶段是判断阶段，以斯塔弗尔比姆（D. L. Stufflebeam）等人为代表，提出以服务决策为中心，发挥教育评价的社会效用。其特点是，重视教育评价的价值判断过程，认为价值判断就是评价的本质，无论评价过程还是评价目标等，都需要进行价值判断。这一评价理论打破了泰勒模式中"价值中立"的观点，确立了评价的过程性概念。第四代评价被称为建构阶段，以古巴和林肯为代表，源于建构主义哲学思潮，反对评价中的管理主义、科学主义，重视人的需求，重视人的价值观念和反思在评价中的作用。提出作为个体之人的价值需要是多元的，评价实质上是评价者与被评价者就某个共同问题进行协商而逐渐达成一致性共识的心理意义建构过程。其特点是重视对利益相关者进行赋权，坚持价值多元、多方协商与达成共识的原则。

主动教育评价要发挥评价对师生个体的主动发展作用，就必须正视师生个体的差异化、多样化特点，在评价过程中充分尊重他们的不同意见，听取他们对其自己的合理化反思并提出改进措施，共同推进师生个体的主动发展。

6. 国家教育政策依据

从国家教育行政部门来说，进行教育评价是控制教育质量的重要手段，其表现形式就是政府部门的督学。早在1995年，《中华人民共和国教育法》就规定了"国家实行教育督导制度和学校及其他教育机构教育评估制度"。把督导制度和教育评估制度作为基本教育制度的重要内容固定下来，并且赋予其法律效力。随后在组织机制和现实教育活动中开始进行教育督导和教育评估。2001年，国家开始了全国规模的新课程改革运动。当年，教育部印发的《基础教育课程改革纲要（试行）》指出："改变课程评价过分强调甄别与选拔的功能，发挥评价促进学生发展、教师提高和改进教学实践的功能。"并且提出："建立促进学生全面发展的评价体系。评价不仅要关注学生的学业成绩，而且要发现和发展学生多方面的潜能，了解学生发展中的需求，帮助学生认识自我，建立自信。发挥评价的教育功能，促进学生在原有水平上的发展。"教育评价开始侧重于个体的全面发展，重视评价的发展性功能，丰富了教育评价的内涵。

2013年，教育部专门发布《关于推进中小学教育质量综合评价改革的意见》，就中小学教育评价问题提出要求："更加注重发挥评价的引导、诊断、改进、激励等功能，改变过于强调甄别和简单分等定级的做法，改变单纯强调结果和忽视进步程度的倾向，推动中小学提高教育教学质量、办出特色。"可以看出，国家的要求重在以学生为中心，以发展为导向，建立科学多元的评价制度。2014年，为了贯彻党的十八大和十八届三中全会关于立德树人的要求，充分发挥课程的育人功能，提升育人的综合性、针对性和实效性，教育部颁发了《关于全面深化课程改革 落实立德树人根本任务的意见》，提出"加强考试招生和评价的育人导向"，"加强发展性评价,发挥评价促进学生成长、教师发展和改进教学实践的功能"。"各地要组织实施中小学教育质量综合评价改革,鼓励学校积极探索,完善科学多元的评价指标体系,引导树立科学的教育质量观。"随着课程改革的深化进一步提出了教育评价的综合性、发展性和育人性要求。

红桥区实验小学认真学习领会国家和天津市的相关教育政策文件,并将其精神落实到学校日常教育教学管理工作中,内化到教师的日常教学工作中。在提出和推进主动教育实验中,一直以来都将发展性作为主动教育评价的灵魂,将激发学生和教师的主体精神落实到主动教育评价过程中,探索建立科学合理的主动教育评价体系和机制,体现评价的综合性、多方参与性和多维动态性。

7. 学校发展的现实需求依据

建立主动教育评价也是基于红桥区实验小学改革和发展的实际需要。从1987年开始,红桥区实验小学(原天津市红桥区二号路小学)着手开展了"主动教育整体改革实验研究"项目,确立让师生"主动发展"学校这一改革主题,将"要学生发展"改变为"学生要发展",将"要我学"改变为"我要学",并把教育教学评价纳入主动教育改革实验中。在主动教育评价中,学校提出要落实"四个一"和"四会"的课堂教学评估记分法。注重教学过程和评价过程的结合,注重教师的教学研究汇报,注重教师评课能力的提高,注重学生自评和他评的结合,发挥教师和学生的主体意识和主动发展能力。随后,进一步开展了"构建主体性小学道德教育模式的实验研究""主动教育的教学风格研究"等,撰写了《主动教育的实践与理论探索》(李玉存、马国琴、张武升,1994)、《主动教育的本质特点与实践原则》(李玉存、马国琴,1995)、《教师与主动教育》(李玉存、马国琴,1996)、《主动教育——素质教育模式的探索》(1996)、《探索"主动教育"课堂教学模式 促进学生主动发展》(王秀兰,1998)、《主动教育教学模式汇集》《主动教育理论构建》(王秀兰,2000)、《主动教育实践探索》《主体性小学道德教育初探》(2004)、《主动研究型教师的校本培养研究》(刘冰、徐娅蓉、赵丽，2015）等论文、著作以及实验报告。可以说，主动教育实验改革推动了红桥区实验小学的不断进步，不断明确和丰富的主动教育评价理念和实施过程有力地张扬了教师和学生个体的主动发展精神。

（二）主动教育评价的内容

主动教育目标在于让学生成为主动学会发展，包括主动学会做人，主动学会生活，主动学会学习，主动学会创造的素质全面、人格健全的人，让教师成为主动发展自我、完善自我、实现自我价值的科研型、学者型的新型教师，形成具有学校特色的小学教育的主动教育模式，把红桥区实验小学打造成具有一流的教育教学质量和一流的校园文化的新型学校。因此，主动教育评价的主要内容包括学生主动发展评价、教师主动发展评价以及学校教学的有效改进评价等。

1. 学生主动发展评价

红桥区实验小学对照"中小学教育质量综合评价改革指标体系"，制定了学生综合素质评价方案，重点考察学生在品德发展、学业达成、身心健康、活动参与、兴趣特长等方面的表现与进步。因为小学生年龄跨度大，学业任务和身心发展变化大，所以在制定主动教育发展评价内容上，其实际操作过程是按照年级（段）划分的，即学生在每个年级（段）有稍具差异的评价要求和标准。

学校根据实验情况进行了改革总结，对学生主动发展的评价内容进行了有效整合，将其分为常规性评价和主题性评价。在2015年秋季开学时，学校连续三年在部分年级试行的基础上，全面推行实验小学学生"1＋×"增值评价模式。评价模式涵盖所有年级、所有学科、所有学生。学生评价模式操作分为评价维度、评价内容、评价方法、评价等级四个部分。其中，学生评价维度分为常规性评价和主题性评价。学生评价内容分为：

（1）常规性评价。包括参与活动交往状态，学习习惯，思维状态，学习结果。这四项内容的评价，即为学生评价的基础数值

"1"。

（2）主题性评价。采用现场列项评价与纸质问卷相结合的评价方法，以及学生个体突出表现实证与述评相结合的评价方法。主题性方面的这三项内容评价结果，基于学生的各异表现，即以"×"为代表。

2. 教师主动发展评价

依据教师工作特点和组织形式，红桥区实验小学教师评价体系主要内容包括常规性评价、主题性评价、标志性成果评价三个方面。

（1）常规性评价。主要针对教师常态工作展开评价。评价分为信念作风、个人建设、教研能力、校本教研、特色建设五个维度。

表 10-1　　　　　　教师常规性工作与发展评价

评价维度	评价要素	评价标准	评价方法	评价等级 优	良	中
信念作风	贯彻办学理念	体现在个人工作计划、教学设计与教学活动之中	查阅资料 结果对话、问卷调查			
	注重师德修为	有师德修为目标并有行动体现	查阅资料 学生家长问卷			
	执行规章制度	自觉遵守各项规章制度，无违规现象	定期查阅记录 不定期抽查执行情况			
个人建设	专业发展规划	有总目标，分项目标设计，有实施方法与措施	查阅资料 在期中、期末时段核查目标落实情况			
	明确进修项目	自觉参加校本培训，针对自我特点，有自修内容	查阅资料 个体与伙伴访谈			
	途径方法明晰	有落实途径、方法、结果	活动验证 查阅资料			

第十章 主动教育的评价体系　　343

续表

评价维度	评价要素	评价标准	评价方法	评价等级 优	良	中
教研能力	教研侧重方向	有明确的个体教学研究方向，并设点展开探究	查阅相关资料 结果对话			
	教改项目抓手	依生情、学情制定1—2项教学改革微项目，有切入点	教研组交流项目抓手 核查项目及阶段成果			
	学科质量减负实效	教学质量达到学校要求，减负有实招、实效	组内交流，形成文字材料 查资料，核对标准及落实			
校本教研	积极参加学研	按要求认真参加相关学习，主动参加校本微课题研究	查阅资料 核对情况记录及成果			
	坚持学以致用	能够将学到的理论与经验用于工作之中，有明确的步骤	座谈、交流、查阅资料 问卷调查			
	学研取得成果	学研结合，取得一定成果	组内成果汇报，向学校推介 查阅资料，验证成果			
特色建设	教学特色追求	对个体教学特色追求有定论，有目标，有前行步骤	组内定期交流，有记载 学校做课展示，个体说课评述			
	特色推进体现	对个体教学特色建设有阶段性推进，有实效，有进步	定期做课展示 教师互评，认可特色			
说明	在评价方法中，A组所持评价方法，可由教研组长和年级组长、主管主任联合完成规定项目的评价。B组所持评价方法，则由主管主任协同主管校长完成项目评价。二组结合评价用以保证由日常工作到阶段成果评价的真实性、公正性和促进性			果评合价计结		

(2) 主题性评价。主要包括校本目标、教学态度、使用教材、教学关注、教学艺术、教学效果六个方面。从师生双向特定环境表现展开针对性评价。教师主题性评价分为履职尽责、课堂教学两个层面。"履职尽责"评价分为师德建设、责任承担、班级管理、爱生育生、同伴互助五个维度。"课堂教学"评价分为教学目标、教学态度、教学内容、教学策略、教学效果五个评价维度。

(3) 标志性成果评价。指把教师在工作活动中所获得的或者能够证明他某一方面发展状况的实证性材料，作为个体标志性成果，纳入综合评价之中。重视对课题研究成果的利用，制定了《教师科研工作评价细则与方法程序》（见表10-2），对教师的课题立项、课题管理、课题成果的呈现、课题成果的评价进行了详细的规定，并制定了科研奖励措施。标志性成果评价主要包括在课题研究方面做出的突出贡献，个体教学风格的展示及影响，在学生培养方面个体研究及成果。标志性成果评价分为教育成果、组织成果、学习与研究成果、创新成果四个维度。

一是"教育成果"评价观察角度：师德建设表现成果，课堂教学内容目标完成成果，学生知识与能力达成成果，应对突出困难达成成果。二是"组织成果"评价观察角度：工作任务与责任承担，班级学生管理与课堂学生管理，学生活动组织，教师遵章守纪（考勤）。三是"学习与研究成果"评价观察角度：学习内容与实践运用，微课题研究与操作，课题研究成果状况，校本教研参加与个体发挥作用状况，各类研究课及活动的参与状况。四是"创造成果"评价观察角度：班级管理有见解（论文与策略经验介绍等），教学研究有见解（论文、策略、经验介绍等），教育、教学有特点，并为大家所公认。

3. 课堂教学改进评价

课堂教学是学校工作的重中之重。学校建立了基于过程的学校教学质量保障机制，研究完善了课堂教与学评价表。评价表分设教师课堂教学表现5项13个观察点，学生课堂学习表现分设4项12个观察点。制定了干部听课约谈制度，做到听一课、评一课、导一课，跟踪回访一课；确立了以学评教制度，定期开展课堂评价活动，主动收集学生反馈意见，帮助教师改进教学工作。在课堂教学评价内容上，主要有课堂教与学双向评价，观课评价，学生对课堂学习评价。

表 10-2　　　　　教师科研能力评价细则与方法程序

评价标准与权重		分数与等级	评价方法及程序
一级指标	二级指标	三级指标	
理论学习（2）	读书与感悟（1分）	按时完成	一等1分	由科研主任负责检查三项全做到为一等，两项为二等，一项为三等
^	^	有个性化的理解与感悟	二等0.75分	^
^	^	字迹工整	三等0.5分	^
^	学习检测（1分）	1. 90—100分	一等1分	依据期末理论学习检测卷成绩确定等级，由科研处负责
^	^	2. 89—75分	二等0.75分	^
^	^	3. 74—60分	三等0.5分	^
^	^	4. 59分及以下	0分	^
课题研究（3）	承担课题（3分）	1. 区级以上立项，按计划实施，3分	一等3分	依据课题研究计划落实情况及课题组活动抽查记录确定，由科研处负责
^	^	^	二等2分	^
^	^	2. 校级立项2分，按计划实施，2分	一等2分	^
^	^	^	二等1分	^
^	参与课题（2—1分）	积极参与，承担具体研究任务，有研究成果	一等2分	依据参与课题活动情况，由课题负责人负责评价
^	^	积极参与，承担具体研究任务	二等1.5分、0.5分	^
论文获奖（3）	区及以上获奖或发表	1. 国家级3分	一等3分	依据获奖证书，由科研处负责（论文不累加，超出部分在单项评选中使用）
^	^	2. 市级2分	二等2分	^
^	^	3. 区级1分	三等1分	^
科研活动（2）				依据教师参与学校科研活动实际情况而定

注：对按照计划圆满结题的课题承担人根据课题鉴定成绩给予特殊奖励。

(1) 课堂教与学双向评价

评价内容包括教师教学行为状态和学生学习行为状态。通过课堂教与学双向评价模式，达到以学评教目的。具体来说，教师教学行为状态评价分为教学目标、教学态度、使用教材、教学重心、教学艺术、教学效果六个评价维度。学生学习行为状态评价分为参与交往状态、学习习惯、思维状态、学习结果四个评价维度。

(2) 课堂观课评价

课堂观课评价强调参与评价教师从学生的角度去观察、评价教师的教学表现和对学生所产生的学习影响、品行影响。课堂观课评价维度包括课堂导入与参与度、教学过程、学习过程、课堂练习、学习评价、学习刺激、课后作业（见表10-3）。课堂观课评价内容侧重于从教师导引学生的学习方式，学习能力培养和学生收获的情感体验，课后作业能力拓展等方面，展开"生本"角度的观课评价，从而对教师课堂掌控、心理调动、学力培养、策略实施、减负落实等方面的专业能力进行操作层面的评价。

(3) 学生对课堂学习评价

学生对课堂学习评价包括体验性评价、过程性评价、观察分析性评价三个维度。体验性评价使用小学生对事物的第一感知思维，

表 10-3　　　　　　　　课堂观课评价

序号	评价维度	评价内容	评价等级		
			是	否	有但不明确
1	课堂导入与参与度	1. 教师有新课导入，引生兴趣的教学方法吗？			
		2. 学生知道如何将已有知识积累与本课的学习内容相结合吗？如预习、题例探究等			
		3. 教师与学生讨论，明确本节课教学（学习）目标了吗？			

续表

序号	评价维度	评价内容	评价等级 是	否	有但不明确
2	教学过程	1. 在学生练习之前，教师对学习内容做过充分的解释和说明吗？			
		2. 教师向学生示范相关学习方法了吗？			
		3. 教师是否通过相应的方法来确保所有学生都理解学习内容呢？			
		4. 在整个教学过程中，教师使用过什么教学策略？ 举例（1）　　（2）　　（3）			
3	学习过程	1. 从学生的课堂行为来看，全体学生均能跟上学习的进程吗？			
		2. 教师引导学生进入学习氛围有困难吗？			
		3. 课上学生有学习方法和分析方法方面的收获吗？			
4	课堂练习	1. 学生练习与学习内容直接相关吗？			
		2. 教师监控每个学生的练习了吗？			
		3. 教师组织学生通过课堂讨论，促进相互学习了吗？			
5	学习评价	教师对学生的评价是否及时？			
		教师对学生评价是否做到：（1）给以正向鼓励，（2）简要指出优、缺点，（3）给予改进的建议			
6	学习刺激	课堂上教师使用过下列刺激形式吗？（1）创设情境，（2）调动兴趣，（3）设问启思，（4）讨论激发参与，（5）其他			
7	课后作业	以比喻性语言考查学生对课堂教学气氛的感受和认知，包括教师语教师布置基于本课学习内容的家庭作业是否体现：（1）层次性，（2）选择性，（3）结合实践的启发性，（4）精炼重点的突出性			

以比喻性语言考查学生对课堂教学气氛的感受和认知,包括教师语言、表情和动作等方面,以他们的真实体验为基点,通过红桥区实验小学专门制定的"体验性学生评教"表现出来。过程性评价侧重于对他们在课堂上的表现进行总结和反思,以及对教师教学内容和方法的感受,使用的是半结构化问卷。观察分析性评价就是让学生对教师课堂教学行为进行观察和做出等级性评价,诸如教师讲解知识是否清楚易懂,方法描述是否简单易学,板书是否工整清晰,老师是否具有耐心和亲和力等。

四 主动教育评价的基本方法

红桥区实验小学在实践中探索建立了主动教育评价的有效程序和方法,结合教师与学生在教育教学实践中双向发展的具体表现展开评价,考核教师的工作绩效达成情况,促进教师找到工作反思与有效调整的入口,取得教育专业水平的更大发展。同时,建立教师、学生和家长、学校管理人员共同参与的体现多渠道信息反馈的师生评价制度。通过评价主体的扩展,加强对学校各项工作的监控,进一步发现问题与优势,加强经验的交流,为学校的发展提供更加广阔的工作视角。

(一) 细化评价组织管理,为质量提升提供保障

组织与制度是评价的执行基础。红桥区实验小学建立了包括行政指导管理体系和监督、评价、反馈管理体系在内的两大管理体系。行政指导管理体系实行分线牵头、分块负责的教学管理机制;监督、评价、反馈管理体系坚持做到监督管理的"五性"(岗位管理反馈性、学校管理细化性、管理制度可操作性、管理评价差异性、管理措施服务性)和两级听课制。同时,健全落实常规管理评价制度,包括定期总结评价、进行教学巡视和对话以及对非考学科的教学进行常规管理等。

（二）课堂教学评价：促进教学质量的提升

为促进课堂教学"以学生发展为本"，切实提质增效，红桥区实验小学细化课堂教学评价标准，通过透视学生学习行为状态、教师教学行为状态以及学生对课堂学习的评价等措施监控课堂教学质量。

1. 学生学习行为状态评价

学生学习状态是课堂教学的中心。学生学习行为状态的评价可以分为参与交往状态、学习习惯、思维状态、学习结果四个评价项目。

第一，参与课堂学习和交流状态。评价内容的观察点为：（1）能伴随生生间、师生间交流和问题探究，畅所欲言地发表个人见解。（2）每个学生或小组在参与活动中，都能得到恰当的激励与评价。（3）学生对所学习的内容与方式感兴趣，乐于参与。（4）伴随着教师的点拨，积极参与问题的探究，表现出较强的求知欲。（5）学生参与活动的全员性和全程性达100%或85%。（6）学生能够参加知识规律、技能方法的总结。（7）在每个活动中，学生都有明确的学习目标和任务。（8）有充分调动手、眼、口、脑，适合不同层次学生发展的活动内容。（9）整个学习进程有序、有效，活而不乱，学生有适度紧张感、愉悦感。（10）有的学生能将所学知识经过内化后，用他的语言总结出相关的学习方法。（11）有的学生能在小组或集体活动中，将他总结的方法教给别人。

第二，良好学习习惯的表现和养成。评价内容的观察点为：（1）进行有效预习，能与同学交流收获与问题。（2）认真做好知识重点、学习方法等笔记，课上认真做练习。（3）认真倾听他人发言，并能够做出评价和补充。（4）学生注意力始终集中。（5）学习姿态规范，回答问题声音洪亮。

第三，形成积极的思维状态。评价内容的观察点为：（1）跟随教师引导，运用知识积累，尝试解决问题，找寻新旧知识结合点。(2) 能在教师的引导下,通过观察、类比、讨论、实验等多种方式,经历探索知识的过程。(3) 能够尝试找寻解决问题的方法或路径。(4) 在由浅入深的每一个环节的学习中,积极思考,敢于说出自己的看法。(5) 能够针对教材学习的某一问题,有条理地表达自己的发现和解决问题的主张。(6) 能够提出和他人不同的意见并简要讲述自己的主张,产生思维碰撞。(7) 在各种实践活动中,学生能用体态、语言、文字、图形、学具等多种形式对问题的解决或解释进行有益的尝试。(8) 学生在尝试过程中,能够不断检测和调整方法与策略,找到解决某一问题的方法和策略。(9) 学生能够从多角度、多途径,用多种方法解决或解释问题。

第四,获得理想的学习结果。评价内容的观察点为:(1) 完成了本节课中教学目标所规定的知识与技能学习任务。(2) 学生能对新学知识与技能的重点加以总结表述。(3) 能在理解的基础上,把学习的新知识运用到新的情境中。(4) 每个学生通过学习都感到自己"能行",体验到通过努力所获得的成功。(5) 在学习新知识的过程中,收获了一定的学科基本思想与学习、分析方法。

2. 教师教学行为状态评价

教师是学生学习过程的引导者、合作者,课程实施的组织者。教师教学行为状态对课堂教学质量的提高至关重要。其评价内容要点分为教学目标、教学态度、教学内容、教学策略、教学效果五个方面。

第一,教学目标。具体内容包括:(1) 符合课标相关学段要求与教材要求,体现出对学情的了解与调动。(2) 教学目标体现出三个维度的设计。(3) 通过教学目标叙写,能体现出学生最终达到的学习结果。(4) 教学目标明确、具体、适度,易测量,并贯穿于教学全过程。(5) 通过教学目标内容,体现出学习的基础知识点、重难点及重点方法设计。

第二,教学态度。主要观察点包括:(1) 注意创设条件,调动学生的学习兴趣与参与积极性。(2) 对学生给予及时的评价与激励,帮助学生认识到"怎样做"会更好。(3)保持教学热情,结合教学内容,积极创设有利于学生学习的教学情境。(4)注意挖掘学生潜能,讲授相关方法,引导学生发现问题、解决问题。

第三,教学内容。评价内容的观察点为:(1)教材基础点、重点、难点、易混淆点,梳理清楚,引学步骤明确。(2)板书重点突出,体现知识链架构,点拨性强。(3)引导学生步步深入,开展有效探究与学习。(4)教学设计注意满足不同层次学生的需求,引导思考、分析,练习有梯度。

第四,教学策略。评价内容的观察点为:(1)依据目标,引导学生有效预习,利用工具书等,设置预习思考引导,引导学生自学阅读教材,获得知识,发现问题,在做出相关笔记基础上,参与生生交流。(2)注重引导学生在交流和讨论中总结知识规律,探究解决问题的方法。(3)能够针对相关问题,设计教学、学习方法,在学习与思考的关键之点上,给予学生以点拨和启发。(4)注意发现学生的学习困难,采取相关教学技术、策略与方法给予帮助。

第五,教学效果。评价内容的观察点为:(1)通过教与学双向努力,有效达成全部目标。(2)目标所预设的学生学习结果基本实现,课堂知识掌握率达90%以上。(3)每个学生都能通过他的学习总结,发现其成功与进步。(4)针对学习层次,设计课后练习,引导学生找出不足,巩固所学知识。(5)关注学习有困难的学生,给予及时帮助。

3. 学生对课堂学习的评价

对课堂教学的评价还可以通过学生的角度来获得信息。学生对课堂学习的评价包括体验性评价、过程性评价、观察分析性评价三个维度。评价内容、评价方法、评价等级见表10-4、表10-5、表10-6所示。

表 10 - 4　　　　　体验性学生评教

请依据本节课学习体会选择每组中的一项填写：

一组：A. 如果本节课是一种食物，它可能是＿＿＿＿，因为＿＿＿＿。
　　　B. 如果本节课是一种颜色，它可能是＿＿＿＿，因为＿＿＿＿。
　　　C. 如果本节课是一种动物，它可能是＿＿＿＿，因为＿＿＿＿。
二组：A. 我认为今天的＿＿＿＿课像是＿＿＿＿，感觉＿＿＿＿。
　　　B. 我认为今天＿＿＿＿课堂的＿＿＿＿内容学习，感觉很＿＿＿＿。
　　　C. 我感觉今天＿＿＿＿课上，老师的＿＿＿＿（动作、语言、表情）很让我＿＿＿＿，因为＿＿＿＿。

　　说明：二项肯定为优，一项肯定为良，二项否定为中。

表 10 - 5　　　　　学生课堂学习过程调查

1. 选择填空
　　今天的课堂和昨天相比，我表现得＿＿＿＿（A. 更积极　B. 一般　C. 感觉很差），因为＿＿＿＿。
　　在今天的课堂上，我参与活动的整体表现为＿＿＿＿（A. 主动　B. 一般　C. 被动），因为＿＿＿＿。
　　我举手次数大约为＿＿＿＿，被老师允许回答为＿＿＿＿次，得到老师评价有＿＿＿＿次。
2. 简要回答：
　　我最喜欢今天＿＿＿＿课上哪个教学环节？＿＿＿＿
　　理由是＿＿＿＿。

　　说明：四项肯定为优，二—三项肯定为良，一项肯定为中，无肯定项为改进。

表 10 - 6　　　　　学生对教师课堂行为观察评价

评价要素	评价等级 喜欢	评价等级 一般	评价等级 不喜欢	关键行为举例
1. 教师知识讲述，清楚易懂，生动有趣				
2. 教师学习方法讲述，清楚便于操作				
3. 课堂内容，启发学生思考				
4. 板书字迹清楚，关系明确				
5. 耐心、热心帮助学生，不发火				
6. 引导学生懂得学习和做人的道理				

　　评价结果：4—6 项达到喜欢为优，1—3 项达到喜欢为良，4—6 项一般为中，3 项以下一般为再努力。

(三) 学生成长评价：学生主动发展的评价

红桥区实验小学改变以往采用试卷测验所进行的单一的学业评价方式，初步尝试构建学生学科主动发展的评价机制，实行"1+×"增值评价模式。在评价主体上实行自我评价、同伴评价、家长评价、班主任评价、学科教师评价五方评价的有机结合。在德育方面以《行为习惯培养标准》《行为习惯培养细则》《自主管理——互助成长册》为纲，深入完善学校、年级、班级、个人德育评价体系，形成多维目标评价机制。

1. 以"1+×"增值评价为主提升学生的学业水平

增值评价法（Value-Added Method of Evaluation），就是比较学习者在这一阶段接受某种教育教学方法后与前一阶段的学业成绩相比的增长幅度、综合素质进步程度的评价方法。可以说，这种评价方法是通过学生发展来间接评价教师的教育教学效果。用公式表示就是增值＝输出－输入。前一阶段的学校资源、生源质量、师资水平、学习者原有学业和素质水平等，是输入值，而学习者现阶段的学业和综合素质水平则是输出值，输出值与输入值之间的差值，就是增值量。它并不是单纯地横向比较各学生之间、各班级之间或各学校之间的差距，而是关注在时间纵向上一个教学单位或学习者的教育成就增进情况。它关注的是发展性和成长性，即学习者如何在教育者的有效教学中一步步地发展和提高。增值评价法可以通过连续多阶段追踪所有学生长时间的学业成绩和素质发展，来判断学校教育系统和教师教学方法对学生发展的影响，被认为有助于提高教师的教学影响，有利于筛选和改进教学措施、方法和策略，有助于学校和教师帮助学习者取得学业进步和综合素质发展，因而也被认为是扩大优质教育资源的重要手段。

经过探索和实验，自 2015 年起，红桥区实验小学在六个年级、全学科实行"1+×"增值评价。其中，"1+×"评价中的"1"指期末综合能力测试，"×"指学科分项考查积分。通过过关考查、实记学分、积累学分，对学生学习进行评价，做到既关注学习结果，也关注学生在学习过程中的发展和变化。学校引领教师在落实特色评价的过程中，将全面质量观落到实处。学校制定了《红桥区实验小学"1+×"增值评价细则》，明确了评价的内容和方法。比如，一年级上学期的语文、数学、英语的具体评价方法参见表10-7。

表10-7　红桥区实验小学一年级三门学科"1+×"增值评价样例

分表一：红桥区实验小学"1+×"增值评价细则

年级一（上）　学科　语文

学科单项技能赛

内容	拼音拼读	汉字书写	阅读能力	
成绩				

学力评价标准

学力内容	汉语拼音		汉字书写		阅读理解	
评价标准	1. 能读准声母、韵母、声调和整体认读音节 2. 能准确地拼读音节 3. 能正确书写声母、韵母和音节		1. 养成良好的写字习惯，写字姿势正确 2. 书写规范、端正、整洁 3. 掌握汉字的基本笔画		1. 认识常用标点符号，能数清一段内容是由几句话组成的 2. 能借助读物中的图画展开阅读	
评价结果	自评	他评	自评	家长评	自评	教师评

注：优★★★；良好★★；合格★

分表二：红桥区实验小学"1+×"增值评价细则

年级一（上）　学科　数学

学科单项技能赛

内容	口算竞赛	解决问题竞赛	
成绩			

学力评价标准

学力内容	计算能力	语言表达能力	
评价标准	1. 准确口算10以内加减法，能够达到每分钟10道题 2. 准确口算十加几和十几加几及相应减法，能够达到每分钟9—10题 3. 准确口算20以内进位加法，能够达到每分钟8道题	1. 掌握观察图的方法，能够看图完整表达图意 2. 掌握加法、减法的含义，准确表达分析数量关系，并能够根据图说出对应的算式，包括一图一式、一图二式、一图三式和一图四式	
评价结果	自评　　　他评	自评　　　家长评	自评　　　教师评

注：优★★★；良好★★；合格★

分表三：红桥区实验小学"1＋×"增值评价细则

年级　一（上）　　学科　英语

学科单项技能赛

内容	1—3单元词汇大赛	1—3单元唱谣、歌曲	4—6单元词汇大赛	4—6单元唱谣、歌曲
成绩				

学力评价标准

学力内容	听、说	读	写
评价标准	1. 能根据图片、实物听懂所学到的单词 2. 能听懂简短的课堂用语和指令并做出相应的反应 3. 能根据录音模仿说话 4. 能根据表演猜意思、说出词语 5. 能在教师的指导下用英语做游戏	1. 能正确认读所学单词的首字母并能音、形对应 2. 能正确朗读26个字母 3. 能看图识词。	
评价结果	自评　　　他评	自评　　　家长评	自评　　　教师评

注：优★★★；良好★★；合格★

学期自我感受：

_____

_____

学期家长寄语：

_____

_____

2. 以自主评价结合多元评价推动学生多维发展

班级是学生学校生活的重要物理空间，更是学生成长的亚社会群体的重要组织形式。发挥好班集体的育人功能，让学生认识到他们既是班集体的重要组成成员，又能够民主地管理好他们所在的班集体，做班集体的主人，建立有效的班级经营"自管、自理、自律"机制。在实践中，把班级一步步地还给学生，以实现学生"自我教育，自我服务，自主管理"的班级发展目标，使每一名学生都能"正确认识自我，善于规划自我，勇于主动反思，每天自信快乐"。

为了促进学生的主动发展，红桥区实验小学还将活动与评价相结合，强化学生主动的责任教育。评价是活动必不可少的环节，学校鼓励学生自主评价。如《"我有好规范"校园歌谣》和"班级养成教育"展示使学生积极参与学校规范管理，《学生良好行为习惯培养标准》《年段学生良好行为习惯培养细则》《自主管理——互助成长册》形成了多维目标评价机制。又如学校定期开展"群星闪耀——主动发展好少年"评选活动，以班集体为评价主体，在学生层面进行操作。评选注重过程的评价，学生在自评、他评、小组评的基础上，量化核分，一步步产生星级少年。评选结果体现了评价主体的多元性、自主性，形成"星光灿烂"的良好局面，充分体现了自主管理的核心理念。

3. 以评价促内化，促进学生道德水平的提高

为了把学生培养成主动、能动、创造性地进行道德认识和道德实践活动的社会主体，红桥区实验小学提炼出"三维度，四环节"德育基本模式。通过以"辨、思"为核心，以"导思、明理、践行、评价"为主要教育策略，激发学生的探究兴趣，引导学生在"明理"的基础上，加以实践验证，获得真实的情感体验，并通过总结比较，提炼出实践经验，进而内化为学生道德的主动行为。其中，评价、内化是德育活动的总结提升环节，主要是引导学生个体对实践体验进行强化与巩固，通过教师及自我总结、归纳，结合教师的激励引领性评价，使学生由道德体验进一步外化为道德的自觉行为。其操作策略为双向评价—通晓明理—行于日常—自觉内化—形成美德。

在具体的教学实践中，教师通过对问题的实践验证，反思得失，帮助学生进行多元观察，思考问题，引导学生基于自身的总结体验，做到明辨是非、明确规范，明了他们今后的行为目标。通过采取学生自我评价与教师评价相结合，建立适宜学生自我反思，自我评价的良好环境和氛围，引导学生总结收获，探寻通过自我实践对他人集体或社会的有利之点；探寻自我变化之点；提出应巩固和提升之点。用"三点探寻"调动学生心理上的积极因素，促进学生从道德认识到道德行为的内化进程。在学生自我评价的基础上，教师进行由学习到实践，由学习态度到实践情况，由目标达成到优点问题等的综合评价。评价以激励为主，兼顾公正性、引领性，使道德准则逐步形成学生的自我追求，主动转化为自我具有思想感情的行为，达到思想品德在原有举措上的整体推进与提高。

（四）教师发展：对教师实施主动教育的评价

在红桥区实验小学，制度成为有温度、有色彩的行为指南。学校的教师评价制度每年均是在教师自下而上、自上而下的讨论链中丰富和完善的，源于普通教师，以教师的内需和发展为本，

形成自主管理、自主发展、自我约束、自我监督的共同认同的文化场。

目前，红桥区实验小学完善了教师发展性评价制度，在不断的内涵丰富中已进入细节量化阶段，将规章制度描述细化为极具操作性的规范。从各个学科各个年级教师的月考核到学期考核，从教师的整体工作评价到分门别类的各项工作执行标准，在制度上都清晰分明，使教师遵循制度，超越制度，也使学校的管理走向教师自觉。通过教师成长袋（或教师研究手册）对教师研究进行自评和他评，彰显教师取得的研究成果，充分调动教师主动参与研究的积极性，自觉研究教学实践中的问题，使其成为教师自身专业发展的一种方式。

主动教育评价体系中对教师发展的评价具有与以往不同的一些特点。一是实施多主体评价。就是指将自我评价、同伴评价、家长评价、学生评价四方评价有机结合起来。二是以层次递进形式展开。评价制定层次由上向下递进展开。即学校提出草案→教师研讨修改→教代会通过。评价组织层次由下向上递进展开。即教师依标自评→教研组依标互评→组长上报，主管主任参与评价核定→主管主任向校长汇报评价经过，获准后向每位教师做评价反馈，评价记入档案。

在具体的操作程序上，根据不同的评价内容分开进行。主要从常规性评价、主题性评价和标志性成果评价三方面展开。常规性评价采用量化写实评价的方法，主题性评价采用现场列项评价与纸质问卷相结合的过程性评价方法，标志性成果评价采用实证与述评相结合的评价法。通过以上方法，促进了教师的主动发展。

总之，在主动教育中，我们把评价体系的构建作为不可或缺的组成部分，因为只有通过有效的评价才能促进主动教育的不断完善和发展，我们在主动教育评价中，明确了评价的基本理念，通过学生主动发展评价、教师主动发展评价和课堂教学改进评价，促进了学生的主动发展，提升了主动研究型教师的整体素养，提升了学校的办学质量和水平。随着时代的发展和进步以及红桥区实验小学主动教育研究的逐步深入，在主动教育的评价上，我们将从内容、主体和形式上不断丰富和完善，增加评价的针对性和有效性，形成完善的主动教育评价指标体系。

后　记

　　本书是红桥区实验小学主动教育办学特色的理论研究与实践成果，是对学校30多年主动教育改革的理论与实践的全面梳理、总结和提升，是实验园历经多年主动教育改革与发展的探索与创新所结出的成功之果。

　　主动教育是红桥区实验小学多年教育改革与实践的主题，也是学校教育科学研究的主题，已经成为学校的办学特色和文化品牌。在几代实验人的共同努力下，实验园走上了一条通过教育科研促进教师和学生成长的发展之路。红桥区实验小学自1986年起，自觉而坚决地走上了科研兴校之路，1986年开始"整体优化，全面育人"的改革实验，1992年以来的"八五"到"十二五"时期，我们以"主动教育"为核心概念，坚持不懈地开展了"主动教育整体改革实验研究""主动教育课堂教学模式的实验研究""构建主体性小学道德教育模式的实验研究""主动教育的教学风格研究""培养和发展主动研究型教师的实践研究"等，取得了明显的成果。我们在实践与课题研究中，在每一个阶段都十分注意根据教育改革与发展趋势和时代发展的要求，对主动教育的理论探索，不断总结经验，进行理论提升，形成红桥区实验小学的主动教育研究成果。

　　2000年10月，我们与天津市教育科学研究院合作，在天津人民出版社出版了"主动教育研究丛书"，其中由庞学光教授、和学

◆ 后　记 ◆

新教授与王绽蕊博士三位专家撰写的《主动教育理论构建》对红桥区实验小学的"主动教育"改革实验研究成果进行了理论总结和提升，对学校的主动教育实验起到了很好的指导作用。在此之后，我们继续进行探索研究。又经过十余年的改革与探索，我们认为，根据主动教育研究与实践发展的情况，非常有必要对主动教育成果进行更加全面的总结、梳理、提升，以反映时代的要求和我们探索的最新成果，于是形成了《主动教育的理论构建与实践探索》一书。

与《主动教育理论构建》相比，本书在章节、内容、体例等多个方面进行了发展与创新。《主动教育理论构建》总共有六章，包括主动教育的来源、本质与特点，目标建构，目标与方法，课程建设，教学模式建构，评价原则与方法。本书在此基础上，在章节上进行了增删和调整，形成了十章的内容：主动教育的形成与发展、主动教育的学校发展、学生发展、教师发展、课程体系、教学、德育、管理、科研、评价体系。本书增加了学校发展、学生发展、教师发展、德育、管理、科研方面的内容，体现了近年来研究探索的新成果。在每一章的具体内容上有继承，也有发展和创新，例如在课程上，根据教育发展的要求更加注重课程体系的整体建构，在教学上除了教学模式和方法之外，还十分注重课堂教学以及教师教学风格的形成等，特别注重每一部分的理念创新，以新理念指导学校实践。

对主动教育总结提升的难度超过了我们的想象，历经两年的时间，经过反复修改完善，数易其稿，最终形成了现在的书稿。我们并没有如释重负之感，反而更加惴惴不安。由于我们的理论水平有限，实践探索也存在很多不足之处，与国内其他同行的研究探索相比还有很大的差距，难免挂一漏万，总结提升是否到位和恰切尚不能得知。我们把这些成果展现出来，恳请教育界的同仁给予批评指正，以促进我们在今后的研究与探索中不断丰富和完善，为我国教育改革的理论发展与实践探索贡献微薄之力，在新时代探索出新的成果，促进师生和学生的主动发展。

在学校发展与改革中，在主动教育的实验探索中，我们得到了各级领导的关心支持、专家学者的精心指导和相关部门的大力鼓励与合作。天津市教育科学研究院的专家、学者一直给予我们指导、支持和帮助,历经几代科研人员的长期坚持,与学校的通力合作,在课题研究、理论总结提升、学校发展等各个阶段、各个方面给予指导,他们的敬业精神和专业素养使我们深受感动,受益匪浅。在此表示感谢。

理论创新永无止境,实践探索永无止境,我们将继续探索,使"主动教育"深深植入学生、家长、教师的心中,让全体师生在主动教育的指导下实现和谐发展、个性发展,让实验小学的主动教育谱华章,多元发展铸辉煌!

著者

2018 年 3 月